U0932099

謹將此書獻給我的

先父、母親、愛妻

For Hauerwas, discipleship is all about Christian faithfulness.

From a Hauerwasian

社會・倫理：讀寫侯活士

禤智偉 著

基道出版社

▼

系統神學叢書

社會・倫理：讀寫侯活士

Writing with Hauerwas: Essays on Social Ethic

作者

襾智偉 Chi W. Huen

責任編輯

沈靜筠

裝幀設計

奇文雲海・設計顧問

■

出版 / 發行

基道出版社

香港沙田火炭坳背灣街 26 號富騰工業中心 1011 室

LOGOS PUBLISHERS

Unit 1011, Fo Tan Ind. Centre, 26 Au Pui Wan St., Shatin, Hong Kong

電話：(852) 2687-0331　傳真：(852) 2687-0281

網址：http://www.logos.com.hk

承印

陽光印刷製本廠

●

1/2017 初版

Cat. No. LP260

ISBN: 978-962-457-533-0

Printed in Hong Kong

刷次	10	9	8	7	6	5	4	3	2	1
年份	2026	2025	2024	2023	2022	2021	2020	2019	2018	2017

目錄

侯活士序 x

曹偉彤序 xii

代序　不是港式侯派，是正式侯派！ xv

第一部　細讀．倫理

引言 3

第 1 章　基督徒倫理，為誰而做？
——細讀《和平的國度》（上） 9

第 2 章　基督徒倫理，為甚麼而做？
——細讀《和平的國度》（中） 31

第 3 章　基督徒倫理，怎樣做？
——細讀《和平的國度》（下） 49

小插曲和餘論 77

第二部　教會@社會

第 4 章　侯活士——流別主義者？（上） 81

第 5 章　侯活士——流別主義者？（下） 109

第 6 章　外篇：公共神學
——誰的「公共」？有幾「神學」？　147

第三部　社會．倫理

第 7 章　養兒育女是教會的社會使命？
——對現代家庭觀念的神學批判　185

第 8 章　「你反對同性戀嗎？」
——一個牧養和教會論的角度　207

第 9 章　信浸者的倫理、神學、見證
——論基督教選委十席　243

代跋　如何神學地搞笑？　280

侯活士序

最近，我開始留意到，就如何解讀我的神學，在香港的基督徒之間引起疑問。我可以毫不猶疑地說，禤智偉博士對我的著作的閱讀，相比我在任何地方見過的，都絕不遜色。他具有一種不尋常的觸覺，能夠把握到我文字的精神，並從容地將我所寫的——其中嚴肅的一面，以及幽默的一面——盡皆呈現。為甚麼我在香港，竟然比起我在美國，更能被人準確地理解？於我，這將會繼續是一個奧祕。我惟一可以想像到的理由是，身處香港的基督徒，連自己的生活都不能作主，所以反而能夠活出一種不必凡事操控的自由。我相信，這是耶穌希望我們過的生活。假如，我的著作能夠幫助香港的信徒過這種生活，我就只能讚美上主。

侯活士

美國杜克大學

二〇一五年十一月十日

Preface

I have recently become aware that there are questions about how I am to be read by some Christians in Hong Kong. I can say without hesitation that Professor Huen's reading of my material is as good as I have been read anywhere. He has an uncanny ability to capture the spirit of my work which gives him a freedom to capture the seriousness and the humor in what I have to say. It continues to be a mystery for me to understand why I am better read and understood in Hong Kong than I am in America. I can only think that one of the reasons is Christians in Hong Kong are not in control even of their own lives which makes them free to live out of control. I think that is where Jesus wants us to be. If my work helps Christians in Hong Kong to so live then I can only praise God.

Stanley Hauerwas
Duke University
November 10, 2015

曹偉彤序

跟禤智偉博士認識，始於二〇一一年他首次投稿於「浸神」的《山道期刊》。當時有老師跟我説，禤博士曾於政府擔任政務主任，對神學極富熱忱。後來我有機會與禤博士見面，他坦言對「浸神」的學術氛圍和羣體生活十分欣賞，希望可以加入我們的隊工。於是，我開始為此思考，細察這是否出於上帝的心意。

在學院二〇一〇年一月出版的《院訊》中，我曾談到教授團的協合作用，期望老師不單在自己的專科研究領域中有所貢獻，也能涉獵其專科以外的範疇，朝向更有創意的跨科際研究，以致這些研究成果能迎對教會和社會的需要。翌年，在學院的六十週年鑽禧感恩崇拜中，我提及學院未來五年的發展。其中一項是開設社會研究和倫理中心，邀請研究人員在社會、經濟、政治等領域作出探索，好讓老師團隊能從他們的睿見得著啟發，作出神學性的整合和建構。

當時我心中的想法是：若能覓得一些敬虔、有學問的基督徒學者擔當研究員，與我們這羣熟識聖經和神學的老師協力同工，豈非各盡其才的美好配搭？這讓我想及禤博士這位有特別專長的學者：他於劍橋大學修讀社會人類學，又對政府的運作有不少經驗和體會，對社會、世界和政治也有一定的領略，並且正謙卑而努力地鑽研神學。基於這些，我相信他至少可以針對當前一些社會、政治議題，在辨明信仰範疇上作出貢獻；我也相信他日後若有機會投身於長遠而艱巨的神學建構工程，將會對教會和社會作出更多貢獻。為此，在審慎地了解禤博士的學養和性情後，我決定邀請他加入我們的老師團隊。

不知不覺間，他已經與我們同工五年了。雖然他並非全時間受聘，他卻宛如一位全時間老師。每一天，他都打開辦公室房門，在那裏努力研究，專心備課，而且很喜歡與學生相交。他的勤奮和忠誠，叫我心中快慰。他是一位盡心盡責、無需人家「管理」的好老師。

他的思想非常尖鋭，這是他的過人之處。他有能力對文本作細緻的分析，並且運用他在社會科學方面的專長，提供另類的文本佐證和解讀，展示其「哲學性」的睿見。他那種具高度滲透性的分析能力，常展現於他的講學和寫作中。

在講學方面，若學生能聽得仔細，定必有豐富收穫。不過，學生必須有充足的精神上課，因為課堂上字字珠璣，若精神不夠，恐怕會有所遺漏。在寫作方面，讀者只要細心閱讀他的著述，不難看到當中蘊含的睿見；但若不沉住氣地閱讀，讀者可能會看到他的偏鋒，甚至認為他偏激。誠然，禤博士的思考方式，有些地方是我非常欣賞的，但其中一些「偏」，我卻不太認同。然而，叫我驚訝的是，禤博士非常樂於聆聽別人的指教。向學者提出反對聲音往往毫不容易，即使有勇氣説出來，言詞也得委婉，彼此才可有美好的溝通。不過，禤博士卻是出乎意料地願意聆聽別人的意見。只要對方説話真誠、直率，他幾乎每句都願聽下來。這並非他偽裝出來的修為，而是他在上帝面前有願意開放自己的治學態度。

當你細讀此書，不難發現禤博士以上這種特質。讀其書如見其人，相信讀者可能會發現他的偏鋒，但你必須按捺著，細心地聆聽，並且聽得透徹，才能聽到他的睿見（即或你不認同他的看法）。

此書是一本能幫助讀者練習分析和思考的著作，也是一本讓讀者吸收睿見的好書。同時，它可說是禤博士的神學思考的一個見證：他的思考飲源於侯活士，也在不斷的蛻變中。我相信並盼望他能成為一位更卓越的神學工作者。

我珍惜每一位能與之真誠相待、一起從事神學研究和對話的人。我很高興能認識禤博士這位忠誠的學者，與他一同在信仰的路上並肩前行。

曹偉彤

香港浸信會神學院院長

二〇一六年十月七日

代序

不是港式侯派，是正式侯派！

多年前，曾經跟一位我很尊敬的神學教育界前輩提起，我是一個 Hauerwasian，對方用頗輕蔑的態度打發我：「Hauerwas 講的，也不是全部正確」。當然，他這種評價沒有錯，不過卻流於敷衍，因為這句話能夠輕易地應用在任何作者身上，又不必花費任何閱讀消化的功夫，都可以隨口如此議論一番。

神學界當中不少同道對於分黨稱派，頗不以為然，甚或深惡痛絕。對此，我甚表認同。我們都是基督的門徒，三一上帝是我們惟獨效忠的對象。若有基督徒自稱「甚麼主義者」，意思是向某意識形態或陣營投誠歸邊，便難免與門徒身分有所衝突。不過，話說回來，我們能夠自命不帶立場、毫無立足點，中立地、抽離地做神學、教神學嗎？在其他人文學科，特別是在哲學界，有些學者畢生鑽研某位名家的學說，卻只志在推翻這個研究對象的理論。做神學研究，是否真的也可以、也應該這樣，不帶委身和確信（commitment and conviction），將前人單純當成被研究、拆解、分析的客體，而非一場仍在延續的、關於如何作主門徒的神學對話當中的對手？教導神學（特別是基督徒倫理），就更加不可能假獨立批判、思想開放之名，將諸家學說紛陳，隨意評頭品足、說長道短、針砭一番，然後任憑學生按喜好自由選擇、各取所需。這種以客觀理性包裝卻具有世俗主義價值中立色彩的教學法，本身就是「不道德」(unethical)的，因為老師非但沒有向學生示範如何做辨識，更加沒有將他自己在選材、編排、取捨的價值判斷公開陳明(make explicit)，讓學生有機會與老師一同考察、驗證、批評。這種推銷開明的教學法，說穿了，不過是討好和操縱的一種手段。

這是我第一本關於侯活士(Stanley Hauerwas)的書，但也很可能是我最後一本。我之所以自稱為「侯派」(Hauerwasian)，只是為了獲取一種寫作的方便，即所謂「抄襲的自由」(license to plagiarize)，也就是先將侯氏的思想據為己有(appropriation)，等將來可以隨意挪用，今後不必再每每註釋出處。因曾有智者講過：「所有的智慧之言，都是剽竊回來的拾人牙慧；愚蠢的事，卻層出不窮地日日新鮮/惟獨蠢蛋，才會僭稱原創)」(all wisdom is plagiarism, only stupidity is original)。[1] 這句聰慧之言，若應用在神學(和基督徒倫理)上，尤為貼切中肯，因為學術研究出版所標榜的獨到、原創、新穎、發明，對於神學人來說，該不是目標。基督教神學不過是反覆重述一個已經講了二千年，並且繼續正在發生的福音故事，惟一的判準只在於究竟我們是否講得、活得忠信(faithful)；這個故事本身才是神學的規範，而非任何其他信仰以外的權威來源。侯活士的著述，對我而言，也一樣沒有內在先存的價值、分量、權威，我**一邊閱讀、一邊寫作**(writing with)侯活士，原因不是因為那些學說是來自侯氏的，而只因為它們是一個基督徒為其他基督徒而寫，是屬於基督徒、甚至屬於基督的(because they are Christian)。我對侯氏的興趣，從來不是學術性的；他吸引我，不是因為他是國際知名的神學家，而是因為我視他為一位主內的弟兄，從他的生平學說(lifework)，我被引導到耶穌基督的十架跟前。正如我在本書第9章解釋，作為一個侯派，不等於我是侯活士的「追隨者」，而只不過代表他是我的「先行者」、「同途人」。

當然，讀者不必帶著敬虔的態度來讀侯活士，或者要先歸信侯式神學、加入成為侯派，才能明白他——相反，當一個人真正明白侯氏的時候，他就已經自然是個侯派。不過，假如讀者像做學術研究那樣，以找碴兒（fault-finding）、技術性得分（point-scoring）的方法來消化侯氏著作，而不願意讓自己對信仰的領受被他挑戰，則不但會捉錯用神、焦點錯置，更只會徒勞無功、虛耗光陰。又如我在第一部的引言中建議，我們用侯活士寫作（和閱讀別人著作）的方式去閱讀他（reading Hauerwas Hauerwasianly），就應該明白侯氏寫作的目的，從來不是要複製出自己的門徒，而是與教會一同尋覓追隨基督和成為門徒之道。

本文集英文書名正題為「**讀寫**侯活士」（*Writing with Hauerwas*），就是實踐和示範這種詮釋的路向。書中大部分內容是之前從未在印刷媒體出版，或者只在學術期刊發表而一般讀者較少機會接觸的，現在全部重新校訂，附上新撰寫的引言交代出處、寫作背景、文章主題。本書所收集的文章，沒有固定的閱讀先後次序，可以勉強歸為兩類：「閱讀侯活士、讀侯活士所讀」，是我近幾年閱讀侯氏的一點心得；或者，「書寫侯活士/寫侯活士所寫」，是受他的著作所啟發而寫的，帶有侯派風格和題旨。

我在二〇一五年的夏天，走訪了九間堂會，主講基督徒倫理講座，發現一般信徒和教牧，較難擺脱指令式（prescriptive）的「道德」規條，因而無法進入「倫理」的辨識。但讀者若未能克服這重障礙，恐怕本書所闡述的侯式神學觀點，對他們而言都不可理喻，所以需要在此先以五點説明來釐清幾個常被混淆的觀念：

一、基督徒倫理 vs 基督教倫理學

我個人偏好將「基督**徒**倫理」（Christian ethic）和「基督**教**倫理**學**」

（Christian Ethics）分別開來。因為，我並不認為存在一套現成「基督**教**的」官方權威立場，像一系列百科全書一樣，就每個基督徒在日常生活上遇到的諸種倫理疑難，提供預設、標準、正統、「符合」基督信仰的答案，解答信徒一切心中憂慮，裁判他們甚麼可以做、甚麼不可以做。而傳統的基督教倫理學，就給人這種印象或期望。

而我所講的「基督徒倫理」，是**屬於**基督門徒羣體的倫理，或者**屬乎**基督、肖似基督、有基督形象（Christian），建基於耶穌的生平、職事、教導，受難、復活、升天、再來的倫理觀。我同意，基督徒倫理不應該是一堆抽象的、綱領性的信仰原則；但是，正因如此，基督徒倫理更加不可能由一班基督教倫理學的專家學者，在神學院閉門造車，設計出一整套鉅細無遺的生活藍圖，然後出口外銷給眾教會。相反，基督徒倫理應該由教會／堂會自己去做，是每一個羣體在其具體處境中，通過閱讀聖經、詮釋傳統，在禱告中辨識聖靈的聲音，共同尋求上帝的心意。以羣體的倫理辨識，實踐審判與寬恕，是教會的權利，更加是教會的責任——這就是主耶穌親自授予教會「捆綁與釋放」的權柄（太十六 19、十八 15～20）。[2]

不過，正如我的同事鄧紹光教授提醒我，「**基督徒**倫理」這個稱謂，不免令人產生某些個人主義的聯想；但實際上，我心目中的基督徒倫理是羣體性的實踐，而非一般所謂獨立批判思考的慎思明辨。「基督徒倫理」當中的「基督徒」應該是眾數的集體名詞（Christians），不是指涉獨立的個體。

所以，這裏又牽涉另一個被濫用的概念：倫理辨識（discernment）。坊間對此的理解，往往就是欠缺了教會的向度。「倫理辨識」**不是**個人憑自己的信仰領受而獨斷，各人按良知而行，誰也沒有資格論斷別人有錯，互不干涉，河水不犯井水。聖經所教導的，卻是主內之間有彼此督責、更正、訓誡的責任。肢體之中，每個人都可以對不同倫理議題有自己的立場，但同時就有責任，將自己立場背後的信仰理據陳明，讓其他人甄別、考察、驗證；任何人有從聖靈而來的領受，皆應該有機會被羣體聆聽，但也須向羣體問責，接受質詢、挑戰、對辯——這就是以「保羅的規條」實踐在聖靈裏一同論理（林前十四 29～31）。[3]

二、倫理 vs 道德

對倫理辨識更大的誤解，在於混淆了「道德性」（moral）和「倫理性」（ethical）兩種不同性質的關注。過去傳統的基督教倫理學，只狹窄地聚焦於道德判決，而不幸地幾乎完全缺乏倫理視野。這種情況令人非常遺憾，反映香港神學界的基督徒倫理研究、寫作、教育，還有一條漫長的路要走。

「道德」只問是非對錯（right or wrong），一切一刀切非此即彼，問甚麼行為是被容許的、甚麼是被禁止的（permissions and prohibitions）？但「倫理」關注何謂「善」（Good），是問「好與壞」（good or bad）的問題，必然牽涉辨識眾多可能性之間，哪些較好、哪些較差（better or worse），進而尋問甚麼才是**更**美好的。

傳統基督教倫理學的教科書，充斥道德疑難，只問：「我該怎樣做？」（What should I do?）尤其是在一些純粹虛構、假設性的危機處境，極端的道德兩難下，如何取捨抉擇，才**不會**犯道德的錯誤。例如，一些美國的課本最喜歡問：試想有一持槍賊人闖入你的家居，你為了保護你家人的性命安全，應否開槍將匪徒當場擊斃？可悲的是，這類「道德問題」是刻意用來針對和刁難和平主義者的，其性質跟法利賽人陷害耶穌的問題同出一轍，本身就是立心不良，因為無論答「是」，還是答「否」，回應者都自墮圈套。類似的難題，假如換轉在香港實際的社會處境，就更容易顯出其不切實際，甚至無中生有。

從德性倫理（virtue ethics）的角度出發，模仿主耶穌面對這類試探性問題的方式，我相信祂會反問：為何你作為一個基督徒，家中會常備一支槍膛已經裝上子彈的槍？當某一天，你認為需要為家居添置一件可置人於死的武器，你是否已經有預備，必要時用它來做甚麼？其實，當你將這個打算付諸實行，就已經在心底作了決定，到底有甚麼是基督徒可以做、甚麼不應做，而你的行動已經反映你的人格或品性。那條教科書裏面的問題，對你根本來得太晚、一切已經太遲，因為不是到面臨命懸一線的剎那危機，你才面對道德考驗，你早已定意要做一個怎樣的基督徒。

對照之下，倫理視野所關注的，比道德角度要寬廣得多，除了判斷行為的對錯，更加要讓當事人問：「我應該成為一種怎樣的人？」（What kind of being I ought to be?）古典倫理的焦點是「善」，並非獨善其身的「善」，而是與其他人共同享有的美好生活；因此就要探討一羣人，他們在日常生活當中需要培養出怎樣的德性，才能夠一起達致美善。

現代的道德關注卻是消極的，單獨針對我個人如何避免在道德上出錯、犯罪、越禁，保證自己的行為無可指責。它背後是一種「最低要求的倫理觀」（minimalist ethic）：但凡道德律令禁止的，就不可以做；不被禁止的，都可以做；道德律令要求的，就一定要做；沒有非做不可的責任，就可做、可不做。這類倫理觀對自身和別人只有「最低限度的要求」：只要不做壞事，已經勉強是個好人；做超越責任與義務以外的餘功（supererogatory），就可算是大善人了，不過這些善舉和德行既是額外於道德的要求，就已經不再關乎是非對錯了。換言之，一個只具有道德關注的人，不會主動追求臻善、做**更好**的人，因為止於至善，是留給那些得天獨厚的少數人的特權。

三、罪人 vs 聖人

假若一個人眼中只有是非黑白，只管行為的道德對錯，就無法從行動者的角度（agent's point of view）看待他/她行為的前因後果，當事人的生命故事如何導致他/她今天成為這樣的人。基督徒有時給人的印象，就是這種道德主義者：我們針對罪惡，自命與罪惡勢不兩立，卻看不到罪惡背後那個犯了罪且需要被赦罪的人；我們滿口仁義道德，對罪人卻無同情、體恤、憐憫、寬恕。福音書裏面的法利賽人，就是基督徒的寫照。有時，當見到其他基督徒對罪人寬容，我們反而會攻擊這些主內是非不分、立場不穩；就像法利賽人批評耶穌，同那些未曾悔改的罪人同枱食飯一樣。事實是，教會作為被寬恕的羣體，**我們沒有不寬恕別人的資格**，反而是被責成去饒恕其他罪人（太六 14～15）。

基督徒倫理首要的任務，是幫助我們學習做罪人，這是侯式神學倫理學的主旨：上帝從來**沒有**要求我們道德上完美，而是要我們成為「聖潔/神聖」（holy），意思是在憐憫恩慈上完全，肖似上帝（見本書第 2 章）。倫理視象（vision）比道德範疇更廣闊，前者包含後者，因為在判別了行為的是非對錯**之後**，如何對待罪人，以及怎樣應對罪惡，一同承擔罪帶來的惡果等，這些才是基督徒倫理最需要問的問題。所以，基督徒倫理一定是教會倫理（ecclesial ethics）；甚至簡單講，教會倫理的實踐，同時間就是牧養關顧。教會不能夠只懂定人的罪，而不去牧養和關顧教會內、教會外的罪人，學習同其他罪人一起生活。過往，太多的基督教倫理學只停留在道德層面，它們其實是為「聖人」而做的倫理學，因為它們教導人分辨善惡（那是上帝的主權），要求人不再犯罪（但那是不可能的任務），甚至自稱要杜絕罪惡和防止悲劇發生（那更是連上帝也不會應許的）。基督徒倫理卻是專為「罪人」而做的，因為我們知道，教會並非已然完全聖潔、無罪無咎。

在教會的生活裏面，要不是我自己犯罪，就是別人犯罪，甚至整間堂會也可以集體犯罪。在教會一次又一次失信，一次又一次叫上帝失望**之後**，如何繼續重新一齊過聖潔生活，這才是基督徒倫理的核心問題：怎樣才是與我們作為蒙恩得救的罪人，這個被寬恕羣體的身分（**更加**）相稱的生活？這也是保羅寫給教會的不少書信中的主題：你們既已得救，何以仍然甘願用舊有的方式生活，繼續隨從這個世界呢（弗四1；腓一27）？但保羅沒有放棄這些滿身罪污的主內肢體，更致籲（address）他們為「聖徒」。他的責備，同時就是勸勉：我們雖則尚未「成其自己」（be what we are），但我們應當成就更高的義，而不是與世界一同沉淪。

所以教會要不斷問自己：我們到底應該是一羣怎樣的人？我們應該具有甚麼有別於世人的氣質、品格、個性？例如，對待那些與我們立場相左的人，那些得罪我們的人，那些犯錯作惡的人，我們跟社會上慣用的方式，應該有何分別？更進一步問：我與甚麼人是屬於同一類人？我們同屬一個怎樣的羣體？換言之，我們共同歸屬、效忠於誰（to whom we belong）？這就凸顯出基督徒倫理的政治性和公共性。

四、黑中有白 vs 非黑即白

總結而言，「道德」強調**限制惡**，只要不傷天害理，基本上就算是個好人；「倫理」卻要思考如何**成就善**，特別是一羣人如何一起成為善（a good people）。但不等於，倫理辨識就不問是非對錯，永遠懸吊價值判斷；只是，面對複雜的道德世界，通常很難會有非此即彼的整體裁決，而需要更細緻的差別比較：最好、更好、次好、不好、不壞、壞、最壞等等。

世界的確不是非黑即白的，但它也不是完全一片灰色，而是黑中有白、白中有黑。[4] 世間的人、事、物，自有它們的道德輪廓、層次深度，就像一本白紙黑字的書一樣；中文象形文字是由黑線和留白組成，黑中有白、白中有黑，而不會灰濛濛一片，這種尚待詮釋的複雜性，甚至可以擁有取之不盡的豐富意義，邀請我們去發掘、探索、閱讀、再沉思。這種立體的倫理視象，就是屬靈的智慧，或者德性。我們需要有能力看到：有時，好人會做壞事，壞人會做好事；目標雖然正確，手段可能錯誤；良好意願，帶來壞的結果；用錯誤的理由，支持正確的立場，等等。試問，我們又豈能一刀切，將種種世事，用非黑即白，要不支持、要不反對的方式去概括？在眾多倫理議題上，除了「支持」和「反對」以外，存在很多別的可能性，最少還有「不反對」、或「非支持」等千差萬別的取態（見本書第 8 章）。何況，所謂「支持」或「反對」也不可能是倫理辨識的簡單結論，因為它們具有甚麼實踐性內涵，仍要考驗我們的道德想像力——「支持」或「反對」意味需要做甚麼、不可做甚麼？

只不過，我們仍然傾向將人、事、物化約分類，並且極力自圓其說。例如，社會上早前熱議「洩密」（whistle-blowing）的道德正確性，不少人認為只要是關乎重大公眾利益，揭密就不傷害誠信，此行徑也就是正義的。這種思維停留在道德證成（justification），期望達致一成永成的裁決。假若改用倫理辨識的進路，我們可以說：這是用不正當的手段，嘗試做一件正當的事情；到底前後兩者如何衡量輕重，只能就每個個別的情況，逐一再做深入的剖析，而不可能用正義的目標，來預先合理化不正義的手段，否則就會變成不擇手段了。

所以，對動機、手段、目標、結果等，以及它們彼此關係的道德研判，是必須的。我們仍然看到黑是黑、白是白，不會黑白不分、和稀泥，但也不會非黑即白。道德判斷非但不是倫理辨識的終結，更加只是**開端**。如前所說，發現了**罪行**之後，還要應對**罪人**和罪的結果。

五、社羣倫理 vs 社會倫理學

最後，本書書名採用了「社會倫理」這個讀者頗感陌生的概念，在此只作簡單的解釋，詳情請參考本書第2、4章的討論。我在神學院的職銜也是「社會倫理」，英文本來應該是"social ethic"，但為免太標奇立異，只好折衷從俗，沿用一般的稱謂"Social Ethics"。而"social ethic"本來也可翻譯成「社羣倫理」，因為在侯式神學裏，它的意思就是「教會倫理」；可是，為了不讓主流世俗社會壟斷了對社會實在的定義，侯派神學人還是想保留對甚麼才是「社會倫理」、甚麼才是「社會」的一點發言權。

在神學界，往昔一般所謂「社會倫理學」，已經蛻變成今天潮流的「公共神學」；不過，偏偏主流公共神學最缺乏的就是一套「社會倫理」，或者更準確，它們最大的缺陷是看不到教會本身，在甚麼意義上已經是一種社會倫理。不少公共神學的大前提就是：信仰要離開教會，才是真正的信仰；所以，這類神學是預先排除教會的。不少論者將「公共神學」和「教會神學」對立，然後批判侯活士那種內斂的神學是「公共不起來」、「走不出教會四面牆」的「堂會中心主義」，根本發展不出可以登大雅之堂的公共神學。這類常見的批評未免過於武斷，因為，侯氏的一些學生已經開始做侯式的公共神學，且卓有成就。[5] 分別只在於他們所做的是「神學政治」（theological politics），而非一般常見的「政治神學」（political theology）。[6] 而本書第6章，可視為筆者未來另一本著作《公共神學（不）是甚麼？》的前言，為一種立足本土的侯派公共神學奠下根基。

• • •

本文集的出版意念得以落實，始於二〇一五年三月與韋爾斯博士（Samuel Wells）往機場途中的一次閒談，是他無條件的友情和信任，一直驅策筆者前進。回顧年多以來，人生中雖曾走過一段甚為幽暗的彎徑，卻又滿載上主的恩典與平安。特別是二〇一五年十一月十日，更是筆者畢生難忘的日子。在當天神學院的早會上，我們的師生和同工，一起經歷了眼淚、擁抱、醫治，活現出門徒羣體的肢體相連、憂戚與共；剛好是夜，侯活士教授以電郵寄來厚賜的序言，更使我在沮喪迷惑中重新振作。在困苦中經歷被愛、同在、與主相遇，這是三一上帝的榮耀。

禤智偉

初稿成於二〇一六年一月西澳

註釋

1. Hugh T. Kerr, "Preacher, Professor, Editor," *Theology Today* 45/1 (1988): 2.
2. 禤智偉：〈「耐性作為法門」——尤達的和平知識論〉，載《和平知識論：從理性的暴力走向對話的可能》，鄧紹光編（香港：印象文字，2015），頁 129 ~ 132。
3. 禤智偉：〈「耐性作為法門」〉，頁 127 ~ 129。
4. 最先讓筆者學懂這個道理的是龔立人：《是與非以外：基督教的倫理想像》（香港：基道，2010）。
5. 侯活士眾多學生之中，特別以 William T. Cavanaugh 豐富的著作，最能展現出侯式公共神學的多樣性和潛質；例如 *Torture and Eucharist: Theology, Politics, and the Body of Christ* (Oxford: Wiley-Blackwell, 1998)；

Theopolitical Imagination (London: T&T Clark, 2002)；*Being Consumed: Economics and Christian Desire* (Grand Rapids, MI: William B. Eerdmans, 2008)；*Migrations of the Holy: God, State, and the Political Meaning of the Church* (Grand Rapids, MI: William B. Eerdmans, 2011)。

6. Arne Rasmusson, *The Church As Polis: From Political Theology to Theological Politics As Exemplified by Jürgen Moltmann and Stanley Hauerwas* (Notre Dame, IN: University of Notre Dame Press, 1995)。關於侯式「神學政治」的具體實踐，另參：Luke Bretherton, *Christianity and Contemporary Politics: The Conditions and Possibilities of Faithful Witness* (John Wiley & Sons: West Sussex, 2010)。

第一部　細讀・倫理

引言*

不少讀者（尤其是神學生）初次接觸侯活士的著作，都可能會讀他的倫理學名著《和平的國度》（*The Peaceable Kingdom*）。無疑此書乃侯氏公認的代表作，不過，它卻偏偏缺乏「代表性」，是非典型的例外。侯活士的著述，大多是文集（有些更是合著的），或者講章、甚至禱文，而非系統性的學術專論。初學者若沒有基本的哲學、倫理學和神學根底，讀《和平的國度》會倍感困難。侯氏在二十年後再版的後記甚至說，此書「寫來是要叫讀者看得頭昏腦脹的」。[1] 筆者想像，侯氏寫這本書的時候，或者同樣艱難，因為他做神學，從來沒有一套體系或者背後的宏大理論。侯氏的好友韋爾斯（Samuel Wells）的博士論文，[2] 也要花九牛二虎之力，才勉強整理出侯式神學倫理學的一點頭緒脈絡。

如今，筆者會建議讀者，可以的話，先讀侯氏退休後

---

* 本部分的內容改寫自二〇一一年十一月德慧文化舉辦的「神學家著作導讀」的四堂講稿，之前從未發表。

出版的 *The Work of Theology*；[3] 否則，可以讀《異類僑居者》（*Resident Aliens*）的中文版，即另一部侯氏家傳户曉的暢銷書。[4]

至於那些不得不「應付」《和平的國度》的神學生，或者想挑戰自己去「克服」此書的一般讀者，這裏嘗試為他們提供一種深層次的導讀，同時也可視為介紹侯氏神學的緒論。

由於筆者曾於數間大學攻讀過不同的學科，朋友不時會問，到底我的學術專長是甚麼科目領域？我通常會借用我在匹茲堡大學（University of Pittsburgh）英文系的恩師保羅．布威（Paul Bové）的講法：我多年來努力去磨練鑽研的，是如何讀懂一些艱深文本（difficult texts）的基本功夫。事實上，這種有時稱為「細讀」（close reading）的技巧，對待文本的極度仔細嚴謹，就是我從保羅身上學回來的。[5] 套用在《和平的國度》此書上面，我會説，讀者必須學會用侯活士寫作（和他閱讀別人著作）的方式去閱讀他（reading Hauerwas Hauerwasianly）。此議看似平平無奇，卻內藏竅門所在，因為太多人帶著先存的問題意識去閱讀侯活士，尋找希望見到的答案，結果往往覺得他的文章答非所問、文不對題，而忽略他如何通過改造我們的語言習慣（頁 219；頁碼皆為《和平的國度》中文版頁碼，參本引言註 1，下同），去「易構」（reframing）我們最需要去問的問題。

侯活士在書的後記，又説了不少非常奇怪的話，卻足以提示讀者如何入手。侯氏強調，這不是一本普通意義的倫理學入門概論書，而是一本真正做神學的書。因為，一方面，它動搖（unsettle）了我們普遍對基督教倫理學的期望和定見；另一方面，它探索了基督論與作主門徒、終末論與德性踐行等不可分割的神學和倫理課題。他又同時特別告誡讀者，不應以「太敬虔」(too piously)的態度來理解此書(頁215)。他解釋，如果說此書將他當其時的思想整合起來，那麼他隨後二十多年的著作，就可算是為了將它再拆解(taken apart)，而重新尋找另外的詞彙、更好的表達方式，研探新的領域和方向(頁218)。[6] 此書是他神學倫理學的開端、獻議，不是最後的恆守定論、滴水不漏的「立場」(position)。

所以，閱讀侯活士的基本方針，首先就是尊重他非基礎主義(non-foundationalism)、反方法主義(anti-methodologism)的神哲學方向，[7] 不必試圖將他的觀點系統化、條理化。此書艱澀難讀，正因它太一本正經，缺少了侯式文風爭辯性(polemical)的趣味(頁215)，讀者或許掌握不到作者的對手是誰，他的論證是針對甚麼對立的觀點而說。本部將會用三對「主軸問題和答案」，來綜合和組織全書的要旨，嘗試還原侯氏獨有的「包拗頸」(contrarian)、語出驚人的答問方式：[8]

(一)為甚麼倫理學需要冠上限定詞(qualifier)？因為基督徒倫理並非為任何人而做。(《和平的國度》第二至四章：基督徒倫理，**為誰而做**？)

(二)為甚麼我們不是被呼召去成為有道德的人，而是成為聖潔？因為基督徒的社會倫理就是一套教會倫理。(第五、六章：基督徒倫理，**為甚麼而做**？)

(三)為甚麼我們其實從來不做決定？因為基督徒倫理是關於上帝的行動，而非人的行動。(第七、八章：基督徒倫理，**怎樣做**？)

此外，從筆者教學的經驗當中，發現不少同學，根本捱不過此書頭三章，所以這裏也有一個奇怪的小貼士送給讀者：最好從《和平的國度》第四章讀起。其實，侯氏在後記已經講明，第四章才是此書的正式開始（頁 221）；而且，第四章的標題呼之欲出：「在中間開始」（beginning in the middle）。這種「始於中途」的治學方式與侯氏另一好友麥乾頓（James Wm. McClendon, Jr）的非基礎主義一脈相承。[9] 所以，雖然各章的先後次序有其組織架構，但讀者不必從頭到尾、一氣呵成把書讀完。筆者建議，可以先粗讀或略讀一次導論（和第一章），然後直接跳到第四章；最後回過頭，再從第一章順序讀起。原因是：頭三章皆是介紹和建立概念性工具，包括「敍事」和「品格」等，[10] 對讀者或會過於沉重，在未曾窺見全書主旨和面貌之前，難於消化。但只要讀者「安全度過」頭四章，到第五、第六章，就會豁然開朗，因為耶穌基督對門徒生活的倫理意涵和規範作用，在那裏得到非常具體的呈現。

最後，開始閱讀之前，讀者尚需留意兩個關鍵詞。英文的 "peaceable"，不是簡單 "peaceful" 的意思；正如，"usable" 是「可用、合用」，"useful" 則是「有用、實用」。書名和內文的 "peaceable"，有時只是簡單翻譯成「和平／和平的」，但這個形容詞其實有本體論和倫理上的雙重意思。其一，上帝國度的本質是和平的，上帝國度**就是**和平，即使在墮落了的被造世界裏面，彷彿罪惡掌權、充滿暴力，但和平其實才是「更深刻的實在」（more profound reality），和平擁有本體論的優先性。其二，但這不等於甚麼也不做就可盡量避免暴力，或者只要消除衝突差異，（在先的）和平自自然然就出現；因為締造和平（peacemaking）需要時間和耐性，於是所謂 "peaceableness"，就有「上帝子民在祂的國度裏，**可以／能夠／應該**過和平的日常生活」的意思，也就是「成為、體現、見證上帝國的和平」。[11] 雖則和平是上帝的禮物，而非靠人的能力可以成就，但教會就是被呼召在暴力的世界，成為忠信的、活出和平的羣體（頁 32）。真正的和平，必須建立於一個真實的故事——

以三一上帝作為主角的故事。

職是之故，「和平」與「真相/真誠」也不可分割，沒有真理與公義的和平，只是「河蟹」。和平是寬恕所結的果子，而我們之所以能夠寬恕別人，需要先有一種“truthful”的氛圍，幫助粉碎我們的假象和錯覺（見頁 xxiii）。英文的“truthfulness”也有雙重意思：「真誠、坦率」和「真確、真實」，有時在中文翻譯難以兼顧。但這是侯氏倫理學的關鍵詞，是指承受、盛載真理的能力；但人的生命必須被惟一的真道耶穌基督所轉化，方能領受真理、配得真理（頁 37）。換言之，若不是先在主裏面重生，一個人無法理解真理，也沒有能力面對真相，更加缺乏勇氣講真説話。而言説真相，可以為別人（以及自己）帶來傷害；正如實踐和平，也可以挑起衝突爭端。

註釋

1. 侯活士：《和平的國度：基督教倫理學獻議》，紀榮智譯（香港：基道，2010），頁 214。繼後本文標示的頁碼皆引此書。
2. Samuel Wells, *Transforming Fate into Destiny: The Theological Ethics of Stanley Hauerwas* (Eugene, OR: Cascade Books, 1998).
3. Stanley Hauerwas, *The Work of Theology* (Grand Rapids, MI: Wm. B. Eerdmans, 2015)；另參本書〈代跋：如何神學地搞笑？〉。
4. 侯活士、韋利蒙：《異類僑居者：有別於世界的信仰羣體》，曾景恒譯（香港：基道，2012）。中文版的優點是將原著 *Resident Aliens: Life in the Christian Colony* (Nashville, NT: Abingdon, 1989)，及其續集 *Where Resident Aliens Live: Exercises for Christian Practice* (Nashville, TN: Abingdon Press, 1996)，二合為一。
5. 關於細讀的基礎技巧，參 Mortimer J. Adler and Charles van Doren, *How to Read a Book* (New York: Simon and Schuster, 1972)；Stella Cottrell, *Critical Thinking Skills: Developing Effective Analysis and Argument* (New York:

Palgrave Macmillan, 2011)。另外，一個大師級的親身示範：Paul Bové, *Mastering Discourse: The Politics of Intellectual Culture* (Durham, NC: Duke University Press, 1992)。

6. 另參 Stanley Hauerwas, *Hannah's Child: A Theologian's Memoir* (Grand Rapids, MI: William B. Eerdmans, 2010), 136。

7. 關於基礎主義、方法主義，參禤智偉：〈「耐性作為法門」──尤達的和平知識論〉，載《和平知識論：從理性的暴力走向對話的可能》，鄧紹光編（香港：印象文字，2015），頁 116 ～ 121。

8. 筆者以為，此書並非以一種直線的推演方式論述，而是循環地、從不同切入點反覆敍述同一個觀點。這三對問答作為經緯的組織，像三股糾結在一起的線。

9. Stanley Hauerwas, "Reading McClendon Takes Practice: Lessons in the Craft of Theology," *The Conrad Grebel Review*, 15 (1997): 242; Barry Harvey, "Beginning in the Middle of Things: Following James McClendon's *Systematic Theology*," *Modern Theology* 18/2 (2002): 251 ～ 265.

10. 讀者要掌握頭三章的概念內容，或者需要先消化侯氏兩部前作：Stanley Hauerwas, Richard Bondi, and David B. Burrell, *Truthfulness and Tragedy: Further Investigations in Christian Ethics* (Notre Dame, IN: University of Notre Dame Press, 1977)；Stanley Hauerwas, *A Community of Character: Towards a Constructive Christian Social Ethic* (Notre Dame, IN: University of Notre Dame Press, 1981)。

11. 參禤智偉：〈「耐性作為法門」〉，頁 133。

1.

基督徒倫理，為誰而做？——細讀《和平的國度》（上）

為甚麼倫理學需要冠上限定詞？因為基督徒倫理並非為任何人（anyone）而做。

為甚麼任何一套倫理學，都需要被冠上形容詞、或限定詞？因為，所謂「無須被限定」（unqualified）的普遍性倫理學（universal ethics）根本不存在。當然，侯活士此主張本身，就已經是一種全稱命題（universal claim）。而他為了證成此立場，採用了一條迂迴的路徑，除了從負面的方向消極地否定普遍倫理的可能性，他更加從正面積極的方向，分別論證：我們作為「道德人」的敘事性質；以及基督徒的確信（Christian convictions）的敘事性質。過程中，他提出了某套神學人類學，也就是此書第二、第三章最艱澀難明，一籃子彼此定義（mutually defined）的概念工具：視象、敘事、品性、德性等。最終，他旨在說明，基督徒倫理非為「任何人」而設，而是首先用以責成教會如何按耶穌基督的心意過日常生活。

何謂「普遍通用的」（universal）或者「普世主義的」（universalist）倫理學？其實，幾乎所有主流的、世俗的、西方的倫理觀，都屬於這類沒有被冠上限定詞的倫理學，它們會簡單地稱為「道德哲學」（moral philosophy），而沒有標明是誰、為誰而做的，因為它們隱含一個前設，道德倫理的反思，是為天下人而做的，至於由誰來做根本無關宏旨，道德的是非對錯超越歷史、文化、地域。普遍性倫理學有三個常見特徵：

（一）關於問題的先後次序，倫理學首先要解答「我當怎麼做？」（What ought I to do?），然後才會知道「我應該成為怎樣的人？」（What ought I to be?）（參《和平的國度》中文版頁46，下同）；或者更準確：當你知道「你應該怎麼做」，「你到底是一個怎樣的人」這條問題，或者不會出現；你是怎樣的人，完全由你的行為和決定構成。於是，普遍倫理通常以解答道德疑難（quandaries）為己任。

（二）所以，普遍倫理又經常具有律法型態（law-like），意圖整理出一些放諸四海皆準的「通用原則」（general principles）、「規矩」（rules）、既定的方程式，指引或規範道德生活，一勞永逸地、預先應對任何的可能狀況（contingencies）。倫理學的功能就是用以排難解紛、平息爭端的程序性手段（procedural means），[1] 去管理價值的衝突，卻刻意迴避那些最深層次的矛盾。換言之，道德是公共的，而且是服膺於理性的；而價值、價值觀和意義的分歧，涉及個人的偏好（preference）和選擇（choice），不能以公共理性疏理，歸入私人的範疇。這種形式的道德觀，反映出世俗社會渴求在紛亂的公共世界，維繫和平、秩序和共識，而為了防止衝突、讓社會得以生存，不惜壓抑所有信念上的差異，亦即擱置任何關於何謂「美好人生」的探究（頁43）；另外，它實際上無法容納悲愴性的處境，例如當通用原則之間出現不能調解的道德衝突（頁46）。

（三）普遍倫理採取旁觀者的立場（observer's standpoint）看待道德決定和行為，以為不必理會行動者（agent）的前因後果、她的生命故事，就能足以忠誠地為她的行為賦予合宜的道德描述；甚至也必不理會，何以某一「情境」（situation）會具有產生道德困難的性質（頁40、44～45）。簡言之，行為的道德地位、是非對錯是客觀的，無論從描述、或評價的層面，當事人的處境和過去非但是不相干的，甚至應該被排除於道德的考量，以免對客觀判斷構成障礙。這種道德觀，不但對當事人缺乏同理心，並且鼓勵、責成當事人，也應該將自己從自己的行為抽離出來，導致她的自我與自己的人生規劃（project）產生異化（alienation）（頁 40）。

侯活士對普遍倫理主要有三點批判：

首先，按它本身對自己的要求，普遍倫理是不可行的（not viable），因為它最終要追求的，不單單是退一步（step back），用第三者的旁觀立場看待人物、行為、情境，而是達致一種離地的（midair）、完全擺脫任何觀點的、沒有立足點的立場。因而，普遍倫理往往趨向後設倫理、元倫理（meta-ethics）的方向發展，變成從第二序（second order）判斷別的倫理判斷，而不作實質的倫理判斷（頁 40）。但現實上，任何一套普遍倫理都被我們身處的破碎世界（fragmented world）所否證（頁 102），因為它們都無法贏取普世的支持。侯氏在此，並非以相對主義來推翻普遍倫理，而只在於揭露，任何一套道德觀，都必須與其他道德觀一樣博取認同，而不能單靠自我宣稱「普遍」、「超越」、「客觀」，就能免於比較和競爭。

此外，反對普遍倫理更重要的信仰理由，是要批判一些基督教倫理學，它們以此為楷模，為求訴諸公共，而變相令神學信念淪為次要於倫理和道德（頁 47）。基督教倫理學博取世俗社會認同的方式，是去迎合、遷就世界，掏空信仰的內涵和特質，變成所謂「最低要求的倫理學」（minimalist ethics），單單著眼於判斷行為的道德對錯，而不涉及終極的美善、生命的所是所由（*telos*）的探求。這種道德觀強調「避惡」（avoiding evil），多於「臻善」（being good）：例如，將但凡不作惡的，都視為好人；又例如，只要不傷害別人、不侵犯別人財產、不威脅別人的自由，甚麼都是被容許的。

最後，對普遍性倫理學更實質的倫理批判，是它一旦脫離特定羣體的共同歷史，就喪失一個能夠盛載、傳續它的道德傳統，它的一切只是空中樓閣。沒有一個羣體願意將某套道德觀視為具權威的，就沒有人切實把它實踐出來；沒有一班美善的人（a good people）的支持，[2] 個人就無法活出美好；沒有道德榜樣，我們也無法學習如何做道德人——「道德人」（moral agent）的意思**並非**指有道德的人、道德生活值得被讚譽的人，而是具有踐行道德的能力，能為自己的行為負責的人。

否定普遍倫理之後，侯活士再提出兩大有力的論據，支持倫理學必須冠上限定詞，就如「**基督徒**倫理」：我們作為道德人的敍事性質（《和平的國度》第三章），以及基督徒的確信的敍事性質（第四章），令我們無法聲稱自己是「立足於一個沒有立足點的立足點」，無法褪去我們的立足點的獨特性（particularity）：

（一）作為有能力踐行道德的行動者，其必然特質就是屬於「歷史性的存有」（historic being）。仿效海德格（Martin Heidegger）的講法，我們由出生那一刻，就被投進一個業已開啟、進行中的歷史流程，一個先於我們而存在的世界。這是第四章的標題「在中間開始」的第一重意思。同樣地，我們被投入一個在先的道德世界，沒有人能夠做一個二十四小時、全職的道德哲學家或觀察者，而不投身於、棲身於這個道德世界。

（二）更顯而易見的是，基督信仰本身，福音的故事，就具有敍事的特質。這是第四章「在中間開始」的第二重意思：這個「敍事」不是一般虛構的故事，而是現在進行中，卻又預先揭露了它的終局的；福音的故事，是一種「能夠建構實在的宣稱」（reality-making claim）（見頁 50）。[3]

讀者或會察覺，侯活士在第二至四章，仿似採用了某套哲學人類學，來描述人作為歷史存有和道德存有的現象，大談人之為人的道德生活和經驗，有將神學建基於人類學之嫌。例如，這一句：

「在我們的歷史以外，道德信念便沒有任何能夠紮根的地方」(頁 100)，這裏所說的「我們」，是泛指全人類，還是專指基督徒？(同樣的問題，讀者在閱讀此書的時候，每遇到「我們」這兩個字，都應該不斷向自己提問。)

但筆者以為，與其說，侯氏將人類道德存有的實況，用存在主義的方式普遍化(existentialize)，倒不如說，他以基督徒信念的眼光，看出人活在敗壞罪惡當中，道德生活的**實然**(事實上怎麼樣？)和**應然**(應該怎麼樣？可以怎麼樣？)的面貌：「我們」**從**不認識自己是罪人，**到**開始學習成為罪人。因此，第二、第三章(節 2.2.2 和節 3.4)最後都歸結到如何學習成為罪人這個焦點上；有別於世俗的道德哲學，基督徒倫理的大前提是：成為道德人的基礎是承認自己是(被救贖的)罪人。侯活士整套神學人類學的概念工具，旨在說明這個重點。

1. 歷史性的存有(historic being)與敘事(narrative)

歐陸哲學對人的存有被敘事模造(narratively formed)的說法，侯活士沒有照單全收。例如，對於人是歷史性存有這一點，他不是當為一條定理、或真理來理解，而是發掘當中所謂「二律背反」(antinomy)的特性：到底是人締造歷史，抑或，人不過是歷史的產物(頁 100)？人是處於歷史性的狀態(being historic)，通常是指人能夠在歷史留下印記痕迹，但侯氏為此概念重新界定了倫理性的意涵：人作為歷史性的存在，不是形而上的必然狀態，不是天生就具有的，而是可有可無、或多或少的；**要成為**具有歷史性的存在，應被視為一種倫理任務或道德呼召，也就是能夠將自己的過去，看成是屬於自己的(able to make my past my own；頁 64)。

可以將我所經歷的，包括我能夠決定的和不能夠決定的，發生在我身上的和我有分令其發生的事件，都串連成一則有意義的、連貫的，屬於我自己的敍事，藉著這個故事我為我自己的生命賦予、或者發現方向，就是我的**所是所由**（*telos*），我的生命才成為一個有完整性的「規劃」（project），而非破碎、斷裂的，我方才成為自己。這個觀點，反映出侯活士深受維根斯坦式（Wittgensteinian）哲學的影響。一般人會將行動者與行為之間的關係看成是因和果的關係，我的行為是我的決定的結果。但侯活士的神學倫理學，將行動者與行動（agent and action）之間的關係，理解為説故事者和故事的敍事關係，道德人的特質並非來自決斷力或執行力，而在於想像或描述的能力（power of description）（頁 74）。

同樣地，侯活士也重新定義了「自由」，一般人以為自由就是「能有別的做法」（could have done otherwise）；他反其道而行之，主張當人即使別無他選的時候，也可以自由，甚至有時是那些我們無權選擇的、被賜予的東西，叫我們得自由。用他慣常的説法：成為歷史性，先於成為自由（參頁 66）。

2. 視象（vision）與描述（description）

在討論道德人行動者身分（agency）的時候，侯活士不得不引用德性倫理學（virtue ethics）的概念工具，特別是：視象（vision）和品格（character）這兩個概念。視象與描述有不可分割的關係：「我們只能在自己能夠展望/預想的世界中行事，而我們惟有受過訓練去看，才能正確的展望/預想世界」（頁 56）。我們如何「看待」這個世界，不但影響我們會有怎樣的行為；甚至，對世界擁有不同的視象，就猶如活在不同的「實在」；例如一個有勇氣的人，他不但跟懦弱的人，具有不一樣的品性，他更加是生活在一個比平常人更危險的世界裏面。[4] 而我們如何「看待」這個世界，不是單靠肉眼，而是靠道德想像力的訓練；接受不同訓練的人，他們能夠「睇見」（envision）的東西也不盡相同，他們的世界會接納（recognize）或排除不同的他者。於是，同一樣的「行為」（behaviour），對活在不同「實在」裏面的人，就變成具有不同道德地位的「行動」（action）。怎樣描述行動者的行動，本身就是一條最基礎性的倫理問題；在我們能夠正確地描述自己的行動**之前**，我們根本不曉得自己在做甚麼。[5]

3. 品格（character）與道德踐行力（moral agency）

另一個侯式神學的關鍵詞是"character"，英文有一語相關的意思：既是「品格、品性」，亦即具有比心理學的「性格」以外更豐富的倫理向度；但有時也有戲劇裏的「角色」此第二層意思，中文翻譯難以兼顧。「品格」是德性倫理的核心概念。品格決定情境，因為品格主宰我們如何「看待」（envision）環境際遇；而具有德性的人，不會輕易將環境視為強加其身上的限制，而可以反客為主，將既有的環境，界定為不同的情境（頁 27）。「我們就是我們的品格」（頁 69）；或曰，行動確認、印證（confirm）行動者是誰。[6] 換言之，行動者與行動之間的關係，不是因果關係；品格與行為，也不是因果關係。侯活士的神學倫理學是徹底地維根斯坦式的，要求我們放棄一般的因果律思維，以及關於果效、效益的計算。在我的言行舉止背後，**沒有**一個超越的自我暗中決定一切，協調情緒與理智，將意志翻譯成行動。[7] 我的為人、我的品格，並不決定我的行為；所謂「品格」，**就是**我之為道德人的踐行力所具體呈現的**形式**（the form of agency）（頁 69）。「品格」不是心理學所講的性情、性格，也不是內在的、或形而上的實體；「品格」不多不少，就是行為的總和。**「品格」和「行為」只是同一件事情的兩套描述方式。**究竟是有好的品格，才會有好的行為；抑或，有好的行為，才算有好的品格？這類問題，在侯活士的倫理學詞彙裏，不會出現、不能發生。一個道德人的品格，不是操控他行為的先存實體；相反，他的品格反映在他的言行之中，並時刻受到考驗。[8] 一個擁有德性或品格的人，不保證他不會行差踏錯，或他的言行無可指摘，而只不過在於他在日常生活和偶爾出現的危機之中，能夠經得起道德試煉和試探。

反而，由此帶出另一個德性倫理需要回應的問題：既然人的品性／性格，既不是完全天賦的，也不是完全由後天環境決定的，那麼我們能否為自己的品格／性格負責？一個人是好、是壞，往往為勢所逼、無可選擇，有些罪惡更加有仿如家族遺傳的特性（例如，家暴、酗酒）。明乎此，我們對罪人應該有更大的憐憫；在判斷行為的對錯**之餘、之外、之先**，要從當事人的觀點（agent's point of view），聆聽其生命故事，看到她的生命如何糾纏於罪的結構之中。就此，侯活士的觀點是：一方面，我之所以成為我，著實是別人所賜予的禮物，到一個程度，我很難畫一條清晰的界線，哪些事情是發生在我身上（what happens to me），是不由我抉擇的，因此我不需／不能負責；哪些是我自己做的（what I do），因此要負全責。但另一方面，我們**不能**因此就輕易拋棄前後兩者的區別（distinction），否則就將所有道德責任都推卸給外在環境、或自身際遇。相反，我之是否成為一個整全的道德人，端在乎我能否將哪怕是純粹我所遭遇、不能控制改變的既予事實（given），都包容入我的生命故事裏面（參頁 69～70、73～74）；換一個講法，就是接納自己生命中的一切，對自己負責，以致能夠做回自己（coming to terms with my life），不怨天、不尤人（without resentment）。[9]

因此，道德踐行力不同於哲學所討論的自由意志（free will），不是一種全有、全無（all or nothing）的生命特質，也不可以通過形而上的推論來證立，而是可以或多或少、可以缺損、甚至喪失的（problematic）。道德踐行力不過就是一種社會或者道德技藝（social or moral skills）（參頁 73～77），因此不能單靠個人的生命、靈性或智性的超拔，而需要掌握語言、依賴羣體、建立習慣。我能否將我遭遇的人、事、物，都編織入自己的生命故事，需要運用一套真確的道德語言。而我對情境的道德描述是否恰當，需要由這套道德語言的其他使用者來裁定；我也不能任意地講述自己的生命故事，我的故事是否真確/真誠，需要由其他人來評鑑。再者，道德人的生命故事需要有其所是所由，這個「人生規劃」也是在別人的期許下形成的；我的人生方向，是好、是壞，需要有一個能分辨好歹的羣體，來教導、守望、指正、督責（參頁 46、173）。

侯活士有另外一個講法：一個道德人不怨天尤人，也就是能夠如其所如地看待自己的所是、所言、所行，過去、現在、將來，而不受惑於假象，不自欺、也不欺人（頁 76）。這種對「實在」的真確理解，顯然也不是一個道德的自了漢，單憑努力、啟蒙、洞見，就可以達到的。而惟一的「實在」，就只能夠是福音故事所啟示的真實，而非肉眼所見的所謂「事實」。侯氏的基督徒倫理，有別於其他世俗的德性倫理，在此他引入了一項關於人的實存景況的神學命題：世人都活在罪中。「罪性」（sin）不是單單指人的行為達不到道德標準、或犯禁，而是指當下事物的運作方式（the way things are）已經被罪扭曲，偏離了本來的真實，整個被造世界「脫了位」（thrown out of joint；見頁 56）。

侯活士對罪的景況，有深刻的描寫。一方面，我們不能保證世間上，沒有人不會受制於他們的環境際遇、隨波逐流，幾近不能自決，因自身的過去、歷史的意外而陷於癱瘓（crippled by the accidents of their past；頁 76）；這些人的道德主體性被嚴重削弱，完全被罪所俘虜、不能自拔。但另一方面，基督徒確信，沒有人是完全喪失回應真善美的能力的，雖然我們不能保證每個人皆能自主而行，但我們拒絕相信，有些人是完全無助、受命運擺佈操控，毫無資源和幫助，去擁抱、接納自己的生命（make my life my own；

見頁70）。而侯氏此立場，並非建基於任何人類學的觀察考證，而是神學的宣稱：上帝啟示出祂自己的性情，祂看顧所有活在罪中的人。

4. 罪性（sin）與德性（virtue）

如此說來，侯活士認為罪的本質便是「自欺」（self-deception），人選擇生活得猶如自己是自己生命的主人，雖然他們又明明作不得主（頁58、203）。罪性是整個人的生命取向（orientation），它並非認知上的錯謬，而是原初美好的被造世界對造物主的叛逆，侯氏稱之為我們「有罪的品性」（sinful character）：

> （一）我們非但缺乏能力認識真實，更加不願意面對生命的真相；
> （二）但我們偏偏喜歡分辨善惡，其實只是為自己所做的一切製造藉口，我們自圓其說（self-justification）的方式五花八門；
> （三）我們意圖僭越自己能力的範圍，去做一些身為被造物的分外之事（overreach our powers；參頁56～57、79～80）。

當我們害怕失去掌握自己生命的話事權，就導致對別人的恐懼，因為他者的存在威脅我們對自己的主權，而恐懼就是暴力的根源。人活在罪中，但懵然不知，或者沒有勇氣面對。人由出生的一刻，就長期活在一個虛假的故事當中，所以無法靠自己成為道德人，而需要藉著一個真實/真確的故事去顯露人的罪；福音的敘事叫人知罪，幫助我認清我乃罪人。福音講出了一個不受歡迎的真相：我不過是被造之物，我非我主；同時，福音也是好信息，因為創造我們的，乃是一位滿有恩慈的主（頁 58）。上帝乃是首先愛我們的上帝，並且愛我們到底的上帝。

所以，侯活士的基督徒倫理，是專為罪人而做的，而非為聖人而做：我們本是罪人，卻不肯承認，因此必須先學習成為罪人。（一）我們要學懂運用「罪的言詞」（language of sin）去講述基督徒自己（個人和教會）的故事，而非只是譴責教會外未信的人犯罪（頁 60）。（二）我們要真確地講出教會的故事，就一定要正確記憶教會本身所犯的過錯，而不是讓過去的成為過去（參頁 111）。（三）因為，只有當基督徒能夠彼此認罪，方能互相寬恕，教會才可以成為一個寬恕和被寬恕的罪人羣體（參頁 135）。

面對自己和別人的罪，基督徒應該作甚麼（What to do about sin）？福音的信息很奇妙：教會不需要特別做甚麼，去消除世間的罪，我們成為門徒就夠。教會只要忠誠將福音的故事活出來就夠，福音的故事既然說我們是（被寬恕的）罪人，我們就要學識做（被寬恕的）罪人；否則，我們假裝已經不再是罪人，就是自欺，仍然活在罪中：

> 「我們被呼召作門徒，甚至是被召把我們自己算於義人之中，我們的呼召不是叫人行善的一般忠告，而是一個具體和明確的呼召。」（頁 60）

基督徒是被呼召成為聖潔，而不是做好人！因此，侯活士在此書所講的「德性」，通常是單數、一般的，而非複數、特定的（例如，耐性、溫柔等）。德性不外乎是「教導我們不帶著幻象或虛假的希望來看這世界」（頁 13）。在德性倫理的框架下，一個具有德性的人（being virtuous），並非必然是個有德行、品行端正無瑕的人——雖然他的生命仍以此為目標——而只不過首先是一個具有

整全品性的道德人。當人仍然活在有罪的處境（sinful condition）之中，難免或多或少有自欺和錯覺；要成為一個具有德性的人，就需要倫理資源，去面對世界（和自己內裏）的暴力，以及種種的道德危機、考驗，以致能夠面對自己生命中的遺憾和缺失，而仍然不怨懟、不向命運投降。成為有德性的人，就是一項持續的生命「規劃」或者任務，能夠將自己的人生裝嵌（embed）在一個比自己的生命故事，更宏大、更真實的恩典敘事裏面。所以，必須在一個羣體對「善」的描繪、想望、追求的對照下，我才知道甚麼是德性生活。所以，嚴格上，德性不是我所擁有的東西，或者我做甚麼就可以爭取到的東西，而是我之**所是**（being）；德性更加不是我個人的成就，而是禮物，是別人栽培所結的果子，只有在一班具有德性的人當中，我才可以學習到德性生活。[10]

我們也可以參考韋爾斯的講法：基督徒的德性生活就是學習如何"take the right things for granted"，意思不是「把正確的事視為理所當然」，[11] 而是養成一種習慣／習性（habit formation），**正確地將某些事視為理所當然**；例如辨識：甚麼東西，我們可以正當地渴求；甚麼東西不應妄求；甚麼東西，可以一無掛慮，應該信靠、等候上帝。德性倫理強調鍛煉和建立新的習慣，將道德確信（moral convictions）內化，改造一個人的品性，因此經常面對最少兩種批評或者誤解：

第一，習慣的形成，需要一種反覆操練，事先預備一個人，當面臨道德危機的時候，應有的情感和意志的傾向（dispositions）、近乎本能（instinctual）的反應。可是，這幅圖畫將道德生活「自動化」（automatic），跟德性倫理注重的實踐智慧（*phronesis*）彷彿背道而馳，將倫理實踐變成一件不假思索（unthinkingly）、[12] 自然而然的事，一個具有德性的道德人，猶如不必經歷道德掙扎、張力和苦惱。不過，其實這是對德性如何通過練習養成習慣（habituation）

此過程的誤解。韋爾斯所講的「正確地將某些事視為理所當然」，不會免除道德人做倫理辨識的需要和責任，所謂事先的「訓練」、「綵排」(rehearsal)，只是幫助一個道德人及早在危機出現之前，就分辨清楚哪些選項是名副其實的(genuine)、哪些是絕不可取的(nonviable)，可以有備而來(preparedness)、以免措手不及。[13] 換言之，一個具有德性的人，一早拒絕某些手段、目標是此路不通的(foreclosed)，不值得為其煩惱躊躇。在此意義上，可供她選擇的可能性，或者比其他人少，最明顯的是，她不會因為自以為目標正確，就不擇手段；但相反，有其他新的選項會為她開啟，例如，當她拋棄了許勝不許敗的幻想，面前的可能性就會豁然開朗。另外，「熟能生巧」(practice makes it easy)這個想法，在德性實踐上，並不適用；例如「講真話」，不會因熟練而變得輕省容易，反會一次比一次更艱難沉重。[14] 一個具有德性的人，也不會覺得道德生活是一件輕鬆平常、輕而易舉的事。所以，與其說，德性被自動化(automation)成為習慣，更貼切是，習慣讓德性無時無刻(all the time)在一個人的品性裏發揮作用，成為她的「所是」。

第二，一個更深層次的神學批判是，個人道德修養(cultivation)，會取代真誠和真實的悔改認罪，變成以善行自力救濟；甚或，道德操練淪為形式化、虛有其表的例行公事，三一上帝對生命的轉化改造，被化約為社羣性的踐行。[15] 可是，教會生活，尤其是崇拜禮儀(liturgy)，有模造品格、傳授德性、養成習慣的倫理功能，是侯活士整套神學倫理學的核心思想。[16] 或者，我們可以試想一個情況：即使是無意識的模仿、甚至半認真的裝模作樣，假戲也可以變成真做；在崇拜的過程當中，我們或真心、或假意、或不冷不熱地，跟隨其他門徒學習愛耶穌，經過年復年的重複，或多或少最後我們應該會變得更像耶穌，因為在崇拜當中有主同在，集體敬拜並非單純是人的聚會；就像當我們努力去愛一個心靈美麗的人，自己的心靈也會變得更美麗。[17] 當認識到，一個具有德性的人，並非道德完美，而只不過是一個能為自己負責、不怨天尤人的道德人，我們就會明白，要成為一個這樣的人，並非單靠自我超拔（bootstrapping）或真我的實現。所謂「不怨天尤人」，並非生之勇氣（courage to be）、或者道德上的英雄主義（moral heroism），基督徒的德性倫理不在於培訓孤獨的戰士，而是造就彼此寬恕的聖徒羣體。[18] 所以，「能為自己負責」的意思，也不是不需要認罪悔改、與人和好、求上主的寬恕。基督徒德性倫理也講「自由」，而且具有德性的人，才可能做個自由人（頁 26）；但這不是人文主義所講的主體性，[19] 或者自主獨立的自決力，而是：

> 透過成為繼承耶穌故事此羣體中的一員，我們被迎進一段冒險的旅程，藉以習得一些將自己的生命變得屬於自己所必須的紀律和德性。我們的自由之源，惟有來自基督生命的故事延續。除非我們成為上帝呼召我們要成為的那個自己，我們始終都不擁有自我，也不可能成為道德人。（頁 79；筆者改譯）

若非被三一上帝親自轉化，我們不可能活出真誠的生命（頁 37）。這是侯活士動用德性倫理的概念裝備，闡述道德人的敘事性質，所要帶出的中心思想。

• • •

侯氏繼而提出，反對基督徒倫理以普遍倫理作為楷模，第二項正面的論據，就是基督徒的確信，也必然具有的敘事性；而普遍倫理就是要消除這種對特定敘事的依賴。（一）上帝選擇用以色列人的歷史、耶穌的生命去啟示祂自己；甚至乎可以說，上帝拯救工作的形式(form)就是敘事(頁 54～55)。(二)於是，我們對三一上帝的認識，也必然具有不可化約的敘事特質。換言之，我們一定要用故事才能述說上帝，而不能用命題去概括；我們也不能用故事的要點(point)取代故事本身，教會不能夠只傳講故事的教訓，而必須不斷講述這個以上帝為主角的故事(頁 51)。[20](三)基督信仰要求我們不帶幻覺地去看待世界，而世界的本相是敘事性地被構成的：「因為我們必須表明，事實上我們的存在及我們本性都是與那故事相呼應的，即是說，我們的生命都需要以敘事的方式展示」(頁 64)。

中文版將此句引文前後幾段的語氣準確地翻譯了出來：「**要**成為具有歷史性」。當侯活士論到，世界的敘事性、人的存在的歷史性本相，不是形而上的陳述，而是更似一句祈使句(imperative)：我們需要用自己的生活去證明，我們的本相的確是與那故事呼應；相反，我們若不活出這個故事，它就有被否證(falsified)的可能。從以色列民到基督徒，我們除了是「說故事的子民」，更準確說，我們是被我們所述說的故事所造就的一羣人(storied people)；[21] 而有別於小說故事，真實的故事在它被重複述說之前，首先是已經被人活出來的。[22]

當我們對自己、對世界的認識，是被包藏於上帝的故事裏面，我們就知道，自己和世界都不是獨立於上帝而存在的個體，我們的存在是因緣際會的條件偶發(contingent)，我們**不必**存在。整個創造都是上帝的禮物。換言之，世界的故事不但有始有終，正如任何故事都有開頭和結局，而且我們是從當下這個世界的終局，得知它原來是有開始的，是從無到有被創造的。所謂「以終末的眼光看世界」，不單止是發現當下的世界不會永久，而且世界必會被創造主親自更新，然後才能承繼永恆。「以終末的眼光看世界」另外一層的倫理意義是：當我們看世間的人、事、物的時候，不再只看到它們的現況；而是看到它們的可能性，它們應該是怎樣的、將會是怎樣的。

所以，進一步，我們就能夠明白，基督徒的故事作為一種主張或者聲稱，為何能夠建構出屬於自己的實在（reality-making claim）（頁 55～57）。因為聖經乃聖言，不但上帝透過這個故事啟示祂自己，或者我們可以透過這個故事真確地認識世界；而且，這個故事將我們塑造成裏面其中一個角色，甚至乎相反，也只有被故事塑造的羣體才能夠讀懂這個故事。[23] 這是一種出於子民身分而有的詮釋方法學（hermeneutic of peoplehood）。[24] 聖經的故事不但啟示上帝的性情，而且形塑出具有肖似上帝的品性（character）的一個羣體，在故事內扮演一個特定的角色（character）。所以，基督徒不單止在故事中成長，而是要「長成這個故事」（grow into the story；參頁 57）；要將上帝的故事當成我們自己的故事，不但這個故事是屬於我們的，我們更加是屬於這個故事的。換另一個說法：妳必須成為耶穌的門徒，才能夠真正認識祂、知道祂是誰；相反，當妳真正認識祂的時候，妳就已經成為祂的門徒。這也是「門徒」跟「信徒」的分別：沒有真正的跟從，就不是相信/信靠。甚至乎，沒有一個這樣忠心跟從的羣體，一班忠心讀經、解經的讀者，聖經也只是一本沒有生命的書（頁 146）。根據侯活士的聖經詮釋學，教會比文本更具決定性（determinative），沒有一個羣體將文本的故事活出來，文本也就是死的。[25]

• • •

至此，讀者終於可以明白，所謂「無須被限定的普遍倫理」之所以不可能，尤其對基督徒而言，是因為根本基督徒倫理**不是為**「任何人」（anyone）而設。讀者必須留意，侯活士**不是說**「所有人」

（everyone；見頁 61）；在中文的翻譯當中，「任何人」跟「所有人」，在語氣和指涉上的微妙差別，有時被模糊了，但這卻是關鍵所在，否則就會誤以為侯氏主張相對主義，或者教派主義。當然，「基督所教導的生活方式，旨在要成為一種所有人的倫理」（meant for all people；頁 96）；然而：

> 雖然這種終末式的觀點是我們的道德所內在固有的，卻並不意味著我們可以假設：所有人「普遍的」有分於上帝的國度是一業已完全成就的事實。（頁 100）

基督徒所做的倫理，應該是對所有人而言皆是真的（true for everyone），所以不存在一種各從其俗、見仁見智的相對主義。可是，世人**尚未**認識道成肉身的基督，未知曉福音的真理；所以，對於未被福音訓練過的「任何人」，他們無法理解此真理，需要有見證人；[26] 而見證人本身，就必須先習得福音的真理，並被那惟一的真理所擁有，更要有無比的耐性，對待未信和不信的人。因為世人都選擇了不回應，甚或逃避承認上帝的故事——**包括我們基督徒在內**！（頁 xxii）——所以福音對生命的改造，需要訓練和時間。「耐性」就是上帝對待世界的方法，福音故事的發生有其獨特的時、地、人，但福音的開展就是從特殊到普世（from particular to universal），上帝的工作、教會的使命也就是宣教性（missional）的。

侯活士有另外一個更平易近人的講法，解釋為甚麼基督徒倫理不是為「任何人」而造：做基督徒不等於做人（頁 92）。奇怪地，有些信徒以為，我們需要「先為人，然後為基督徒」；做基督徒不外乎學做人，不懂做人，也做不成基督徒。從侯氏的眼光，這類流行的觀點是本末倒置，也是他一直反對將基督徒倫理建基於自然律（natural law）的理由：

> 這起始點會將「基督教倫理學是一種我們應該和能夠推薦給任何人的倫理」與「我們透過觀察人類就可以知道這種倫理的內容」這兩個主張混淆。（頁 102）

問題是：何謂「人性」？我們是否能脱離上帝的創造、救贖、終成來理解人的「本質」、「本性」？是否能夠單靠我們對人當下的實存景況的觀察、社會處境的分析，就可以學做人？侯活士認為，只有當我們變得更像上帝的時候，我們才更接近自己，或所謂自己的「真我」（頁 106）。我之「本我」、我之「所是」，只能夠以在上帝的創造當中，我可以成為、應該成為的那個「我」來界定。然而，成為本真之我，不是一般所講的「發揮潛質」，不但因為人當下的人性已經被罪扭曲，更加因為人的本性是「未完整」（incomplete）的，尚待上帝的救贖圓滿之後才算完成。我們不能從現在我們墮落的景況，發現我們本來的人性是甚麼，所以神學和倫理學不能被化約為人類學。我們只能從既是神、又是人的耶穌基督身上學習做人，但這個「人」的概念，不是人文主義的、自然科學的，或社會科學的，而是神學性的，亦即有上帝形象的被造物。一開始，在罪的光景當中，我們就不知道怎樣做人，更不知道怎樣做基督徒；所以，我們無法先學做人，反而我們惟有先學做基督的門徒，方才知道如何為（罪）人。我們要學習，如何以一個罪人的身分活下去（to go on）（頁 82），即使有時彷彿沒有清晰的人生目標（頁 108）；但是我們又確信，在基督業已成就、又尚在進行中的救贖故事裏面，我們有自己作為（蒙恩）罪人的角色（頁 109）。

我們既是罪人，堅守「因信稱義」的新教徒，為甚麼會如此熱中於道德倫理，有時被未信的人嘲笑滿口仁義道德，甚至假仁假義？在基督教神學的傳統裏，這是長期爭論的課題：如果福音是強調信心與救贖，道德與信仰何干？我們既已得救，卻仍舊是罪人，如何過道德生活、如何行善、如何成善？怎樣從羅馬書三章 21 至 26 節（稱義），引申出十二章 9 至 20 節（成聖），或者如何使前後兩者和諧一致（頁 138～139）？作為被基督寬恕的罪人，基督徒應該比誰都明白，自己的道德生活不比別人好，如果教會將自己也達不到的道德要求，強加於未被福音改造的社會，如何服眾？所以，基督徒倫理若想成為一種普遍倫理學是注定失敗的。

可是，基督徒對所謂「道德淪亡」的憂慮總是不能釋懷。但試問，以下哪種情況更值得我們擔心？

（一）在言行舉止上，未信的人跟我們信徒不一樣；
（二）單看外表，我們跟其他人沒有分別。

侯活士認為，後者更壞。又或者：

（三）別人不明白為甚麼我們堅持做某些事（或不做某些事）；
（四）我們對自己也說不清要堅持甚麼、為甚麼要堅持。

侯活士也認為，後者更壞。

所以，或者教會自己本身也有「道德破產」的危機（參頁 19 ～ 24），因為我們同社會上其他人一樣，生活於一個破碎的（fragmented）世界。我們的道德困境是價值混亂，**而非**價值真空；但同時，我們對自己的道德確信，卻說不出其所以然（unintelligible）。

因此，筆者提出的第一條主軸問題，跟第二、第三條問題是緊扣的。放棄將基督徒倫理變成普遍倫理，信徒就不會輕易去審判教外的人（參林後五 12～六 4）。而假如，上帝沒有呼召基督徒成為有道德的人，而只是成為「聖潔」，我們更會發現，信徒對（自己或別人的）道德行為、道德價值、道德理據的執著，可能是捉錯用神。相反，當信徒自覺在世俗洪流中漂泊無依，意圖為自己的道德立場尋找普遍穩妥的根基，就落入人文主義以道德自決作為一個道德人的必要條件，將自己判入自由的籠牢裏面了（condemned to freedom）。

註釋

1. Stanley Hauerwas, *Against the Nations: War and Survival in a Liberal Society* (Notre Dame, IN: University of Notre Dame Press, 1992), 43.
2. 甚至，引申出「善」（good）是否適用於個人或個別的行為，抑或只能用於形容一羣人？參 Stanley Hauerwas and Samuel Wells, eds., *The Blackwell Companion to Christian Ethics* (Oxford: Blackwell, 2004), 39。
3. 侯活士所做的，經常被歸類為「敍事神學」，此說未必準確。參《和平的國度》，頁 230～231，註 19。
4. William Willimon and Stanley Hauerwas, *Preaching to Strangers: Evangelism in Today's World* (Louisville, KY: Westminster/John Knox, 1992), 88.
5. Stanley Hauerwas, *Hannah's Child: A Theologian's Memoir* (Grand Rapids, MI: William B. Eerdmans, 2010), 115.
6. Stanley Hauerwas, *Christian Existence Today: Essays on Church, World, and Living in Between* (Durham, NC: The Labyrinth Press, 1988), 192.
7. 就哲學關於心智（mind）的探討，侯活士明顯地傾向維根斯坦式、牛津日常語言學派的立場，反對將心靈和身體的關係視為「機械中的幽靈」（ghost in the machine），就是將內心（mental）世界想像成「我中有我」（mini-me）。維根斯坦式哲學所反對的這種哲學傳統，在動畫電影《玩轉腦朋友》（*Inside Out*）有極生動有趣的描寫。參 Ludwig Wittgenstein, *The Blue and Brown Books: Preliminary Studies for the "Philosophical Investigations"* (Oxford: Blackwell, 1969), 6；Gilbert Ryle, *The Concept of Mind* (London:

Hutchinson's University Library, 1949), 25。

8. 正如上文註 2 所講，「善」或者並不適用於個別、單一的行為，而需要綜觀一個人長久以來所展示的品性，所謂「路遙知馬力、日久見人心」。又或者可以說，行為之好、壞，並非其內在的道德特質使然，而在於行為是使人變好，抑或變壞；見 Samuel Wells, *God's Companions: Reimagining Christian Ethics* (Oxford: Blackwell, 2006), 48。
9. 參龔立人：《是與非以外：基督教的倫理想像》(香港：基道，2010)，86～87。
10. 參 Hauerwas, *Christian Existence Today*, 192～193, 196。
11. 見韋爾斯：《上帝的同伴：基督教倫理再想像》，陳永財譯 (香港：基道，2011)，頁 16；比較 Wells, *God's Companions*, 12。
12. 參 James Laidlaw, *The Subject of Virtue: An Anthropology of Ethics and Freedom* (Cambridge: Cambridge University Press, 2014), 71～77。
13. 參 Samuel Wells, *Improvisation: The Drama of Christian Ethics* (Grand Rapids, MI: Brazos, 2005), 80。
14. 禤智偉：〈新聞自由與教會何干〉，《曠野》第 189 期，2014 年 5/6 月，頁 14～15。
15. 參 Stephen Plant, "Review of Samuel Wells, *Improvisation: The Drama of Christian Ethics*," *Studies in Christian Ethics* 19/3 (2006): 431～432。
16. Stanley Hauerwas, *In Good Company: The Church As Polis* (Notre Dame, IN: University of Notre Dame Press, 1995), 155; Michael Cartwright, "Stanley Hauerwas's Essays in Theological Ethics: A Reader's Guide," in *The Hauerwas Reader*, ed. John Berkman and Michael Cartwright (Durham, NC: Duke University Press, 2001), 657～658.
17. 見 Wells, *Improvisation*, 84。
18. Wells, *Improvisation*, 42～44.
19. 參龔立人：《是與非以外》，87。
20. Hauerwas, *Christian Existence Today*, 107.
21. Hauerwas, *A Community of Character*, 91.
22. Stanley Hauerwas, *Character and the Christian Life: A Study in Theological*

Ethics (Notre Dame, IN: University of Notre Dame Press, 1994), xxi.

23. Hauerwas, *Christian Existence Today*, 101.
24. John Howard Yoder, "The Hermeneutics of Peoplehood: A Protestant Perspective on Practical Moral Reasoning," *Journal of Religious Ethics* 10/1 (1982): 40～67.
25. 參 Richard Hays, *The Moral Vision of the New Testament: Community, Cross, New Creation, A Contemporary Introduction to New Testament Ethics* (New York: HarperOne, 1996), 263。
26. Hauerwas, *In Good Company*, 158.

2.

基督徒倫理，為甚麼而做？——細讀《和平的國度》（中）

為甚麼我們不是被呼召去成為有道德的人，而是成為聖潔？因為基督徒的社會倫理就是一套教會倫理。

筆者提出的第二條主軸問題的用意，是凸顯基督教神學的「實踐性個性」（practical character），特別是耶穌基督的生平、受難、復活，對基督徒生命/生活不可取代的倫理重要性（ethical significance）；而且，耶穌的言教和身教，不是一種高不可攀的「道德理想」（moral ideal），教會成為教會是可能的，因為教會本身就是一套社會倫理；或曰，基督徒的社會倫理，就**是**一套教會倫理（Christian social ethic is an ecclesial ethic）。

在倫理學之前冠上「基督徒的」此限定詞，有甚麼特殊意義？侯活士認為，這其實不是形容詞，而是動詞、甚至名詞。傳統的基督教倫理學，只是嘗試活出基督徒的模樣（Christianly），但其實三一上帝已經賜給我們豐富的禮物，就是教會生活中的具體踐行、行動的模式，好讓我們成為某類有獨特角色的人，例如：屬上帝的子民、門徒、見證人等。[1] 而基督徒倫理的任務或特質是甚麼？侯活士以為，敘事、視象、德性、品格這些道德生活的組成元素，對基督徒倫理有「特殊的重要性」（peculiar stake）（參《和平的國度》

中文版頁 85，下同）；或更準確說，基督徒的生活「投注」於這些概念在基督信仰的具體呈現。教會所宣講並賴以為生的敘事，如果是「錯」的、「假」的，我們的言行、整個生活，也統統全部出錯、或落空。同時地，這個福音故事，對教會作為故事裏面的其中一個角色，是有倫理規範性的，我們的服事牧養、實踐使命、想像視野，對好壞對錯的辨識，皆不能違背劇本的劇情和精神。[2]

但耐人尋味的是，侯活士又同時說，只有在基督徒倫理開展了自己的工作**之後**，我們才能夠知道它的任務是甚麼（頁 85）。相反，其實也可以說，在我們動手去做基督徒倫理**以先**，就已經有基督徒倫理；何況，基督徒倫理是早於有基督教倫理學這個學科出現之前，就已經存在。勉強可以說，基督徒倫理的任務，畢竟只不過是鋪陳（laying out）基督徒所確信之事的含義（implications of Christian convictions）。不過，侯活士對於**如何**「鋪陳」、**何謂**「含義」的詮釋，又是維根斯坦式（Wittgensteinian）的：

> 我們並非首先相信一些關乎上帝、耶穌和教會的信念，後來才從這些信念中引申出倫理意義。反之，我們的信念體現出我們的道德；我們的信念就是我們的行動。我們基督徒不必尋找自己信念的「行為含義」（behavioral implications），我們的道德生命不是由信念加上選擇而構成的；這生命是一個過程，在其中我們的信念會叫我們塑造出合符真理的品格。（頁 36～37）

所謂「內心的信念」和「外在的行為」，只是同一件事的兩種描述方式：我們的信念**就是**行為；我們的行為**就是**信念。維根斯坦就「遵從規則而行」（rule-following）的哲學反省，[3] 對於重新理解倫理學的任務，以至道德生活，甚有裨益。尤其是因為，過往的基督教倫理學很容易將聖經的教導化約成規矩或原則（rules or principles），類近一些神聖命令（divine commands）；然後，一方面為它們的應用（applications）而煩惱，嘗試確立規則的權威性、適用性、可行性；另一方面卻不斷去發掘正當的例外情況（legitimate exceptions），變相抵銷規則的約束力。但對於維根斯坦而言，規矩和應用是不能分割的：因為，規矩一般都沒有附帶「說明書」，即使有，也不能窮盡一條規矩的適用範圍；所以，一條真正有效的規矩，一定已經隱含它的應用方法和適用範圍——而這些應用，甚至規矩本身，會在實踐的過程中被驗證、豐富、修正——不是先有規矩，然後才費盡心機找出它的應用方法。一條無人懂得應用的規矩，是空洞無物的。

同理，基督徒不能先從聖經抽取一些所謂信仰的原則，然後才去思考如何在當下的處境脈絡應用；當我們不曉得在生活上如何「應用」（apply）聖經的教導，就代表我們根本未曾**明白**聖經的教導；或者，意味我們釋經的工作半途而廢，只停留在字面涵義的註釋，而非整全的神學性、倫理性的詮釋。基督徒應該都會同意，聖經應該成為信徒生活的規範（norm）；不過，絕大部分人以為，當正確地應用聖經的教導，我們就會成為忠信的教會。侯活士反其道而行之，採取一種維根斯坦式的逆向表述：**只有**忠信的教會，方能忠信真確地理解聖經，並且忠信真確地「應用」出來。[4] 侯氏嘗試改變我們的語言習慣，重新教導我們在文法上、倫理上（grammatically and ethically），如何正確使用「忠信」（faithfulness）這個詞語。用後自由主義神學的說法，他這種「上帝子民的詮釋法」，有助釐清我們「信仰的文法」（grammar of faith）。所以，在侯式倫理學，不會出現「應用」這個概念，而只有「挪用」（appropriation）。甚至，應該說，我們首先必須經常「記得」、反覆「憶起」（remembering）上帝的故事，然後才有機會將之據為己有（參頁 120）。[5] 因為，一開始的時候，我們根本不知道成為基督徒是甚麼一回事，我們應該信甚麼、需要做甚麼（頁 7）。

神學的任務就是闡明（explication）基督徒的確信，因為我們的信仰「總是已經」（always already）對世界的一種詮釋；而且，信仰對世界的詮釋是倫理性的，而並非描述性的。基督徒的確信訓練我們養成一種習慣或技藝，去回應世界竟然沒有按它應有的樣式而運作（the way the world ought to be but is not）此一事實，[6] 並將創造主對世界終極的心意活現出來。但是，「含義」（implications）或「蘊含」（entailments）等概念始終仍然有太強的演繹邏輯的意味，而侯活士真正想表達的是：一個羣體信奉的道德規條，不能夠從一些基礎性的信仰原則推演出來；相反，我們是從一個羣體如何過他們的道德生活，來發掘它的委身和習性（參頁 171～172）。換言之，神學（和倫理學）的任務，不是發明新的知識，而是顯明在信仰生活當中早已存在的東西，運用想像力將之宣之於口、講得更明白（making explicit）：

> 神學並沒有本質，它本身只是一種富想像力的努力，透過表明一個主張可以如何闡明另一個主張，以解說上帝的故事。（頁 101）

所以，神學的任務不是純粹概念性或分析性的，而首先是敍事性的，就是把以上帝為主角的這個故事講得更好，而神學論述又要受這個故事所規範和約束。我們不是先相信一些關於上帝、創造、救贖等抽象概念，然後才去找出它們的倫理含義。神學（和倫理學）是「寄生於」上帝的故事，但不等於它就僅僅是「第二序」（second order）的元論述（meta-discourse）。有別於一般人將經學、神學、倫理學（或所謂「應用」、「實用」神學），按邏輯的先後次序排列，結果往往導致這三門學問各自為政，分工而不合作；侯式神學的主調，就是反對倫理學和神學分家，也反對將倫理學從經學分別出來，變成完全「後設性」依賴經學和神學研究成果，可有可無的「附筆」（afterthought）（頁 91）。

因此，當侯活士説，神學性的確信具有「實踐性力量」（practical force）（頁 8），還是未盡其意；讀者仍然會誤以為，神學是「有用的」、「用來實踐」，或「需要被實踐出來」。但侯氏真正的意思是：神學**就是**實踐，神學**就是**倫理學。當宣稱我們的信仰是「真」的時候，就已經必須同時承認，我們的信念本身就是一套「道德」；並非因為我們的信仰包含很多道德教訓或規條，而是因為：當我們信仰所宣稱的那個故事是「真」的話，就應該決定了我們如何看待這個原初美好、但現已墮落的世界（參頁 37、63）；相反，假使我們不按這個故事生活，我們所宣講的便雖真猶假，甚至我們根本從來沒有「相信」過。侯氏經常批評一些信徒在日常功能上無異於無神論者（functional atheists），就是因為他們生活得猶如上帝不是創造主，或者猶如耶穌沒有死而復活，更或猶如基督不會隨時再來！神學論述不外乎是幫助我們將上帝的故事，聽得更真、講得更真（頁 101）；特別是當我們向上帝祈禱的時候，可以真確地、忠信地致籲（address）上主。而教義和教條不過是這個故事當中一些教訓的簡略縮寫（shorthand），而故事的教訓，永遠不能取代故事本身，正如一個笑話、跟這個笑話的「解釋」是兩碼子事。

• • •

但是，太多信徒仍然用道德主義的眼光看待倫理，所以侯活士開宗明義就説：基督徒不是被呼召成為一個道德完美的人，而是教會要成為聖潔。「聖潔」（holiness）的意思，不是道德上高人一等、或行為上無可指責，而不過是指一羣人，他們因學懂了不必互相畏懼，從而就能夠彼此相愛（頁160）。相反，用純粹道德主義的角度理解「聖潔」，其實就是伯拉糾主義的異端（Pelagian heresy），是竭力使自己成為聖人，在上帝面前無咎無瑕，而非在悔改、寬恕與恩典中，一起學習成為罪人。

當我們思想到，惟有上主才配稱為「神聖」（Holy），而偏偏祂卻稱呼/呼召（call）祂的子民成為「聖潔」（利十九2），這個形容詞理應是「像上帝」（like God）的意思（參頁109）。當主耶穌教導門徒：「你們要完全，像你們的天父完全一樣」（太五48），不是空泛地、失實地要求我們像上帝一樣「完美」。所謂「完全」是具體地特指上帝某一方面的本性：在恩慈憐憫（mercy）上像上帝一樣完全。

侯活士故意將我們的日常用語拉扯到極限，他說：在某種意義上，上帝是「道德的」（頁106）。可是，對不少神學家而言，道德只規範人，不能用人的道德標準去量度上帝，上帝是超越道德的；所以，「道德的」這個形容詞不適用於上帝。侯氏當然明白，上帝的「美善」不像我們的「美善」（頁106）；上帝的「道路」非同我們的「道路」（頁110）；或更準確：人的「美善」及不上上帝的「美善」，而且不是上主不肯與我們同道，只是人自己往往不願與主同道。所以，當侯氏說上帝是「道德的」，他旨在說明上主的正直信實無變，祂沒有隱藏議程（underside），祂的意圖和祂的行為是完全一致的，上帝**就是**上帝所作之事（頁106）。而當我們明白上帝就是這樣的上帝，我們就不再需要額外的理由，去反問：為甚麼我們要像上帝？在何事上像上帝？因為，「成為聖潔」不是上帝一個任意專橫的命令，而是呼召和邀請。造物主或者本來可以要求我們「不再犯罪」或「道德完美」，但祂**沒有**按此要求我們。當我們真正掌握到「信實」（faithful）這個道德詞彙的含義，我們對這位信實的上主，惟一恰當的回應就是「忠信」（faithful）；聖潔、信實、正直的三一上帝呼召我們同樣成為聖潔，於是我們**不得不**學效上帝、更肖似上帝；這並非「不可能任務」，而是召命(vocation)，教會必須有別於世界，否則不能成為世界的祝福。

弔詭地，侯活士就此的立場，很容易被誤解為一種以宗教懸吊道德(suspension of the moral by the religious)的唯信主義(fideism)：「我們是好是壞，我們做正確或錯誤的事，都並不重要；我們要有信，這才重要」(頁 136)。就此，龔立人的解釋甚有助益：「上主也以倫理的目的之懸置來對待人，即祂對人的愛超越人應受懲罰的要求。上主的恩典不是在倫理範疇下可以被理解的，因為恩典已經將審判懸置了」。[7] 可以說，恩典使我們有能力**不只是**從道德對錯的角度看待自己的過犯，或者不再以符合某套道德理想的態度，去實踐上主對我們共同過成聖生活的命令/呼召/吩咐；相反，我們明白到，成聖的生活是一份禮物，是新的生命。恩典並不取消或推翻倫理，而是一種嶄新的倫理觀。侯活士要反對的，不是道德規條，而是任何凌駕於我們要對上帝忠信此要求的道德**理想**(參頁 99)。他從成為道德人入手，再進而將基督徒的道德生活，重新聚焦於比道德行為更優先的目標：忠信。將「有信心」(have faith)看得比做好人、做好事更優先，不會倒空我們的道德生活、或懸置辨識。反而，只講個人得救的「因信稱義」，而不談教會如何「成為聖潔」(justification without sanctification)，才是不折不扣的唯信主義；這樣，我們的神學和倫理學一旦分道揚鑣，基督徒的確信，就無從訓練我們如何在罪中、在暴力的世界生活。而「成聖」不外乎就是學像上帝，學習用上帝愛我們的方式去愛自己和其他人(頁 120)，這是一項非常具體的任務/使命：「我們藉著跟從耶穌的教導，並因而學習成為祂的門徒，從而變得好像上帝」(頁 117)。

• • •

所以，「成聖」從來不是個人的功德成就，而必須先被迎入一個門徒羣體，透過共同的生活，發現生命的真相。這個真相，只能從集體的敬拜生活中習得，因為真相是：作為受造物，我們被造的目的就是要敬拜上主。[8] 成聖是一個集體的過程、旅途，其他的門徒是朝聖之旅的先行者、同路人，從他們身上我們學習到如何真確地看待世界、如何只對正確的事有所渴求，他們也就是我們的「聖徒」（saints）。而所謂「教會」，就是能夠造就、培育，並分辨出聖徒的羣體；[9] 完全喪失這種能力，教會就不成教會。在這個門徒羣體之中一同過成聖生活，就是一起在基督裏成長，直至我們成為上帝故事的一部分（grow into the story；頁 141）。我們依靠的不是自己的道德純全正直，而是故事本身的真確性。「成為基督徒」的意思，不是去遵守一籃子的道德規條，而是進入上帝的國度。相反，所謂「罪性」，就是我們妄圖「自成一格地」（*sui generis*）生活、以為可以自成其是，也就是將自己當成故事的作者或主角（頁 58）；而忘記我們的位分，只是要扮演好自己在上帝的故事裏面的角色（頁 108～109）。

這個基督徒的故事，作為一種主張或者聲稱，除了能夠建構出屬於自己的實在，它更有一種「自反性」的特質（reflexivity）。教會作為三一上帝在世工作的見證人，意味著她同時是說故事者，又是故事本身；這個關於上帝的創造與拯救的故事，當中不能夠沒有教會這救恩的工具、恩典的管道。[10] 而且，這個故事需要有一個羣體，她學習到如何按這個故事生活，以致她能正確地聽明白這個故事的內容。[11] 換言之，當教會傳講上帝的故事，她不能不同時講關於自己的故事，無論是向自己，或者向別人，無論是用口，抑或用全人的生命。教會不能沒有教會觀，否則無法不斷檢視自己在故事中的位置；教會更加不能夠避免吸引別人的注意（calling attention to herself），無論是好、是壞，教會必須是可見（visible）的。

基督徒的故事本身就是關於所謂「實在」的神學陳述，一種近乎匪夷所思的主張：我們不單止被呼召更像上帝，教會**事實上**參與在三一上帝的生命裏面。侯活士說：「我們在道德有分於上帝的生命」（we participate morally in God's life；頁 52）。這句話的重點，應放在「參與」，而非「道德」；因為，它的基礎是，上帝是「道德的」，上帝之為上帝，就是祂定意（will）要將我們的生命包含在祂的生命裏面。同時地，基督徒故事這個匪夷所思的主張又提出，教會不但是純粹被動地被救贖的，我們**就是**救贖的一部分：「我們透過學習忠於拿撒勒人耶穌所開創的那種生活方式，就實際上會成為上帝為祂整個創造所計劃的共同歷史的一部分」（頁 100）。

所以，侯活士提出，教會是被呼召成為聖潔，而非道德上完美，無非是要帶出耶穌的生平、受難、復活，對歷代歷世的基督徒生活的倫理重要性。對基督徒而言，耶穌絕對**不是**一個可望而不可即的「道德理想」，學效耶穌是可能的。事實上，耶穌既不是「道德上」的理想，也不是道德的「理想」。首先，耶穌不是「道德理想」，而是聖潔的榜樣（exemplar of holiness），因為祂的忠信、順服，祂就是個義人。況且，只要稍為考查一下福音書，我們就能判斷，到底主耶穌的教導，有多少是所謂關乎「道德」規條戒律，有多少是耶穌訓勉門徒如何盡忠、信靠、更像上帝，並因門徒的小信、失信而責備他們。侯活士所講的「耶穌的倫理重要性」，其實是指出：我們不能脫離耶穌對門徒的要求，去認識耶穌到底是誰；我們也不能脫離門徒對耶穌這些要求的回應，脫離初代教會的生活和踐行，去認識耶穌到底向他們教導了甚麼。[12] 其次，所謂「道德理想」，前面都隱含了一個潛台詞，就是「不可能」；耶穌的教訓和榜樣對於我們這些平凡人來說，是不能企及的「理想」，我們盡過力就夠，當發現自己無法實踐，或者「現實」過於殘酷，就等於可以安心忘記、放棄堅持。可是，道成肉身的目的，就是證明，像耶穌一樣如此地忠於上帝而活是可能的！所以，最後，耶穌不是「道德理想」最有力的論據是：耶穌的生命正正挑戰我們，對甚麼是可能、甚麼是不可能既有的界線和偏見。缺乏想像力就是罪性的表現，妨礙我們領受上帝豐盛的恩典。每當基督徒判斷甚麼是可能、不可能，每當他們俯就現實、放棄「理想」，他們仍然沿用舊世界的眼光，只看到不能撼動的現況，卻看不到事物終極的本相。然而，「在人這是不能的，在上帝凡事都能」（太十九 26）。耶穌的生命，已經為當下開創了**新的可能性**，祂將本來在現世不可能的，或將來到了末了方才成為可能的，變成目前就已經可能（頁 127）。祂放棄暴力，令暴力成為不必要，和平共存成為可能；祂用自己的犧牲，結束了人類其他形式的犧牲，令停止犧牲成為可能。對世人而言，耶穌的教導自然難似登天，特別是登山寶訓；但如果基督徒自己，也一樣經常以「兩害取其輕」（lesser evil）的妥協、務實態度生活，而非勉力臻善、企及更高的義，他們就明顯喪失了天國的想像力。侯活士在此引述了尤達（John Howard Yoder）一句發人深省的說話：「基督徒倫理所要求的行事為人是不可能的，除非是靠著聖靈的神蹟」；[13] 侯氏補充：「但這羣人必須這樣行事，因他們相信自己的存在，根本就是一個持續的神蹟」（頁 156）。教會本來是不可能的，所以她的存在就已經是神蹟，是上帝的工作、天國的憑證（earnest）。[14]

耶穌的言行對基督徒倫理的關鍵作用，本應是不證自明的共識，是基督徒一切倫理辨識的底線和開端，諷刺地卻長期不被神學界接納。當侯活士進一步主張，基督徒倫理非但是一種教會倫理，更加就是「社會倫理」，難怪一般讀者會覺得莫名其妙。這裏，侯氏遭遇到一些措辭和稱謂的困難，連帶中文翻譯也容易陷入混亂，因為我們原來的語言習慣太根深柢固。一般人所講的「社會倫理學」（Social Ethics），是用以分別於關乎個人私德的倫理（personal ethic）；社會倫理學處理的，是對於社會**作為一個整體**（as a whole）而言，何謂「好」（good）、何謂「對」（right）的問題，例如社會整體如何在兩難之間抉擇。但在基督徒之間，「社會倫理學」有多一層的意義，不單是為社會的長治久安尋求出路，而更加是要指導教會如何參與社會、實踐使命，甚至為教會介入世俗政治提供神學理據；也就是類似當今流行的所謂「公共神學」（public theology）的議程。[15] 另外，常見大寫 S 的 "Social" 所指的，是「大社會」（society-at-large）；但侯活士想講的，是小寫 s 的 "social"，大概意指社羣。而且，他用的，是沒有 s 的 "ethic"，是一個羣體賴以為生的**倫理觀**，多於作為一個學科的**倫理學**。[16] 所以，中文譯本將 "social ethic" 以「社會／社羣倫理」表達，有利、亦有弊，好處是提醒讀者留意這個細微的差異，缺點是稍嫌在概念陣地上不免退讓得太多。侯氏的用意，本來就是要爭奪對何謂 "Social／social" 的定義權，不讓大社會專美，而教會就要被逼退居成社會的一小部分；若教會謙稱「社羣」，就將何謂「社會」的界定權，拱手讓予世俗社會，而侯氏想要爭辯的正正是「社會性」（sociality）的本質。

不過，關於教會作為社會實在（social reality），她應該具有怎樣的本體論，是甚為複雜的神哲學議題，本文無法深入探討。只是必須要澄清，教會其實也**不是**一般意義的「羣體」（community）；[17] 主內弟兄姊妹的關係也不是簡單的「面對面」（face-to-face）的社交友誼。我們或可借用侯活士在神學上的盟友，「基進正統」（Radical Orthodoxy）神學家米爾班克（John Milbank）的講法，來幫助理解侯氏的神學議程：神學徹頭徹尾是一種「基督徒社會學」（Christian sociology），尤其教會論必然已經是從教會本身的獨特性出發，對大社會的一種「解讀」。[18]

侯式神學其中一個非常著名的觀點是：教會不必擁有或生產出一套社會倫理，教會本身就**已經是**社會倫理（頁 148）。教會不必通過一套社會倫理來合理化她以行動介入、或替大眾出謀獻策，從而影響社會；教會本身以有別於世俗社會的方式組織共同生活——包括分享權責的具體安排，排解紛爭的日常踐行等，亦即她的「會治」（polity）——就已經是對社會最重要的貢獻。教會是三一上帝的一種「社會創新」（social invention），初代信徒最奇特的信念，不單在於認信一位死而復活的主，而是他們主張，要去相信在耶穌基督裏所遇見的那位上帝，就必須加入一個新的羣體，以不同於世界的方式生活。[19] 他們被挑戰歸屬成為天國子民（challenged to be a people），以他們宣講的道和聖禮作為嶄新的奠基憲章。[20] 他們效忠上帝而非地上的政權，雖不自成一國，卻始終是一個與別不同的政體（polity），因為福音故事就是他們合一的憲章，他們是被這個故事的真理所創立，因而他們就能無懼真理/真相（頁 151）。

讀者必須注意另一個微妙的分別：基督徒的社會倫理**就是**一套教會倫理；而**不是**說，教會倫理是社會倫理。侯活士就是要教會重新思考「社會倫理」到底是甚麼：教會**不需要**特意另立一套社會倫理，來維持自己的社會相關性（social relevance），保障自己在公共論域的話語權。[21] 教會成為教會，不是我們藉此影響社會的**手段**——雖然從終末的角度而言，這的確是教會為社會帶來恆久轉變，最有效、最忠信的方法——而是教會存在的**目的**，這根本是教會的所是所由。不少批評者因此誤解侯活士的神學是「去政治化」（apolitical）、是「公共不起來」的，但其實他提出的是一種「對立公共的公共性」（counter-public），[22] 見證出世俗政治以外可以有的真實選項(alternative to politics)。[23] 教會不但要示範出一種不同於世俗政治的政治性，更要揭露出世俗政治的不足，因為它是建基於對他者的恐懼、以及由此而生的暴力(頁 150)。

教會應對社會的不公義，不必嘗試去消除一切的所謂「結構性罪惡」，而是要肯「為和平花點時間」(taking time for peace)，願意做一些微不足道、不能扭轉大局，甚至看似徒勞無功的小事(the trivial)：[24]

> 教會先要在這不公義和暴力的世界中學習忍耐，以照顧寡婦、窮人和孤兒。從世人的眼光看來，照顧這些人似乎對促成公義的理想貢獻不大，然而，我們相信，除非我們付出時間照顧這些人，否則我們和這世界也不可能知道公義到底是怎麼樣的。(頁 148)

讀者要聽清楚，侯活士**不是**說教會不必爭取社會公義。他是說：我們不能假設教會自己已經知道甚麼是公義，也不能將世人爭取的公義，當成上帝的公義；更加不能假設教會若不首先成為一羣公義的子民(a just people)，也自然懂得如何用公義的手段去達致公義的結果。除非能夠正確地記憶和講述一個被釘十架的救世主的故事，否則教會根本不知「公義」為何物(參頁 151)。

所以，侯活士一生中最常被引述，最具挑釁性，也最被誤解，既使他家傳戶曉、又惡名遠播的一句話是：「教會首要的任務不是令世界更貼近公義(more nearly just)，而是讓世界成為世界」。[25] 當然，他**不是**主張教會漠視公義，而是提醒我們，世俗政治所應許、所追求的，只是「相對性」的公義，甚至只是公義的仿製品、替代品，是一種決定**誰要為誰犧牲**的「公義」。世間的公義是一種虛假的盼望，容易將人引領到傲慢或武斷，因為它終究將人真正的需要和最大的缺乏聚焦於一些錯誤的位置上（頁 163）。天國的倫理所彰顯的公義，不要求我們去斤斤計較**誰應得甚麼**；相反，公義的實現是在於，我們願意領受自己**不應得**的東西（receiving what is not due us）（頁 165）。例如，當我將屬於我的和我應分享用的，自願捨棄、轉贈給其他不配得、不應分擁有的人，這種無條件的**分享**才是真正的公義，而非世俗所追尋的那種「**分配**公義」。因為，任何人所擁有的東西，其實本來都不屬於他們，都不過是別人的禮物、恩賜，否則就或者是從掠奪、霸佔、剝削他者而來。歸根究柢，世間萬物惟獨屬於創造主，無人能夠説自己理應有權擁有（rightful claim）：人若不認識到，甚麼才是自己可以正確地渴求的（rightly desired），公義就不可能存在（見頁 165）。

相比之下，世人所仰慕、追逐，但又求之而不得的「公義」，才是空泛抽象、不切實際的（not realistic enough），反而沒有甚麼任務比忠於上帝故事、「成為教會」更具體和實在。那些受尼布爾昆仲（Reinhold and Richard Niebuhr）影響的基督徒務實主義者（Christian Realists）經常批評侯活士將教會理想化，其實他們自己才是理想主義者。因為，他們將天國的公義完全理想化，變成只能夠在終末主再來的時候才能實現；退而求其次，他們追求現世的、妥協了的「公義」。可是，在目前這個現實世界，即使這種地上的「公義」，仍然是可望而不可即的「理想」，受制於各種權力對壘和私利競逐，因此也是無限期被延遲的（perpetually deferred）。

雖然侯活士曾經説過：對基督徒而言，公義這個理念不是好東西（a bad idea）。[26] 他只是想表明，世俗社會無法探知何謂公義；相反，我們只有先經歷天國，才可能學習到公義、自由、平等這些概念的具體涵義。教會就是上帝為著世界的好處而作出的「舉動/舉措」（gesture），是要給予一點時間和空間，讓世人（包括基督徒在內）預嘗到天國的一點滋味，有機會去聆聽上帝的故事。正如當我們學習祈禱的正確姿勢，就已經在學習如何祈禱，教會的政治行動、社會參與，也不過是一種「姿態」（gesture），體現出一個真誠/真確的社會（truthful society）應有的「舉止」，就是忠於我們所宣講的上帝故事所揭示的真相。[27] 侯活士甚至說，聖禮禮儀就是教會的「社會工作」（social work），[28] 不是說敬拜為教會的社會服事提供了動機，而是因為聖禮是天國在人間的標記，是教會最有效的社會見證，並且為信徒在崇拜結束後，被差遣回到自己的社會崗位，定下日常生活所有環節的規範和標準（頁 158）。

奇怪的是，侯活士的批評者，念念不忘的仍是教會的失信，而非她的忠信，因此就斷定教會成為教會是「不可能的任務」；至少，他們對於教會單單以見證服事社會，甚有保留。例如，龔立人為此書中譯版寫的序言就提出：「對人是罪人和強調福音的理解使我意識到，上主透過一個有德性的羣體，見證上主的救贖；但也可透過一個不盡完美且充滿矛盾的羣體，見證上主的恩典」（頁 ix）。龔立人指侯活士忽略了後一個觀點，並似乎認為前者需要被後者限定、修正。不過，侯氏在此書早已明言：一方面，「我們必須假定上帝會使用我們的忠心，令祂的國度在這世界中成為一實在」（頁 154～155）；但同時，另一方面，「上帝有能力利用我們的忠心和不忠心（unfaithfulness），叫和平的國度臨到我們中間」（頁 195），這是上主對待世界和對待教會的一種耐性。

而既然上帝從來沒有放棄教會，基督徒也沒有理由對教會失去信心。否則，信經裏面所講的「我信教會」（*credo ecclesiam*）就變得不可理喻或不明所以（unintelligible）。事實上，基督徒不是「信奉」（believe in）自己所屬的宗派或堂會，教會（作為人為的制度）不是我們信心的對象。我們只是相信：當會眾聚集祈禱、宣講真道、虔守主餐，原初呼召我們的聖靈，就會在我們當中作工；也是這位將我們分別出來的聖靈上帝，保證了教會並非是單純由人組成的世俗組織，祂將教會連於基督，又使復活、升天的基督臨在於上帝子民中間。「我信教會」的性質就是一種徹底的認信，不是對人性的樂觀，而是深信上主奧妙地堅持使用教會，甚至當我們有失忠信，教會仍然為主所用。[29] 縱然上主清楚知道，教會很少能夠單憑自己的意志活出忠信，但靠著祂的護佑，我們卻半推半就、「被逼」成為了忠信。[30] 或最起碼，教會是被責成去發現上主所要求的忠信，並將此講得更具體；當信徒埋怨教會不像樣，其實他們已經最少已經懂得分辨忠信與不忠，教會尚未至於全然失落她的所是所由。由始至終，既然忠信的要求隱含了不忠的邏輯可能性，教會慣常失信此事實，甚至上主能夠使用教會的失信成就祂的計劃，就永遠不應該成為教會不必勉力活出忠信的藉口。

註釋

1. Stanley Hauerwas and Samuel Wells, eds., *The Blackwell Companion to Christian Ethics* (Oxford: Blackwell, 2004), 13.
2. 嚴格來說，基督徒的在世生活是沒有劇本的（unscripted），而需要學習一種猶如即興劇場上現編（improvisation）的技巧和信心：Samuel Wells, *Improvisation: The Drama of Christian Ethics* (Grand Rapids, MI: Brazos, 2005), 11。
3. 參 John McDowell, "Wittgenstein on Following a Rule," *Synthese* 58/3 (1984), 325 ～ 363；David Pears, "Wittgenstein's Account of Rule-Following," *Synthese* 87/2 (1991), 273 ～ 283。
4. 參 Richard Hays, *The Moral Vision of the New Testament: Community, Cross, New Creation, A Contemporary Introduction to New Testament Ethics* (New York: HarperOne, 1996), 254, 264。
5. 參 Allen Verhey, *Remembering Jesus: Christian Community, Scripture, and the Moral Life* (Grand Rapids, MI: William B. Eerdmans, 2002)。

6. Stanley Hauerwas, *Against the Nations: War and Survival in a Liberal Society* (Notre Dame, IN: University of Notre Dame Press, 1992), 57.
7. 龔立人：《是與非以外：基督教的倫理想像》(香港：基道，2010)，76。
8. Stanley Hauerwas, *In Good Company: The Church As Polis* (Notre Dame, IN: University of Notre Dame Press, 1995), 155.
9. Stanley Hauerwas, *Christian Existence Today: Essays on Church, World, and Living in Between* (Durham, NC: The Labyrinth Press, 1988), 103.
10. Hauerwas, *Christian Existence Today*, 54.
11. Hauerwas, *Christian Existence Today*, 101.
12. Hauerwas et al., *The Blackwell Companion to Christian Ethics*, 41.
13. John Howard Yoder, *The Original Revolution* (Scottsdale, PA: Herald Press, 1971), 121.
14. Hauerwas, *Christian Existence Today*, 102.
15. 關於「公共神學」，參本書第 6 章。
16. 除了神學的動機以外，侯氏的觀點亦有社會理論和政治理論的支持，就是「社羣主義」(communitarianism)所主張，以中層居間組織的單位，解決宏觀與微觀之間的連結(macro-micro link)、社會整體與個人個體之間的張力；又因為他深受舊同事天主教哲學家麥金太爾(Alasdair MacIntyre)的影響，侯氏往往被錯誤歸類為社羣主義者，但其實他並不認同社羣主義的政治立場和意識形態。
17. 禤智偉：〈教會何以另類？超越社會實在論的教會觀〉，載《教會不成教會》，鄧紹光編(香港：基道，2012)，頁 55～56。不少神學家對於侯活士將教會視為「另類社會」(alternative society)甚有保留，他們最多只能接受教會是「社會另類」(social alternative)。教會論必須處理一個異常困難的本體論問題：如何不以社會實在論(Social Realist)的方式理解教會作為社會實在(social reality)？見〈教會何以另類？〉，頁 43～44、54～55。
18. John Milbank, *Theology and Social Theory: Beyond Secular Reason*, 2nd ed. (Oxford: Blackwell, 2006), 382～383.
19. Hauerwas, *Against the Nations*, 42.
20. 參 Hauerwas, *Christian Existence Today*, 53。

21. 參 Hauerwas, *Christian Existence Today*, 104。
22. 參本書第 6 章，頁 175。
23. 禤智偉：〈教會何以另類？〉，頁 53。
24. 見 Hauerwas, *Christian Existence Today*, 253～266。
25. 侯活士自己也不斷重複這句金句，直至他退休後，仍要為此而辯解：Stanley Hauerwas, *Hannah's Child: A Theologian's Memoir* (Grand Rapids, MI: William B. Eerdmans, 2010), x；Stanley Hauerwas, *The Work of Theology* (Grand Rapids, MI: Wm. B. Eerdmans, 2015), 29, 47, 124, 138～139。
26. Stanley Hauerwas, *After Christendom?: How the Church Is to Behave If Freedom, Justice, and a Christian Nation Are Bad Ideas* (Nashville, TN: Abingdon Press, 1991), 45～68.
27. Hauerwas, *Christian Existence Today*, 102, 106～107.
28. 崇拜禮儀（liturgy）的希臘文字根分別包含「眾人」（*laos*）和「工作」（*ergy*）的意思，所以字面也可解作「眾人的工作」（work of the people）；參 Jonathan Wilson, *Why Church Matters: Worship, Ministry, and Mission in Practice* (Grand Rapids, MI: Brazos, 2006), 26～29。
29. Hauerwas, *In Good Company*, 5.
30. Hauerwas, *In Good Company*, 58.

3.

基督徒倫理，怎樣做？——細讀《和平的國度》（下）

為甚麼我們其實從來不做決定？因為基督徒倫理是關於上帝的行動，而非人的行動。

「為甚麼我們其實從來不做決定？」（Why we do not make decision?）筆者這條侯式問題，應該令人摸不著頭腦。其實，侯活士是要以此作為切入點，將人文主義、自由主義等道德傳統連根拔起，揭露出現代主體性的籠牢如何令「我們注定要受自由的折騰」（condemned to freedom）（參《和平的國度》中文版頁 26，下同）。最後，侯氏更要將過去基督教倫理學的人本中心傾向，徹底扭轉過來：基督徒倫理首要關注的，是三一上帝的行動、個性，而非人的行動、品性。

對於現代人來說，自由（freedom）或自主（autonomy）是成為道德人的必要（甚至充分）條件。只有一個有選擇能力，以致能夠自我立法的人，才算是道德人；這是現代人無法否認的必然性（necessity），甚或是他們在道德生活裏惟一的把握（頁 26）。可是，生活在一個道德破碎的世界裏面，現代人對道德準繩，有一種互相拉扯、自我挫敗（self-defeating）的要求：我們既渴想道德價值具有權威性，但又厭惡、害怕任意性（arbitrariness）。我們寄望道德判準是能夠令**人人**信服／被說服，最好更是無可反駁、無法抗拒的，亦即對所有人具約束力；但同時地，我們不希望這些規範是強加的、外來的、武斷的，而應該是令人**自願地**心悅誠服，亦即每個人皆有選擇（和不服從）的權利。現代人的道德世界之所以「破產」，是因為在自以為打破傳統、宗教、親族過去對個人的束縛，實現了解放和自主獨立之後：

> 我們經歷到自己的世界在道德上極其混亂，叫我們當下感到自己只剩下一個選擇，就是要給個人「去選擇」——若非「創造」——自己行事為人的價值。（頁 19）

現代人的道德任務就是尋找自己生活／生命的意義，抗拒被灌輸約定俗成的、現成的價值和信念。但是，自己要為自己揀選、甚至「編造」（making up）一套可以安身立命的道德觀，這個意念已經引人疑竇，因為這些我們賴以為生的價值和信念，顯然缺乏超越我自己的客觀基礎，而只不過是我個人主觀的意願：

> 道德的本真性（authenticity）似乎在要求著：道德觀不是由一個人自己塑造出來的；相反，道德觀是一些會塑造人的東西。我們並沒有創造道德價值觀、道德原則和德性；反之，這些東西為我們建構一受用的人生。我們以為自己可以選擇「甚麼才是有價值的」，這種想法反會損害我們對那些事自身之價值的信心。（頁 21）

道德觀當如我們「呼吸的空氣」一樣自然而然，不是不容置疑，而是不當一回事那樣理所當然。但當我們自覺要在眾多可能的道德觀之間去比較、選擇，甚至要自己動手去重新發明，然後又有需要去維護、辯解自己的選擇，這些人為的道德觀就已經一敗塗地，因為它們既喪失權威性的光環，也顯得獨斷，它們的真確性一開始就已經是被貶損、大打折扣的。

侯活士對道德生活的描寫，是對現代世俗社會人生觀的病理，一種神學倫理學的診斷。現代人將「成為自由」，當成是獨立自足的目的（an end in itself）；「自由」成為了道德生活本身的內容：它不關乎渴求或選擇甚麼（what），只在乎我所渴求或選擇的正是（that）我的渴求或選擇（頁27）。可是，我們以為自己是享有自由的主人，其實不過是自己的渴望和慾念的奴隸。自由作為一個道德人的基礎，單一的目標就是讓所有選項都保持開放、可供考慮；這是一種「消極的自由」，就是個人的抉擇不受任何外在的勢力、環境，甚至內在的個人條件、自己的過去等，左右和決定（determined）。不過，這種自由的「最大化」，盡量力保我的選項不受限制、甚至我的選擇也不受任何限制，實質是**逃避自由**。當我不想被自己過去的選擇，規限我當下的選擇，意味我不願意為自己過去的決定負責。道德上，我們不斷為自己製造不在場證據，我們為往昔追悔、暗自思量：「但願當時我知道現在所知道的」（頁27）；言下之意是，如果可以讓我從頭再來一次，我一定會做更明智的抉擇。這是典型推卸責任的藉口，因為若以此為準則，任何過去的決定，事後回顧，難免有美中不足、事與願違等遺憾和錯失，好像不是完全屬於我自己的（less than fully mine）（頁66），仿似神差鬼使，或命運播弄。不久，我們就發現，根本沒有機會充分實現自己的自由；例如，從來也不會是所有的選項都對我們開放，我們也無法預知抉擇帶來的所有後果。亦即，我們幾乎無法在最理想（optimal）的情況下做自己事後認為滿意的決定；當初本來「有更好的選擇」此念頭揮之不去，只能幻想「下一次」自己可以真正「自由地」行事。於是，現代人崇尚的自由是**永恆地被延後**，若有所失、尚待兑現的應許。現代人被灌輸一個概念：他們應當追求自由，這是他們的道德任務，他們也深信自己能夠為自己做決定；但同時地，他們又覺得處處被別人（以及自己的過去）所支配、決定、操控（參頁25）。侯活士稱此為「現代的騙局」，所謂「自由」就是我永遠不必為自己過去的決定而負責，別人也不該向我問責（頁66）。

自欺不是現代人的專利，但現代性的自欺是有系統性的特質，植根於社會制度、以及集體意識之中。自欺為社會和個人帶來的困惑和張力，在現代也特別尖鋭。對「自由」的追求令我與自己的過去容易脱離關係（disown），無法為我之所以成為我而負責（own up）；我的過去、過去的我，往往成為今日之我的包袱。自欺可以滋生怨懟，也就是怨天尤人。而值得我們抱怨的事情，不一而足，既包括做過的決定，也包括沒有做的決定。人際關係的恩怨，無論是我對別人的依賴，抑或別人對我的依賴，就更加容易令人心生怨恨不滿；特別是親密的婚姻和家庭關係，牽涉了犧牲與代價，落空而沒有回報的愛、不情不願的愛、制宰別人的愛、令人內疚的愛等，變成互相利用、彼此傷害的網羅（參頁29）。於是，自欺生怨懟、怨懟生暴力，為滿足不想被別人依賴、或不想依賴別人的慾望，人就妄想操縱別人、威逼利誘，產生了暴力的惡性循環。自欺、怨天尤人、暴力和操縱，這就是侯活士一開始對人活在有罪處境的寫照。而要克服這種處境，第一步就要放棄（let go of）我是自己的人生的「決策者」（decision-maker）此念頭。

一般人以為，我們可以為自己做決定。但侯活士語不驚人誓不休，他反駁，實情是：我們的決定造就了我們（decisions make us）。原書序解釋了侯氏這種觀點：

> 因與其説決定是可以由我們來作出（或選擇），不如説

> 決定幾乎都是為我們而作的，並終究會塑造我們後來的生命，從而令我們變成某種模樣。(頁 xxi)

我們的生命彷彿由無數大小的決定累積而成，但稍為深思一下，或許發現，有很多對我們的人生最具影響力的決定，嚴格上都不是由我們自己去做的，有點身不由己，所謂「時勢造英雄」；相反，有時又覺得，有些決定彷似是為我們「度身訂造」的，順其自然、別無他選，也就是所謂「性格決定命運」：

> 當我們回顧自己的人生時，很多我們以為是自己當年努力在做(doing)的事，現在看來，倒像是一件做在(done)我們身上的事。回顧來看，我們自己的所謂「決定」，看來更像是被決定多於是自由了。(頁 65)

當然，人的確可以做決定，但我們到底是**怎樣**做決定的，並非一如常識所理解那樣。侯氏是要說明，一個具有德性的人「做決定」，如何有別於一般人。首先，所謂「情境」是由人定的，而非「既予」(given)的外在事實(out there)。如果我只能夠在我所理解的世界當中行動，我是怎樣的人，就決定我會如何看待我的處境；對情境的描述，不是預先被植入(built in)處境之中、或由事件的本相所決定。而我們如何敍述情境，又框定(frame)當事人如何應付和抉擇：

> 有德性的人不會因為面臨「情境」，而不得不對此作出相應的決定；相反，他會堅拒不被情境所制肘，他不將此遭遇視為有決定性的「情境」，而是在一個具有目的性的敍事當中的一件事。(頁 26～27；筆者改譯)

對照那些道德踐行力不健全、或缺乏德性操練的普通人，他們卻經常自覺受困於當下的情境，認為那是不能改變的既成事實，事情就是這樣，所以**不得不**如此行。他們對情境的敍述也沒有話事權，因為這是客觀地取決於其他人如何看待此事實。但不等於説，具有德性的人就可以任意描述情境；相反，她對人事物的描述，不一定比其他人有更多可能的選項。她或會面對更多敍述上的限制，但因此她反而比其他人「更自由」一點。這就是侯活士的神學倫理學，反其道而行之，最違背常識的觀點！

具有德性的人，跟「平常人」(everyman)的分別，是在於後者以為，情境本身已經決定了它恰當的描述，而並不意識到，情境不是自足自存的，而是必然「被描述」的。但是，具有德性的人卻知道，「以某一描述出現的情境」(situation under description)並不呈現世情的本相(the way things are)；他們對情境的描述，**既受制於、又得力於**(both limited and enabled by)他們所信服的道德傳統，情境和它的描述不再是「既予」的、不能改變的，而是隸屬於這個傳統賴以為生一個更宏大的敍事。換言之，衡量對情境的描述是否真確的條件(conditions of truth)，是來自一個又真又活的傳統(living tradition)，它為世事賦予位置、意義或目的，並且指教我們甚麼才是更真實的事情本相(參頁 171)。

所以，難怪平常人自命自由，卻屈服於決定論或命定論(determinism)，為自己的妥協和認命製造藉口，自怨自艾「人在江湖，身不由己」，對於不能改變的現況，只能怨天尤人，而無法尋找出抗爭的出路和另類的想像。而一個具有德性的人，她仰賴一個真確的敍事，提供新的角度看待她的情境，無論她決定做甚麼、或不做甚麼，都是出於對這個敍事的道德委身，而不是任由情境來支配和擺佈她(頁 178)。她所享有的自由，就不單純是「可以不這樣選擇」(could have chosen otherwise)、不受任何制肘的自由(freedom from determination)，而是從決定論的桎梏中解放出來的自由(freedom from determinism)。真正的「自由」，因此就不是人類與生俱來的、或形而上的存在景況，也不是部分擁有權力的人獨佔的身分地位，而是一種需要掌握的習性和技巧，特別是敍事性的社會技藝。

當然，無論是平常人，抑或具有德性的人，他們都會「做決定」，但他們怎樣做決定、怎樣看待決定是有差別的；而他們所做的「決定」，因此也有差別。所謂「決定」，有最少兩類。一般人，以至於道德哲學家，通常關注的是在道德疑難、危機矛盾中的取捨抉擇，特別是如何去證明(無論事前、抑或事後)這些決定是正確的。這些「決定」是當事人逼於無奈而做的，是他們不願意做，甚至是他們希望可以避免做的；所以，他們一方面難於認同它們是「屬於自己」的(mine)，但另一方面又不得不承認，它們彷彿擁有某種必然性。世俗的道德哲學、甚至過去主流的基督教倫理學，往往都將這類決定視為道德生活的核心。但侯活士反駁，從倫理角度，它們毫無趣味，而且實在不能恰當反映當事人的行事為人(what I am really about)(頁 177～178)。這些所謂「決定」，是在經過一切努力，嘗試過其他途徑之後，仍然無法圓滿解決，或勉為其難、或孤注一擲所做的(when everything else has been lost)。[1] 它們的道德性質令當事人的倫理地位也岌岌可危，因為它們都特別需要正當的理由來辯護(justification)，卻又幾乎總是被預設成無法自圓其說的——尤其是那些教科書內常見的，刻意製造的假想性兩難處境。這些「決定」(連帶它們出現的處境)是當事人覺得無法理喻的，是與其對世界、對自我的理解格格不入的。

可是，實際上另外還有第二類的「決定」，是我們不必有意識地去做的；它們猶如天造地設，是為我們而做的(made for us)。

就是這類「決定」造就了我們的人格和品性，它們是我們最自然地能夠認同，是我們樂意承認是「屬於我自己」的（identify with as my own），是符合對自我的認識的。雖然，我們或會主觀地，自以為這些決定是自己經過深思熟慮、發現是合情合理才做的；其實，這些「理由」，很多時都是事後的自圓其說。

傳統的倫理學，將焦點不成比例地集中在第一類的「決定」而忽略第二類，產生扭曲了的圖像，將道德生活切割成一些片段式、戲劇性的「決定」。因為毫無疑問，一般人的人生絕大部分時間，都不是在做第一類的決定，我們的道德生活其實並非由連串的危機所構成，需要不斷做艱難的抉擇，除非是生活在例外的極端世代——例如戰亂中的動盪，或當出現大規模、嚴重的社會脫序（anomie）——或者身居特殊的社會崗位。侯活士主張，基督徒倫理需要優先關注的，不是道德疑難中的掙扎，而應該是那些一個人不知不覺、理所當然、順理成章就會去做的事情（what comes naturally）。日常生活**就是**我們的道德生活。一般而言，一個已婚的人，根本不必每天重新「抉擇」是否繼續維持婚姻狀況；正如，一個忠誠的人，不必等誠信受考驗的時候，才去重新考慮是否繼續堅守誠信，他只要持續地辨識（constantly discern）自己有否忠誠地生活；又如一個相信非暴力的人，也不必每時每刻重新考慮暴力是否非不得已的最後手段，而只會運用想像力千方百計在生活的每一環節活出和平（參頁 174、177～178）。當我們意識到要做第一類的「決定」的時候，不是代表自己進入了一個關鍵性、影響一生的時刻；而是，反映出**之前一早發生**（what went well before）的尋常生活所累積而成的道德習慣，受到考驗和挑戰，自己未曾「正確地將某些事視為理所當然」，一切已經「來得太晚」（too late）。[2] 當事人事後才追悔莫及，就變成怨天尤人；旁觀者若同樣只著眼於做決定的這一刻，就過於短視、並本末倒置。

平常人所謂「做決定」，往往只是或事前、或事後，去證實自己的決定在道德上站得住腳，方法就是論證出其「必然性」，是惟一可取、無可替代的最佳選項，亦即他們根本「無可選擇」。可是，如此一來，他不但削弱、否定自己的道德踐行力，因為他的決定是（無論依據邏輯或倫理定律）「被決定」（determined）的；他更主動窒息了自己的想像力，因為他已經假設情境給定的限制是無法改變的（參頁 176）。對比一個具有德性的人，當面對所謂「艱難的抉擇」（hard choices），在她而言沒有「做決定」的需要，只要她清楚自己的身分，以及這個身分對自己的要求，索性做自己應該做的事，「決定」自然就出來了（the decision makes itself），不必製造藉口來自我辯解（頁 182～183）。[3] 所謂「決定」只是對「我們自己已不知不覺成為了怎麼樣的人」的一種確認（confirmation）；相反，當我們意識到有做決定的必要，這或許是個契機，讓我們發現自己仍然未曾真正活出所信（頁 184）。

於是乎，侯活士將現代人對「自由」的理解完全顛倒過來：「自由並不在於作決定，而是在於成為那種乾脆不會考慮某些選擇的人」（頁 26）。真正的「自由」不是手握愈多選項愈好：

> 諷刺地，我是否自由，結果是取決於我是否能夠將一些不能夠「自由選擇」不去做的事——而不是自己「自由選擇」不去做的事——看為是由自己所做的。（頁 27）

或者，這種境界近似所謂「從心所欲不踰矩」。自由與否，不在於選擇的多寡，或者是否由我自己來選擇，而在於能否將「不得不做」的決定視為己出，而非但不心生怨懟，反而更坦然無憾。這種自由，不是靠自我超拔而來，而是德性塑造之功，得力於將自己的生命故事編寫入一個更宏大的、真確的敘事。而這個超越我自己的敘事，是以與我同在的他者的型態（in the form of another person）向我展現：他們不單是我模仿學效的對象，他們更會不時責備我、反對我（stand over against me），指正我、質疑我（call me into question）；我之所以能享自由，是透過別人的期望形塑出我的品性，是由於他者的需要，將我從自我中心之中呼喚出來（to be called from myself by another），我的「自我」才是我活出自由的最大障礙，而最完全的自由是甘願服事別人、事奉上帝的自由（freedom to service）（參頁76～77）。

因為，基督信仰所講的，是出死才能入生的自由：

> 我們害怕若果我們學習把上帝的故事變成我們的故事時，我們就可能會失去自我，不再有個體性（individuality）；或我們會失去自主性。福氣卻埋藏於這帶有諷刺意味的事實中：我們愈是學會把耶穌的故事變成我們的故事，就會變得愈獨特和愈個體〔……〕。（頁141～142）

作主門徒、學習做罪人，就是要我們去放棄自己是自己的主宰這個錯覺，不再去控制自己，更不去控制別人，我們才能夠享有一種在基督裏的自主或自由；當我們不再作主，樂意依賴別人，才發現自己的人生是一份來自別人的禮物。

因此，侯活士聲言，只有具有德性的人，才會真正自由（頁26）；也惟有真正良善的人，才會真正自由（頁66）。要接納那些發生在我身上的事、以及我自己所做的事，而不生怨懟，我必須要接納自己是個罪人；我能夠接納自己是罪人，只因上帝接納了我這個罪人，因而我就能夠看自己是個罪人，且仍能以（蒙恩）罪人的身分生活下去（go on as sinner）（頁82）。

在崇拜禮儀中「認罪」（confession）這個環節，教會之所以能夠集體地承諾不再犯罪，只能夠建基於會眾認識到，所謂「自由」其實是完全信靠恩典的意思；當我們知道，只有上帝的寬恕，才能令我們站在祂面前，承諾自己不再犯罪，我們就被真理釋放、得以自由（約八 32）。[4] 教會生活（特別是敬拜）就是讓我們賴以為生的故事，有機會不斷被上帝的故事挑戰、考驗、更新、甚至駁斥，倫理辨識其實就在此發生。

• • •

不幸地，侯活士在此書故作驚人地選用「決疑法」（casuistry）這個來自經院神哲學的名詞來解說何謂「辨識」（discernment）。在侯氏後來的著作，他已經漸漸避用這個概念，因為它有太多的歷史包袱、人言人殊，而且在學術界通常帶有貶義。侯活士的用意仍然是試圖革新讀者的語言習慣，雖然事後證明，或許這種舊詞新解過於急進。侯氏心目中的「決疑法」，跟慣常的理解是完全兩回事，他指的並非是一種幫助我們排解道德疑難，以既定的道德原則構成的「系統」，而是：

> 一個將某傳統付諸測試的過程，就是由這個傳統來考察自己：按照它基本的習性和確信來審視它的踐行的話，到底它是否連貫一致（consistent），亦即是否真確忠誠（truthful）；又或者，是否需要有一些新的踐行和行為來活現出其確信？（頁 172；筆者改譯）

換言之，所謂「決疑法」，其實就是羣體性的「辨識」——考驗它的想像力如何被規訓（disciplined imagination）[5] ——是任何一個仍然「在生」的傳統都需要做的，是繼續保持它具有活力（keep alive）所必須的過程：[6]「決疑法是由羣體對其自身經驗所作出的反省，用想像力來測試他們那些敍事性的委身所通常未被發現和承認的涵義」（頁 172～173）。

不止一位論者曾嘗試借用約翰・衛斯理（John Wesley）的「四法碼」（Quadrilateral），[7] 來對比侯活士這位循道宗信徒的神學方法論和詮釋學：[8] 到底侯氏所謂的「測試」（testing）是如何進行？是甚麼測試甚麼？以何為量尺、判準？這些論者的結論，簡言之，就是：侯式神學是徹底反對神學界當中有時流行將**聖經、傳統、理智、經驗**，此四者視為平起平坐的權威來源（sources）、卻又互相拉扯的準繩（criteria），類似哲學家所謂「反思性均衡」（reflective equilibrium）的思考模式。此四者成為一種用以彼此質疑的「王牌」（trumps），[9] 卻又難分高下、互相制衡，於是任何一方皆無法佔有絕對的權威性或優先性。這是一種反基礎主義走火入魔的結果，神學反思變得毫無法度，蔑視任何的規範，而淪落成任意武斷；例如，同一個人，一時間可以動用理性和經驗，去抵觸、取消聖經和傳統的教導，下一刻又可以動用後者去凌駕、反駁前者。

但侯活士的立場很顯而易見，聖經俯視、審察（stand over）教會：

> 聖經是教會用來不斷測試其記憶的途徑，所以教會永不會安於只用一部分的經文，卻是天天要竭力理解全部經文，因教會必須體現和講述的那故事，乃是一個多面的故事，不斷提醒我們不要自滿和因襲故常。（頁 146）

我們經常以為需要費力去理解（understand）、甚至拆解聖經的意思，但其實教會要正確地將聖經文本當成聖言來閱讀，先決條件是必須**站於**其權威**之下**（stand under）。[10] 教會要不斷被上帝的故事挑戰，然而，聖經的文本（text）並非那故事本身，教會才是；而且，文本需要一個忠信的羣體來閱讀它。教會既是故事的承傳者，也是故事的一部分；教會沒有真確地傳講這故事，沒有忠誠地按此而活，這個故事就岌岌可危。教會無法直接利用聖經來「測試」她是否忠信，就像一般自以為高舉字面意思（literalism）的信徒那樣，將經文變成「金句」（proof text）、聖經變成偶像（Bibliolatry）；因為，教會對經文的詮釋是否忠信，本身也同樣會面臨考驗，並產生無止境的爭拗，或惡性的詮釋循環（vicious hermeneutic circle）。

侯活士稱為「決疑法」的測試，不是一種從經文演繹出（deduction）實踐意義的方法，而是讓其他同樣已經被聖經故事所塑造的人來指正、指教我們，因為他們或許發現了更恰當的方式來被那故事塑造我們的踐行、習性、選擇（頁 188）。侯氏甚至説，只有那些照著以弗所書四章 25 至 32 節的新生活守則去行的羣體，包括棄絕謊言、説實話、互為肢體等，他們才有可能知道怎樣將聖經付諸「倫理性應用」（ethical use）。[11]

因此，對聖經的閱讀，也不能脱離兩千年的大公傳統。不過，「傳統」沒有最後的話事權，只有首先發言、作為開場白被聆聽的優先性（頁 189）。後人可以推翻傳統，但不可對傳統佯裝不知；當我們要違反、擱置傳統，就有舉證責任。侯活士所講的「傳統」，不外乎是教會對歷代聖徒的生命見證，一種歷久常新的記憶（living memory），並非一些死板的、不能被質疑的永恆真理，庫存（deposit）起來讓人隨時引用。傳統是由一班聖徒的生命所構成，他們恆常地去測試和革新自己的傳統，方法就是竭力、掙扎去活出這個傳統。[12] 至此，讀者大概可以意會到，我們不是以過去的傳統去「測試」現在的經驗，也不是以現在的經驗去「測試」過去的傳統，我們的傳統和經驗皆要不斷接受「測試」。

侯活士容許我們用經驗測試敘事：我們可以從不住獲取的新經驗（ongoing experience），去再次檢視來自某些特定敘事的道德律令，並非從而完全推翻這些敘事，而是挑戰、更新我們對它們的認識（頁 171）。但侯氏不容許我們以個人經驗去決定、或測試我們應該相信甚麼，[13] 裁決信仰的內容，甚麼是可信/不可信；更加不可能用我們的經驗來否決聖經的教導，將自己實踐不到的，就定性為不可行。侯式神學對敘事的高度重視，容易令人誤以為他邀請我們以個人的生活經歷，或所謂「人性化的故事」，作為倫理辨識其中之一的規範性根據。[14] 對侯活士來説，從來沒有原始不加敍述的「經驗」，而個人的經驗，首先又被統攝入羣體的敍事裏面；特別是一個具有德性的人，她更甘願將自己的故事被一個更大的故事吸納（out-narrate）。歸根究柢（in the last analysis），從以上帝作為主角的故事出發，一個基督徒具有怎樣的經歷，她自身的故事包含多少忠信或挫折，她講自己的故事的時候有多少真實或虛飾，都無關宏旨——何況，一個人的生命故事的真確性/真誠度，是需要與一個比當事人更大的福音故事來比照，也需要一班按此而活的人來評斷，我們都需要倚靠他者來活出真誠。[15] 真正具有倫理上和詮釋上的分量的，只有是教會所經歷的時間（experience of the church through time），如何印證出聖經的教導和信仰的真理。[16] 因此，個人經驗不可能在基督徒的倫理反思當中佔據主導位置，「經驗」並不具有自身的價值（an end in and of itself），重要的不是你擁有**甚麼**經歷，而是你**如何**去描述和稱呼這些經驗。[17]

最後，四法碼中的「理智」，假如是被理解為現代人崇尚的那種放諸四海皆準、大寫 R 的「理性」（Rationality），在侯式倫理學裏面，更加毫無角色，因為這種自主自足、脱離一切特定傳統的「理性」根本是不可能的。[18]

總括而言，真正接受考驗、被測試的，是**教會**本身的忠信：

「聖經」乃是由**教會**所閱讀的文本；「傳統」是**教會**的記憶；至於「經驗」，也不外是**教會**宣講的那故事。倫理辨識不是以追求自我的一致性(self-consistency)為目標，去平衡或兼顧聖經、傳統、經驗、理智對我們的要求。那只是一種知性的「家務管理」(housekeeping)，務求將自己知與行的概念系統，打理得頭頭是道、井然有序(good conceptual order)，時時勤拂拭、莫使惹塵埃。基督徒被呼召背起十架，不是以宗教信仰作為安身立命、求取生活的安頓，而是被挑戰、被差派在世過寄居流徙的生活。基督徒的故事(Christian story)在上帝的故事裏，恆常被測試、被審判，察驗我們能否勝任、忠於所託(up for the task)。這個「基督徒的故事」，就是教會所宣講的故事、教會所活出來的故事、世界所看見的故事，這些統統都要被測試。所以，不但教會的忠信被考驗，連教會對何謂「忠信」的領受也要被考驗。因為，對於究竟怎樣的生活才是忠信，我們暫時仍然未曾完全通曉(not fully known)；不是三一上帝有所隱瞞保留，而是因為我們尚需一步步慢慢的摸索，祂且預先已經給予我們足夠的時間、合適的空間去學習，**那就是教會**。

「四法碼」這種抽象的思維方式對侯活士而言，毫無用處，因為他關注的是更具體實在的踐行，如何規範基督徒的生活。同樣道理，「決疑法」也有誤導成分，尤其是令人以為倫理辨識有現成、照辦煮碗的方法(methodical)，而不必冒險和想像。首先，倫理辨識不是一項可有可無、悉隨尊便的課餘活動，而是我們運用想像力和勇氣去計算作主門徒所必須付出、始料不及的代價：[19]

> 沒錯，一開始的時候，我們或者不會認出這類危險是屬於那敘事的一部分，但隨著「我們逐漸變成那故事」，就會愈全面地明白到那故事的涵義。(頁 172)

基督徒的故事本身，從內在就會產生考驗和測試。而考驗的結果，或許是我們要改變自己的生活方式，或許是重新檢討自己的信念等。當教會活在上帝的故事裏面，她念玆在玆（preoccupied）的應該就是她的忠信，矢志不讓生活的任何細節，豁免於信仰的測試（頁 186）。「決疑法」或倫理辨識是一種持續的練習，並非一種消極被動（reactive），為回應現實限制的補救性措施；例如，當我們用自己的「經驗」去測試信仰，就永遠傾向俯就現實，並且為自己未能忠於所信製造藉口。假如我們將上下二千年的大公教會，視為一場倫理的冒險，她所需要的倫理辨識，應該是預防性、或前瞻性（anticipatory）的：我們要主動讓自己的習性，被其他具有德性的生命所測試、蒙受啟迪，因為從他們的成功與失敗，我們大抵勉強可以想見，在世活出福音故事會將我們帶到怎樣的境地和挑戰（參頁 173）。

• • •

侯活士所講的倫理辨識，不是一套純粹形式化、沒有具體倫理內容的框架、方法、程序；相反，它作為一種羣體內的聆聽與對話，是以三一上帝的故事、耶穌基督道成肉身所親自啟示的上帝性情，作為實質的內容規範。成為聖潔、肖似基督的羣體，必須具有上帝的品性，特別是能夠「成為、體現、見證上帝國的和平」（peaceableness）。然而，此書雖以「和平」為主題，侯活士卻沒有大肆宣揚和平主義或非暴力，反而經常不斷提醒讀者，我們現在仍然生活於一個充滿暴力的世界，甚至教會本身也不會免疫於暴力的試探。

侯活士嘗試避免以自我防衛的姿態為非暴力的主張辯護，改以更積極、正面的方式闡述和平生活的具體內涵和踐行，締造和平所需的德性與靈性。非暴力 (nonviolence) **並非**如一般陳規化的印象所幻想的，戒絕暴力、不沾染暴力 (not violent) 就得。很多讀者大概沒有留意到，侯活士非但**沒有**一刀切、教條式地否定任何使用武力的可能性；反而，他明確地表示，可以體諒到在某些情境下，例如為了保護無辜、或制止更大的邪惡，這個可能性**不應**被預先摒除、抹煞 (discounted)：

> 但問題卻在於，這些允許基督徒有限度使用暴力的嘗試，它們慣常扭曲了暴力以外其他選項的性質。(頁 166；筆者改譯)

侯活士反對的，只是一成永成 (once and for all) 將某類情境下使用的武力，視作無可避免、是必須的，甚至是恰當的、善良的、無可指責；因為，這樣就過早地 (prematurely) 將某種形式的暴力列作當然選項 (default)，這除了先入為主地鼓勵我們停止想像其他盡量減低暴力的可能性，也不公平地鋪陳了不同選項的優次，特別是歪曲了暴力以外的選項的倫理地位，使其站於不利的劣勢。可是，即使以常理推定 (presumption)，能夠不使用暴力，總比使用好——何況，即使是和平主義的批評者也不得不承認，這是初代教會的普遍立場，甚至是最接近耶穌本人的言教和身教。[20] 在文明社會，使用暴力的人須負上 (道德上和法律上的) 舉證責任，向其他人問責、並自我申辯 (challenged for a justification)，一般情況下不應自動脫罪、免罪；即使是獲授權行使合法武力的公職人員，事前需要恰當的程序，事後也應面對覆核的可能。但在基督徒之間，非暴力經常被反對者描繪成「不負責任」，甚至原則上定性為「不道德」；和平主義者反而被要求證成他們的立場，要倒轉過來，說服暴力使用者，他們錯在哪裏。

每當和平主義者被挑釁：「假使某某事情發生，你會怎樣做？」發問者已經假設，只有兩個選擇：要不訴諸暴力，要不就是甚麼也不做；甚至暗示，後者對邪惡坐視不理，旁觀者比加害者更罪加一等。當然，事實上，除了以暴易暴，或者置身事外，還有更多數之不盡的可能性，只在乎當事人應對處境的道德想像力有多大，或者更準確地，她平常的生活如何訓練出她應變的習性。侯活士提出最少三點的反駁，為非暴力平反，論點完全來自尤達的相關著作。

第一、最令人意想不到，或者特別是令批評者嗤之以鼻的是，侯活士認同尤達採用「天佑」（providence）此概念，來支持非暴力為何較暴力可取。天佑不是「望天打卦」，也不是「船到橋頭自然直」、「明天會更好」的盲目樂觀；而是確信，歷史在上帝的掌管之中，無人能夠洞悉背後的運作模式，更加無人能夠主宰操控（頁180）；於是，也沒有人有責任（或能力）保證歷史不會出錯，悲劇不會發生。退一萬步說，即使真的甚麼也不做，是否事情就一定會更壞，沒有人事前能說得準；同理，以為只要使用暴力，就萬無一失能夠阻止罪惡，所有無辜者倖免於難，也是過分信賴和高估了暴力的果效。當我們以替天行道、除暴安良為己任，對作惡者先發制人，採取壓倒性的極端暴力，事實上，我們可能反而阻擋了上帝的和平工作；假若抱除惡務盡之心，我們就剝奪了作惡者回轉（並與上帝、與受害者復和）的機會（頁180）。

第二、暴力之所以成為一種最便利、成本最低的手段，是否只是因為我想保證自己不會吃虧？對暴力最具說服力的理據是保護無辜。大多數的基督徒均承認，基督的榜樣是教導我們甘願為別人的好處而自我犧牲；但是，更多的基督徒以為，我可以犧牲自己，卻不應該犧牲別人，尤其不能夠犧牲那些依靠我的親人他們的幸福。可是，當我們以照護家小老弱為由，而使用暴力，說到底，我們是否只不過仍然是在維護那些屬於我自己的（what is mine）、我最珍惜的東西（頁 177）？顯然，為了保護自己的家人免受傷害，不惜去傷害別人的家人，在倫理上是一種偏愛。侯活士故意提醒我們，初代的殉道者，他們為著自己的信念，可以全家大小一同殉道，連自己兒女的性命也犧牲。[21] 對於基督徒而言，死，又何足懼哉？對於一羣相信肉身復活的人來說，我們必須見證出，軀體的死亡**並非**世界上最大的、需要無所不用其極避免的邪惡，靈性的死亡、與上帝隔絕才是（頁 179）。面對罪惡暴力，除了袖手旁觀、或冷漠迴避，或者見義勇為、當仁不讓使用暴力，兩者以外最少還有一個可能：就是自願犧牲，以無辜者的身分承受苦難（innocent suffering），分享上帝對待世界的方式（to share God's way with His world）（頁 181）；而且，這個常備的選項永遠可供基督徒優先考慮（standing option）。回應暴力，可以是「忍受」（undergo）它，而非「制服」（overcome）它，[22] 這就是耶穌基督以十架克勝暴力循環的方式。

當我們不加思索，優先借助暴力盡快去除罪惡和不義，就反映我們意欲全身而退，不願有丁點的犧牲損失。我們假借保護家人福祉的名義，合理化暴力，更是將作惡者（和他的家人）的福祉置諸腦後。世俗的「公義」是如此衡量比重的：對作惡者仁慈，就是對受害人殘忍；按此邏輯，行「公義」的人，對比受害人，要對施暴者**更加殘忍**，否則你若憐憫罪人／壞人／衰人，就比加害者更壞。這種以惡制惡的策略，讓暴力變本加厲，是否就是三一上帝的公義？[23] 反對和平主義的基督徒，認為我們愛鄰舍的責任，逼使我們有義務去殺害敵人；但他們忘記了，那些敵人，很多時候，其實也是我們的鄰舍，在人類歷史的大小戰爭之中，敵國就是鄰邦。在日常生活中，基督徒遇見的「敵人」，通常都不是陌生人，而是親友、同事、甚至主內。主耶穌教導我們愛鄰舍、以至於愛仇敵，原來那不是兩批一先一後的優次對象，而根本是相同的人。

第三、侯活士最後一個為非暴力辯護的理據，徹底推翻慣常對和平主義的誤解：我們**必須**要抵抗罪惡和暴力！基督徒不應該對暴力、罪惡、不義默許順從（acquiesce）：

> 若是這樣做，就會由得鄰舍隨己意而行。這些施行暴力的人也是我們的鄰舍，並必須加以抵抗，但卻是用我們的方式來抵抗，因若不抵抗，就是由得他們犯罪和行不公義的事。（頁 156）

我們有倫理責任制止鄰舍作惡犯罪。和平主義者從來**沒有**主張不應抵抗罪惡、逆來順受，只是我們不以惡報惡，不與惡者同流合污，以其人之道，還治其人之身，「不可為惡所勝，反要以善勝惡」（羅十二 21）。「**非**抵抗」（nonresistance）不等同「**不**抵抗」（not resisting）。[24] 至於，應該怎樣「抵抗」，就考驗教會有否成為活出和平的子民，是否明白到，我們抵抗作惡者，不單單為了受害者的好處，更加同時是為了作惡者的好處，最終是盼望挽回他，實踐寬恕與復和。

侯活士（和尤達）就非暴力的反思，是徹底地**神學性**的，他們之所以反對暴力，不是因為暴力是「不道德」的，或者批判施暴者一定就是壞人，而是因為暴力的使用，違反從耶穌的生平、受難、復活所啟示的上帝屬性，歪曲了宇宙之道（the grain of the universe）。[25] 侯式倫理學是以上帝為中心的，基督徒倫理首要關注的，不是人應當做甚麼，而是三一上帝**已經**為我們做了甚麼、目前**正在**做甚麼，並應許**將來**必會做甚麼。基督徒若不首先搞清楚後來這三條問題，我們做甚麼也會錯、甚麼也做不好。非暴力並非一種和平主義者強加於其他信徒，教條式的道德律令，而是我們的認信和確信，可惜這是批評者經常誤解的。

侯活士（和尤達）對暴力的診斷，也是神學性的。暴力的根源是自欺，我們以為我們對世界有控制權，而且世界可以被我們控制。我們以為自己有能力、甚至責任，去排除、防止偶發的意外、不測、風險（contingencies）。世人不曉得「意外」其實也是「驚喜」（surprises），但他們寧取安全感、可預測性等秩序的錯覺。暴力建基於一些似是而非的謊言，而當人們一旦揭穿了自己的虛妄，就心生怨懟、憤恨，觸發報復和更多的暴力（頁 187）。暴力會令人上癮，當我們以為自己能夠成功控制，就愈想控制、愈享受控制；但當我們失敗，卻只會變本加厲（re-double our effort）去控制。所以，暴力是一種自我實現的惡性循環。

使用暴力來制止罪惡的人特別自覺順理成章、自以為義，因為他們假設了自己是惟一可以左右大局的人，彷彿世界的命運取決於他們如何行動，別人能否逃避傷害、悲劇，責任全歸於他們。他們將自己想像成世上惟一的、或最關鍵的行動者，看不到其他與之互動的他者，於是容易流於獨斷，做單方面的「決定」（unilateral decisions）、短期果效的計算，就以為已經掌握全局。此自我形象建立於一種非常機械化的世界觀，單一簡化歸因的因果律和決定論（頁 176）；並未意識到自己只是世上眾多的行動者之一，而且世界有其本身的規律、不以人的意志而轉移。施暴者搞亂了人與人、人與世界、人與造物主的關係，以為自己是自己的、甚至世界的主人，不但沒有預留空間讓上帝工作，更加不識上帝是上帝，而我們不過是受造之物。人的生命既來自上主、屬於上主，流人血者就是僭越、侵犯造物主的主權，這首先是一條神學問題，而並非道德問題（參創九 6；出二十 13）。

侯活士更加挪用他神學上的前輩和宿敵，尼布爾兄弟的神學見解，特別是二人之間就「甚麼也不做」（doing nothing）的爭拗，來說明非暴力的神學基礎。理查·尼布爾（Richard Niebuhr）跟尤達一樣，洞察到人能夠做的事情，往往對世界起不了大作用，甚至徒勞無功，我們所謂的「決定」，有時只是在不同性質的「不作為」（inactivities）之間取捨（頁 192）。面對生命的「無力感」（powerlessness），我們可以悲觀沮喪，可以義憤難平，也可以學習謙遜忍耐。理查·尼布爾同意，基督徒可以有一種「甚麼也不做」的恩典，是出於對三一上帝的特殊信靠，知道世界的徹底改變，不能靠人為的小修小補，而需要上帝戲劇性的介入；而且，基督徒的盼望必須建立在上帝故事的真確性之上，否則就是自欺欺人的盲目樂觀；再者，基督徒要活出和平，就需要建立習慣和操練靈性（頁 193～194、195）。

理查的兄長萊因霍爾德·尼布爾（Reinhold Niebuhr）對我們所在世界的暴力和破碎，體會更加深刻。兄弟二人對墮落了的世界皆採取一種神學上的實在論（Realism），否定道德完美主義（moral perfectionism）在現世的可行性，將天國價值的實現推延至終末的領域；分別是，萊因霍爾德比理查更加悲觀和務實，完全否定以福音的教導可以構成一套合格的社會倫理。不過，萊因霍爾德·尼布爾仍然相信，可以「因勢利導」、利用自然和歷史力量，包括合符倫理地使用強制手段，防止更大的暴力和罪惡（頁 197）。萊因霍爾德認識到，所謂「結構性罪惡」，其實就是**不能**通過改革制度來根除的罪惡；對舊問題不完整的解決方案，會產生新問題；以政治途徑達致的，永遠只是有缺陷或遺憾的「相對公義」。他無奈地接受，有時為了爭取這種不完全的公義，甚至要採取不公義或暴力的手段。侯活士發現，原來萊因霍爾德同樣在實踐另一種「耐性的靈性」（spirituality of patience），否則不能夠接受人作為悲劇性存有這種命運：十字架啟示出，人理應成為、卻又無法成為的樣式（頁 198）。

侯活士無意以子之矛、攻子之盾，他不認為我們需要在尼布爾兄弟之間二擇其一，反而要支撐理查那種立場，真正活出他所講的和平生活，就需要萊因霍爾德這種耐性和靈性（頁 200）。萊因霍爾德對悲愴性的理解，提醒我們手段與目的之間幾乎注定充滿道德的曖昧性，並且同時激勵我們不要因為一時三刻未能實現公義而輕易氣餒，避免因為害怕失敗而索性「甚麼也不做」的道德危機。侯氏特別贊同萊因霍爾德的建議：要養成愛好和平的習慣，就必須建立一個羣體，幫助我們去共同面對和分擔生命中無可避免的悲劇，特別是起碼不讓別人為我們的悲劇付上不必要的代價、作無謂的犧牲（頁 203）。[26] 不過，侯活士仍然批評萊因霍爾德錯誤地將人類存有的悲劇性的來源，理解為必須利用暴力的手段來實現有限的善。而侯氏的立場是違反常識的，他認為悲劇之所在，是基督徒所見證的和平，會令世界變得更危險，因為人們（大抵包括我們自己）不會毫不抵抗掙扎，就自動放棄我們對暴力的幻想（頁 204）。

而基督徒對待悲劇的態度應該是：我們不讓悲劇對生命、對世界有最終的話事權（頁 205）。[27] 基督徒對和平的熱愛，必然多少伴隨一重悲劇感，但和平不是一項勉為其難的艱苦任務。實踐和平，只是以喜樂的心、憑「忍耐的盼望」（patient hope）過每一日的生活。我們追求的和平更加是一種「滿載關懷的和平」（caring peace），我們需要有「甚麼也不做」的耐性，但絕對不等於我們甚麼也不做，這是兩碼子事！和平的生活需要耐性，更因為這是「令人不安的和平」（unsettling peace），是挑戰別人的自欺，打破世界的謊言，折穿「太平」、「和諧」、「秩序」等的真正面目（參頁 200）。但同時地，這也是「帶來喜樂的和平」（joyful peace），平安就是喜樂、喜樂就是平安，就是因為知道一切乃上帝的禮物，不必為明天憂慮、不必承擔起世界，由衷地感恩（thanksgiving）、歡迎上主為我們預備的驚喜。

人們或者以為可以為自己實現「幸福」（happiness），但「喜樂」

卻是一種和平國度子民獨有的氣質，是從上而來的禮物；我們不但熱愛、渴求和平，我們發現自己著實可以有信心締造和平、和平地生活（peaceable），這是我們從安全感、暴力、權力的幻想中被釋放出來，甘願放手（letting-go）、不再作主的結果（頁 207）。「和平」就成為此時此刻的實在（present reality），而非望梅止渴、遙不可及的「理想」，因為我們確信這是上帝在基督裏並藉著聖靈所成就的（參頁 211）。當我們與友伴通過分享友誼、歡樂、食物、錢財等，就已經實在地經歷這種平凡的平安。[28]

「非暴力」其實就是「耐性」。這種德性對於基督徒尤其重要，因為對終末的盼望，可以令我們失卻耐性：

> 我們因國度已經來臨而鼓舞，又因其臨在而得力，更盼望這國度完全實現，但這種盼望必須在忍耐上經受訓練，否則我們的盼望便很容易轉向狂熱或犬儒。（頁 152）

一個立志過非暴力生活的基督徒，不是要跟所有暴力勢不兩立，更加不必去主動消除世間所有的暴力，或先發制人地防止、制止悲劇。我們在這個暴力的世界，安然地接受自己沒有控制權，並學習與自己、與別人、與其他被造物和平共存就夠。我們不是站在道德高地，譴責別人的暴力，而是要更加懇切地向別人見證自己生命之中，依然尚有暴力的傾向；我們不但要克服自己內裏暴力的試探，也要戒備自己以溫柔作為藉口，掩飾自己的懦弱，甚至以此去討好、操縱別人（參頁 208）。在罪的處境之中，信奉非暴力的基督徒，跟其他的主內，就自欺欺人這一點上，可以是完全沒有分別的，前者也不是一定比後者更道德高尚。

而喜樂就是我們抵抗（內裏的和外來的）暴力，最有效的解藥。所以，非暴力更加不是抗爭的策略手段，而是生活方式，或者畢生的功課(life-long training)；耐性不是令我們達致其他的「善」的手段，而是善的實現和呈現：

> 如此的忍耐並不是我們可以去做或所實行的事，卻是源於我們意識到上帝已在我們生命中使到一些東西變得可能。(頁 205)

註釋

1. 中文版將此翻譯成「即使一切都已失去，但我們仍然可以作決定」，在語氣和涵義上有欠妥當，見侯活士：《和平的國度：基督教倫理學獻議》，紀榮智譯(香港：基道，2010)，頁 174、177。
2. 參 Samuel Wells, *Improvisation: The Drama of Christian Ethics* (Grand Rapids, MI: Brazos, 2005), 74。
3. 讀者必須留意，不等於說，一個具有德性的人的倫理辨識過程是不必經過思索的(thoughtless)或者無意識的，見本書第 1 章註 12。
4. Samuel Wells, *God's Companions: Reimagining Christian Ethics* (Oxford: Blackwell, 2006), 145 ~ 146.
5. Stanley Hauerwas, *Against the Nations: War and Survival in a Liberal Society* (Notre Dame, IN: University of Notre Dame Press, 1992), 52.
6. Stanley Hauerwas, "Casuistry in Context: The Need for Tradition," in *The Hauerwas Reader*, ed. John Berkman, and Michael Cartwright (Durham, NC: Duke University Press, 2001), 268.
7. Michael Cartwright, "Stanley Hauerwas's Essays in Theological Ethics: A Reader's Guide," in *The Hauerwas Reader*, ed. John Berkman and Michael Cartwright (Durham, NC: Duke University Press, 2001), 667 ~ 668; Richard Hays, *The Moral Vision of the New Testament: Community, Cross, New Creation, A Contemporary Introduction to New Testament Ethics* (New York: HarperOne, 1996), 261 ~ 264.

8. 衞斯理本人對所謂「四法碼」的立場，詳見：Albert C. Outler, "The Wesleyan Quadrilateral – In John Wesley," in *Doctrine and Theology in the United Methodist Church*, ed. Thomas A. Langford (Nashville, TN: Abingdon Press, 1991), 75～88。侯活士反對的，只是坊間流行的用法。
9. Cartwright, "Stanley Hauerwas's Essays in Theological Ethics," 668.
10. Wells, *God's Companions*, 172.
11. Stanley Hauerwas, *A Community of Character: Towards a Constructive Christian Social Ethic* (Notre Dame, IN: University of Notre Dame Press, 1981), 71.
12. Hauerwas, *Against the Nations*, 41～42.
13. 參 Stanley Hauerwas, *Hannah's Child: A Theologian's Memoir* (Grand Rapids, MI: William B. Eerdmans, 2010), 156～157。
14. 個人的生活也不是單純的倫理應用的場景，而是一處產生道德想像的空間。龔立人：《是與非以外：基督教的倫理想像》(香港：基道，2010)，頁 xxiv。
15. 參 Hauerwas, *Hannah's Child*, 159。
16. Hays, *The Moral Vision of the New Testament*, 264.
17. Hauerwas, "Casuistry in Context," 268.
18. Hays, *The Moral Vision of the New Testament*, 263.
19. Hauerwas, *Against the Nations*, 55.
20. 例如，參 J. Philip Wogaman, *Christian Perspectives on Politics* (Louisville, KY: Westminster John Knox, 2000), 56。
21. 以為愛一個人，就不能犧牲對方的幸福，不能讓對方受苦，是一種對「愛」很庸俗膚淺、沒有痛苦和代價的溫馨幻想。主耶穌要求我們學效用三一上帝愛人的方式去愛別人，那是一種「嚴厲的愛」(tough love)。在夫妻關係和養兒育女的過程裏面，基督徒父母，就應該學習這種愛。另參本書第 7 章。
22. John Howard Yoder, *The War of the Lamb: The Ethics of Nonviolence and Peacemaking* (Grand Rapids, MI: Brazos, 2009), 32, 41.
23. 聖經教導「以牙還牙」，不是鼓勵有仇必報，而是旨在制止暴力不成比例地升級。黃福光：〈「以眼還眼」作為律法和倫理〉，《山道期刊》第三十三期（2014年7月），頁29～48。

24. 參禤智偉：〈基督徒的見證：日常生活政治作為抵抗〉，《山道期刊》第三十七期（2016年7月），頁115～117。

25. 見 Yoder, *The War of the Lamb*, 62。

26. 龔立人有類似的講法：「以社羣生活來吸納那由悲劇所產生的震盪，從而使個人有面對生活世界之無奈的能力」，參龔立人：《是與非以外》，頁50。

27. 基督徒的生命不必有完美的句號、毫無遺憾，因為我們知道，從終末的角度，沒有任何人生的悲劇，是單純的、絕對的悲劇。Wells, *God's Companions*, 52.

28. Wells, *God's Companions*, 94.

小插曲和餘論

《和平的國度》第八章、最後一節即第 4 節的標題原為“On the grace of doing one thing”，但中譯初版的目錄和內文卻誤寫成相反的意思：「論甚麼也**不做**的恩典」（頁 xxxi、209）。經筆者發現後向出版社報告，在再刷時已經更正（編按：二刷時已將標題改為：「論做一件事的恩典」）。這個小小的手民之誤，或者反映兩個可能。（一）侯活士著意顛倒讀者的常識，有時更會正言若反，或者超額成功地令譯者和編者對他口出狂言也習以為常，甚至有點麻木。（二）將「非暴力」簡化成「不暴力」，而「不暴力」就等於「甚麼也不做」，這個刻板印象，或者實在太深入民心。

然而，侯活士在此書的結論很明確地解釋，基督徒同時需要「一事不做的耐性」，以及「只做一事的恩典」。因為，我們固然應該規避「要做所有的事」（doing everything）的急進和傲慢（pride），但一樣要提防「甚麼事也不做」（doing nothing）的懶惰和懈怠（sloth）（頁 82）：

> 這意味著我不必想要做到這一切，或是甚麼也不做；我不必一開始便要嘗試「解決」那真正的問題。反而，我可花時間去單單做一件事，以幫助引導自己和其他人進到

上帝的和平中。（頁 210）

聖經著實沒有責成教會去成就些甚麼（accomplish），卻吩咐我們去宣講和張揚上帝為我們所成就的神蹟奇事（頁 211～212）。在「一事不做的耐性」，以及「只做一事的恩典」**之間/以外**，更有太多的可能。例如，在某些情況下，我們發現甚麼也不能做，或者做甚麼也幫不上忙，可以選擇嘗試做一些美好、美麗的事（do something beautiful）；畢竟，「美」也是言說真理的一種方式。[1]

關於非暴力，批評者有太多習非成是的誤解，必須在筆者下一本著作《和理非非是冒牌貨：基督徒和平主義答問》（暫名）另文澄清。而侯氏此書雖以「和平的國度」為題，對非暴力（特別是和平主義）其實著墨不多，其討論均散落在不同章節，主要是在最後兩章。讀者若要更深入認識此課題，必須上溯尤達的著作，而又同時下承韋爾斯。後者對於將基督徒倫理重新聚焦以上帝為中心，提出以「五幕劇」的框架理解三一上帝的行動，更有革命性的貢獻；另外，以「現編」（improvisation）比喻倫理辨識，也比侯活士所講的「決疑法」更具體細緻。細讀這兩位分別深刻地影響侯活士、和深受侯活士影響的神學家，是理解侯式神學不可或缺的功課。

註釋

1. Samuel Wells, *God's Companions: Reimagining Christian Ethics* (Oxford: Blackwell, 2006), 122.

第二部　教會@社會

4.

侯活士——流別主義者？（上）*

本部第4、5章以綜覽的形式將侯活士整套神學的要旨勾畫出來，並同時主動應對一種對侯式神學最常見的批評，就是籠統地將之稱為「教派主義」（sectarian）。這些誤解令人有似曾相識之感，因為西方神學界在吸收侯氏神學的過程之中，就此亦曾爭論不休。本文發掘「教派」此一社會學概念的「前世今生」，並且指出神學家輕率挪用社會學的一些弊端，質疑他們不加批判就將「教派主義」當貶詞使用，以標籤口號代替神學論證和倫理辨識。

雖然本文證實侯活士本人並非「教派主義者」，但「教派主義」又何罪之有？文章最後探究在香港當下的政治處境，侯式神學是否稍嫌不夠「教派主義」？筆者大膽提出一些本地教會過去鮮有觸及、富「教派主義」色彩的問題——基督徒可以成為警察嗎？可以加入政府當政治問責官員或公務員嗎？——並嘗試以基督徒倫理的角度回應。

---

* 本文的節錄版〈侯活士的公共神學〉曾載於陳家富、張慧嫈編：《當神學家遇上政治——有關政治參與的十堂課》（香港：德慧文化，2014），頁88～101。承蒙德慧文化授予使用該文版權，謹此致謝。

二〇〇一年美國紐約世貿雙子塔倒下之後個多星期，侯活士獲《時代雜誌》評選為「美國最佳神學家」，主要歸因於他專門與主流意見「唱反調」、「對著幹」(contrarian)的神學作風。[1] 而侯活士當選後的即時反應是：「最佳」(the best)這個形容詞不屬於一種神學類別；[2] 言下之意是，沒有神學家會以成為「最佳」作為人生目標，更不應以此衡量自己的生命價值。其實，侯活士的寫作風格或有刻意模仿福音書裏面耶穌慣常的講道修辭：「你們聽見有話說……但我實實在在的告訴你們……」。侯氏的言論尖刻、立場毫不含糊，就像一個不識好歹、堅持講真話的壞孩子，美其名是「極端誠實」(radical honesty)。但連他的戰友都承認，他以蓄意「得罪」人為榮，總覺得若不成功冒犯讀者就代表他所寫的對信仰不夠盡忠。[3] 也就是這種性格，令侯活士因九一一事件而失去了不少朋友；他們不是在恐怖襲擊中喪生，而是與他割席絕交，因為他公然反對美國之後採取的反恐戰略，被友儕(包括不少基督徒學者和神學家)指斥為正邪不分、「不愛國」[4] 的教派分子(sectarian)。[5]

侯活士就是如此一個享受辯論、招惹爭議的人物，神學界對他的評價也是兩極化的。更弔詭地，一個不遺餘力批判美國主義，以抗逆(社會的、教會的)主流自由主義而聲名狼藉的「教派主義者」，卻無意間被迎進了主流，成為傳媒訪問的公眾人物，大膽敢言的基督徒公共知識分子。他原意為少數「異類」基督徒而寫的書，銷情竟歷久不衰，甚至成為神學院、大學的教科書。[6] 侯活士無疑是當今美國最被談論的神學家，而他累積超過四十年的教學經驗更使他桃李滿門，弟子之中在不同的神學領域開始獨當一面。[7] 假如二十世紀美國的基督教倫理學被尼布爾昆仲(Reinhold and Richard Niebuhr)及其徒子徒孫雄霸，本世紀侯氏一脈有可能將會一枝獨秀。這並不代表侯氏思想真正被教會主流大多數人接納，而是他本人、學生，以及其他追隨者，他們做的神學都有一種獨特的取向、姿態、文法，恆常地催逼、責成教會要成為忠信的教會，令其他神學人不能對他們的挑戰視而不見。像市集上的蘇格拉底一樣，侯活士糾纏不休地向其他信徒追問：成為基督徒是甚麼意思、甚麼才是屬基督/像基督的（what makes someone or something Christian）？在侯活士的詰問之下，往往暴露出一個尷尬的真相：不是凡稱自己是基督徒的都是基督的門徒，不是所有基督教會所做的都是屬基督/為基督的，甚至不是任何對上帝的講論都是**基督教**神學。

而隨著侯活士的多本重要著作（包括《和平的國度》〔*The Peaceable Kingdom*〕、《異類僑居者》〔*Resident Aliens*〕等）在短短兩、三年間相繼被翻譯成中文，他的影響力已觸及華語神學界，在香港更出現被戲稱為「港式侯派」的一班神學人（包括筆者在內）。同時地，「教派主義者」的標籤也跟侯活士如影隨形，不少人未認真消化侯氏神學，就已經先入為主地認為他主張教會不理世事、退出公共。此現象或者與香港福音派教會過往曾就基要主義、少數主義（minoritarianism）等論爭遺留的陰影有關，[8] 令本地信徒以既定的負面眼光看待侯氏的教會觀。不少對侯活士莫須有的批評，也就源於張冠李戴的誤會。

第 4、5 章分別是論述的上、下兩部分：（一）嘗試先扼要地簡介侯活士整體神學思想的輪廓、軌迹，和重心；（二）然後對「教派」/「教派主義」此概念做一次深入的學術發掘考據。希望同時達到兩個目標：不但消極地掃除一般人對侯氏的誤解，並且正面地將他的教會觀具體呈現出來。文章的結論是：侯活士絕對**不是**一個教派主義者；可是，特別在類似香港的政治處境，侯氏神學的缺點是它還**不夠**教派主義（not sectarian enough）！

一、神學要以教會為中心

「教會成為教會」(the church being church)此金句是侯式神學的標記，不過不少人望文生義，以為這只是空洞無物、或者同義反覆的口號。但是侯活士此片語，並非意在為所有神學問題，提供簡單現成、一成不變、一成永成的答案，而是提醒我們甚麼是基督教神學必須問的問題。「甚麼才是教會？教會怎樣成為教會？教會有否成為教會？」這些都是教會必須恆常地、全體地、公開地反躬自省的問題；相反，每當教會停止就她的所是所由(*telos*)向自己提出質詢，教會就不成教會。因此，基督教神學思考的起點、軌迹，或者終點亦應該圍繞在這些核心問題上，否則神學就不成神學。[9]本來這是自不待言的，可是當代神學(不論是在大學、或者神學院裏面做的)往往脱離了基督教神學必須從教會而出、為教會而立、由教會而做的個性，便會變成人文學科的對話、或會淪為哲學的玄思。[10]

侯活士對神學的最大貢獻，在於他將神學人的職事再聚焦。他沒有建構一套宏大的系統神學，而是通過改變我們的語言習慣，將基督教神學所應該問的問題重新框定(reframing)：神學必須是倫理學，否則神學就甚麼都不是。作為一個神學倫理學家，侯氏不是要以倫理學雄霸主宰神學，而是反對神學(以及經學)與倫理學分家，反對神學家(以及經學家)將倫理學視為後設的應用疑難。神學必須要幫助教會過忠信的生活，學習如何正確地向上主禱告，成為見證福音的門徒羣體。教會論不是神學的其中一個學科，而是基督教神學的根本。

又有不少批評者認為侯活士太過高舉教會，有將教會浪漫化、理想化之嫌，對此他本人深感莫名奇妙。當我們要求教會成為教會，其實已經假設教會可以不成教會。教會是可以喪失她的本性

（being）的，而且歷史證明她經常跌倒；教會的本質不是自有永有的，而是需要從信徒的日常生活表現出來。可是當教會達不到忠信的要求、辜負上主的期望、有虧於受託的使命，不等於教會就即時停止成為教會；反而，當教會自滿地以為自己已經完全行在聖道之中，無須悔改認罪，才是她最危險的時刻。作為基督徒，我們必須承認教會可以在某時某地虧損她的本性，但同時地又必須認信，上主親自設立和護佑的普世大公教會不致於會全部、完全失落她的本性，縱使一些肢體跌倒、其他的也有回轉的可能，基督的身體必被救贖。這不是對教會內的蒙恩罪人有何不切實際的樂觀期望，而是單單出於對那位親自將教會呼召出來、分別為聖的上主的信心。

也許由於教會論長期被忽視，因而發育不全的緣故，每當觸及教會的本體論問題，無論是神學人、抑或平信徒都倍感吃力，生發出一些認知障礙。[11] 對於教會的「存有」或者「本性」（the church's being），我們必須以一種辯證性、或者終末論式的方法來理解，教會本身就是一種「神學悖論」：上帝眼中以忠信為標記、被算為義的教會，實際上是無信的（the faithful church is faithless）。由福音的起頭，直至終末之前，教會的忠信被懸吊在一個歧異點上。福音書對十二門徒的描寫，不同程度暴露了他們的「心硬」、「不信」、「頑愚」，他們要在主耶穌受難、復活、升天、離開他們之後（甚至到他們不少相繼為主殉道之後），他們方才真正成為門徒，教會才開始成為教會。

侯活士的教會觀不是空中樓閣、烏托邦式的理想藍圖，而是關注教會作為生活的具體踐行，如何以三一上帝的經世拯救為中心活出聖潔（living holiness）。[12] 這個本來就是貫串新約聖經的主題之一。保羅特別不厭其煩地告誡信徒，要活得與他們「在基督裏」蒙恩得救的身分相稱，要「成其自己」（be what you are）。[13] 這同時意味著基督徒現在「還不是自己」（we are not [yet] who we are）、我們與自己相爭（at odds with ourselves），**未曾**完全按復活的基督所開創新世代的方式生活；但我們有足夠的恩典跟從主耶穌的吩咐在舊世界、舊秩序未被完全救贖更生之前，努力地過忠信的生活。

所以，「教會成為教會」不是教條式的道德指令（imperative），也不是單純牧養關懷的勸勉（exhortation），它首先是濃縮了的神學陳述。教會本身是一種神學性的存有（theological entity），或曰「不可能的可能」，而並非不可能的理想（impossible ideal）；[14]「教會」更加是一個神學概念，不是社會學的描述性實證概念，因此不可以用社會實在論的本體論來把握教會的本性。[15] 任何讀者缺乏對此的認知，就不可能理解侯活士的著述。

二、教會的優先性

教會的「優先性」是另一個論者最難以克服的障礙，不少對侯活士的無理抨擊亦源於此。以下借用啟蒙時期的康德式三問答來概括侯氏的這個神學核心。[16]

1. 知識論的問題：我們如何獲知世界？

教會的責任是讓世界知道世界是世界。世界不知道世界是世界，以為自己是自足自存，而不知道自己是被造的；世界更加不知道自己需要被救贖，而且是已經被上帝救贖的。所以，世界只能通過教會的故事，才可能知道自己是世界。[17] 教會「知道」世界、「敍述」世界，而**不是**「反之亦然」（not *vice versa*）；[18] 只有教會才可能正確地認知世界，而世界無法正確認知教會。[19] 這並不等同要將神學凌駕於所有其他世俗的學科。侯活士的意思只是：惟有教會所講述的上帝故事，方能夠囊括或包裹（narratively envelop）[20] 世界在內，而世界的故事卻排除上帝。教會與世界的分別，不是聖俗二分；教會的「他者性」（otherness）並不意味信徒比非信徒高人一等。「世界」是神學概念，代表被造當中一切叛逆上主的力量，[21] 不應隨便與「社會」或「文化」相提並論。教會也需要接受社會的批判監督，非信徒對基督教的批評、或者他們自己的生活見證，甚至可能幫助基督徒成為更好的基督徒。

教會在神學上的優先性，不代表她壟斷、獨佔恩典；教會不是天國，因為天國比教會大。不過，當教會活出上帝的故事，就將眼不能見的天國顯露出來，令世人預嘗天國的滋味。[22] 所以，既然主耶穌承諾與祂的門徒在教會內相遇，而且上帝又向教會交託特殊的任務，我們就只有首先在教會內認識主耶穌，當我們在教會外與祂相遇之時，才能正確地辨認出祂是誰。[23] 這是教會在知識論上有**優先性**（priority）的意思，而不是說教會擁有任何絕對真理，或者其他先天的**優越性**（superiority）。敘事上的優先性，亦不等同排他性，或者純正性（purity）。

絕大部分基督徒被現代性的政治空間想像（political topology）所桎梏，理所當然地以為教會在世界「裏面」、世界比教會「大」，因此無法揣摸究竟侯活士如何構想教會和世界之間的關係。但是，當我們確立教會在知識論的優先性，並與知性上、道德上等等的優越性清楚區別，就能夠領會最少在兩重意義上，原來教會比世界「大」，世界在教會「裏面」：（一）世界不是一個比教會「大」的故事，反而世界在教會的敘事「裏面」，教會是說故事者，而世界是這個上帝故事的其中一個角色；[24]（二）世界隨我們的舊我早已一起進入了教會，所以世界也在教會「裏面」！[25] 後一點是不少侯活士的批評者忽略的：教會不能靠防止世界「進入」教會，就得以保存自己（道德或屬靈）的純潔，因為教會不擁有先在的、初始的聖潔。侯活士當然認為基督的門徒不能隨波逐流，但他從來沒有主張，只要教會從社會分離出來、遺世獨立，就得以自動「分別為聖」。

2. 倫理學的問題：我們該如何生活？

根據第一種知識論的優先性，就開出教會在價值論（axiological）的優先性：在回答「如何成就倫理生活？倫理性是甚麼？」（what it means to be ethical）之前，先要問：「如何成為教會？教會是甚麼？」從而引申出侯活士另一名句：教會本身就是社會倫理（social ethic），而不是擁有一套社會倫理，或需要做一套社會倫理出來。[26] 更準確地說，侯活士所指的「社會倫理」，並非一般人心目中，那種指導教會如何介入社會事務的指引規範，而是關於基督徒羣體的建立、品性的模造所必須的踐行/練習(practices)。

假如教會服事世界的方法是讓世界成為世界、讓世界知道自己是世界，教會的首要任務就是成為教會；而教會成為教會，不是為了成就自己、服事自己，也不是為壯大自己、或為生存而延續自己，而是為了服事世界，向世界見證來臨中的上帝國。教會的「他者性」是「為他」的，不是「為我」的。初代信徒最獨特的信念，不是認信一個被釘死在十字架上、後來復活的主，而是他們認為要歸信這個在基督裏遇見的上帝，必須要加入一個新的羣體，以一種有別於世界的方式過新生活。[27] 教會是三一上帝為人類而發明的救恩工具，她在上帝的「使命」（mission of God）裏有不可替代的角色。人類的歷史不是由國家政權撰寫的，教會才是救贖歷史的中心。

教會以有別於世界的方式生活，也不是為了標奇立異、為另類而另類，更不是為了要離棄世界、或從世界中逃遁，而是向世界負責，因為這是世人惟一知道上帝的方法，也因此教會必須是「可見的」（visible）。教會就是一個與世界對照的另類社會（contrast or alternative society），但基督徒羣體是與「大社會」（society at large）**分別而不分離**的，教會或聚或散，她都無法逃離社會。所以，教會必須由規訓（discipline）所構成，否則她就只是大社會的其中一分子，無異於社交會所或者自願性質的非政府組織。[28] 所謂

「規訓」，首先不是指教會內部會治（polity）所執行的紀律，雖然這也是體現規訓所必須的手段；而是指通過羣體的踐行重塑基督徒的身體習慣、固有的愛惡慾求、與生俱來的需要等，才能克服對他者的恐懼、對自我存在的不安全感，對生命中不幸、苦難、錯誤的遺憾和怨懟，仿效耶穌的非暴力方式「過沒有控制權的生活」（living out of control）。[29]

教會的踐行是雙重意義的「身體政治」（body politics）：既針對信徒的身體以及具有肉身（embodied）的日常生活，也建立基督的身體，將基督徒羣體構造成上帝的子民。換言之，教會生活（特別是敬拜生活）不但訓練信徒成為門徒，更加是訓練門徒如何在社會中生活、倫理上規範他們日常生活中的大小細節。[30] 亦因此，基督徒的倫理陳述、判斷、立場，若脫離羣體所教導和傳承的踐行，被教條式、抽空地去理解，就會令人（特別是教外人）摸不著頭腦（does not make sense）；甚至當基督徒羣體本身失落了相關的共同踐行，連他們自己所承繼的教導也頓時變得不可理喻（unintelligible），福音變成不具肉身、不造就生命的屬靈八股。

有論者認為侯活士所形容的教會倫理（ecclesial ethic），充其量只是一種規範基督徒羣體內部的社羣倫理（community ethic），是一種不合格的社會倫理。[31] 然而，侯活士卻堅稱教會**是**「社會倫理」，原因之一就是要顛覆一般人的期望，他們以為基督教倫理學有責任闡明基督教會對社會的責任（Christian responsibility to the larger society）。太多基督徒相信，教會要對社會履行責任，而且只有某些貢獻社會的方式，才算是負責任的表現，否則就是不負責任、甚至是離棄世界的教派主義。侯活士銳意挑戰這個普遍的基本前設。

將教會倫理自限為社羣倫理，也有許多不當之處。首先，教會不是「社羣」（community）。堂會或者類近社羣，但上下二千年的大公教會，顯然更像一個普世社會（universal society）。另外，我們不是先知道社羣應該是甚麼，然後判斷教會是社羣的一種；相反，我們只有先在教會裏面，才學習到何謂真正的羣體生活。（這是貫徹教會在知識論上的優先性。）況且，教會倫理也不獨規範信徒在教會內的相交，更涵蓋基督徒如何與非基督徒共同生活、如何與世界交往的每一環節。將教會等同比社會規模「小」的社羣，就已經將何謂「社會性」（social）的定義權讓給「大社會」。侯活士若將「教會倫理」稱為「社羣倫理」，就變相默認了批評者對他的誤解，以為教會倫理只著眼於維繫主內情誼、凝聚羣體內的歸屬感、鞏固身分認同，以及管制與教外人區隔的邊界。這種對侯氏神學的樣板式理解，是將一套他本人反對的教會觀硬塞給他。教會不只是團契，更加是被差遣進入世界的「使命」（mission）；教會本身是為使命而存在，而不是為自己而存在的，但她也不是一班志同道合、有共同使命感的人所組成的專責行動組（task force），循環地執行年度計劃、達到營業目標，繁忙地籌組活動而無安息。因為教會除了是團契、使命之外，也是被上主呼召出來的敬拜羣體。而教會之所以同時地可以是團契、使命、崇拜，是因為她本身就是「社會」，是人與人之間生活的分享（shared life）；或者說，教會是一個「對立社會的社會」（counter-society），因為除她以外，沒有其他社會會以宣認基督是主作為共同生活的根據；[32] 人若要成為基督的門徒，也只能在這個門徒羣體之中，向其他門徒學習。[33]

3. 政治學的問題：我們應如何安排、組織共同生活？

侯活士經常毫不留情地鞭韃美國社會的政治現實，甚至有人說，他整個神學建基於對自由主義、美國主義的批判之上，很難說他是對政治冷感、不吃人間煙火的教派主義者。侯活士不是否定政治本身，而是質疑世俗社會對政治的理解。對侯氏而言，教會本身就是一種政治體（polity），基督徒是一羣歸屬於上帝國的子民

（a people），這種新的身分認同是徹底地政治性、更是顛覆性的。因為新的身分決定新的效忠對象，決定基督徒的身體是要獻給上帝，還是屬於凱撒；基督徒要為上帝而死，還是為國家而戰，宣認上帝是主的基督徒，不承認在位掌權的對人民有生殺之權。

「教會首要的任務（first task）不是令世界變得更公義。」這是侯活士經常重複的另一名句，[34] 它又被不斷引述，且慣性地被誤讀成：教會**惟一**的使命是成為教會，而不應追求公義，或甚至可以任由不公義繼續存在。這又是明顯一例，將優先性化約成獨佔的排他性。當然，侯活士語不驚人誓不休的風格，也可能助長這種誤解，因為他又宣告「公義」不是好東西。[35] 但讀者只要掌握到侯氏所講的**優先性**，就會明白：教會的首要任務是成為教會，不等於這是教會惟一的任務，或排除其他的社會使命；雖然使世界變得更接近公義，並非教會首要的任務，不等於教會就對公義漠不關心。教會成為教會是教會首要和優先的任務，因為這是教會不可或缺的，是教會的社會參與、公共踐行的倫理基礎和神學根本。所以，優先性亦不應被理解為時間先後上的先決條件，彷彿教會在成為教會之前，**甚麼事都不用管、甚麼事都不能做**；因為，成為教會是一件不可能圓滿終成的任務。優先性是指倫理上和邏輯上的主從優次關係：教會若果不先尋問如何成為教會，**其他甚麼事也不能做好、都不會做得對**。教會若不知道何謂公義，又如何在社會實現公義？如果基督徒羣體自己也不能在教會內實踐公義，又如何在社會實現公義、為社會帶來公義？教會所謂「爭取」公義、或為公義「發聲」，就變成只是責成別人（尤其是政府）履行公義，教會願見公義被成就（justice done），而不是教會先行出公義（doing justice）。就以實踐社會公義為例，由於要糾正先存的不公義，必須有人犧牲，教會自命主持公道，是否只是一味叫別人犧牲，而自己不願先犧牲？[36] 那些熱中於改革、改造社會的基督徒，經常犯的一個毛病是，他們以為自己可以未被上帝先轉化而去轉化社會。他們向世俗所推銷的道德、社會、政治願景，原來他們自己在教會內也未能實現出來；甚至有時基督徒因為未能説服基督徒羣體，就已經不耐煩、索性放棄教會，而直接訴諸公眾。當教會所宣揚的信仰價值，教會自己也沒有嘗試履行出來，就將它普遍化、要求教會以外的人接納，甚至期望能在世俗社會普及化施行，除了缺乏説服力之外，甚至有假冒為善之嫌。當然，相反，不代表每當教會以生命見證所信，社會就會欣然地以教會的踐行作為學效的榜樣；所以，我們也不能輕易樂觀地假設，只要教會成為教會，就自然成為引導社會步向良善的正面健康力量。[37] 教會成為教會有倫理上和政治上的優先性，在於教會必須言行一致，任何脱離教會本身踐行的政治宏圖，都會因缺乏道德一致性（moral consistency）而注定失敗，或者流於為某些政治意識形態服務的工具。當教會視「令世界變得更公義」為自己首要的任務，比教會成為教會更優先、更重要，教會就會失序、教會就不成教會。

所以，侯活士從無反對基督徒與教會以外的人合作、或參與政治，共同追求使社會變得更接近公義（或減少不義）。[38] 但他首先批判教會是否知道何謂公義，還是將自由主義那一套信以為真？自由主義假設，在人民沒有變得公義的情況下，一個社會、或某些社會制度仍然能夠成為公義（just society without just people）；[39] 它假設社會上的人可以在不重新檢視他們的需要和慾望，單單通過重新分配資源而達致公義；它假設人可以設計出保證能夠產生公義的社會效果的制度，而這個自動駕駛、萬無一失（foolproof）的制度不需要由有德性的人來運作，也不需要由一羣有德性、敢於向政府説「不」的人民來監察糾正。[40] 侯活士相信，教會不會對世俗政治毫無貢獻，當教會成為教會，她就為社會培育出一羣有德性的公民。[41] 教會的會治，教會如何安排權責、調解紛爭、集體決策、運用資源、組織敬拜生活，這些統統都是教會實習公義的機會。侯氏理解的「公義」，不能用來形容政治制度或者社會後果（social outcomes），而是首先適用於一羣人身上。

侯活士沒有全盤否定所有世俗的政治制度，而是想重新界定何謂「政治」。政治不是擺平社會上各個既得利益團體、平衡各方勢力，經過討價還價、妥協後的相對公平。政治是一羣跨越世代的人（a people across time），為發現他們所應追求或擁有的共同福祉（goods in common），所需要的對話的具體實踐。[42] 因此，教會在政治上的優先性也有雙重意義。教會本身首先要體現到公義，踐行聆聽、對話、商議，而不是以少數服從多數、或恃強凌弱，因為只有一班公義的人才懂得甚麼是真正的共同福祉。所以，教會首要的任務不是改造世界，而是要成為另類的城邦（alternative *polis*），[43] 向世界示範甚麼才是真正的政治、真正的政治在現世是可能的，這就是教會以成為教會作為服事世界的方法。同時地，教會就必須按上帝所啟示的救贖歷史的進程、步伐和終局，決定我們的政治和社會議程，而不是由世界、政權、大眾的當下需要來定義我們的緩急優次。不是教會妄顧鄰舍的即時需要，而是教會不會以他們對即時需要的定義，主宰教會應有的行動。世人只爭朝夕，但教會不會跟隨；沒有任何政治危機足以決定人類的生死存亡，人類和被造世界的命運牢牢在上帝手中。

教會就**是**侯活士的知識論（the church is epistemology）、教會**是**社會倫理（the church is social ethic）、教會**是**政治（the church is politics）。這是侯氏神學對教會本性的三重認信。[44]

三、「教派」到底是甚麼？

單從以上的概要，足以證明侯活士並非一般人心目中的「教派主義者」，但偏偏他本人卻對此標籤耿耿於懷。也許這是由於最先抹黑侯活士的，是他在耶魯大學時期的倫理學老師吉達臣（James M. Gustafson）。自從吉達臣於一九八五年批評侯活士的神學倫理學是唯信主義（fideism）、部落主義（tribalism）、教派主義（sectarian）之後，[45] 侯氏三十多年來幾乎未停止過為自己洗脫教派主義者的污名。[46] 然而，侯活士屢次的自辯都不得要領，原因是受眾對於「教派」和「教派主義」是甚麼、不是甚麼，存在意底牢結的混淆，使不同層次的教會觀、社會學、社會倫理、知識論、神學等議題糾纏不清，令侯氏與其批評者無法真正對話（talking past each others）。[47] 因此，有需要對這兩個概念作深入的剖析拆解。

「教派」（sect）此社會學概念源於德國社會學家韋伯（Max Weber），被他在海德堡大學的同事、神學家特爾慈（Ernst Troeltsch）挪用，最後經德裔美國神學家理查・尼布爾（Richard Niebuhr）傳播。[48] 因此，英語學界對「教派」的應用長期存在所謂「特爾慈症候羣」（Troeltschian Syndrome）的現象，即是以社會學的表述方式來疏理神學問題（sociological formulation for solving theological problem），令社會科學與神學論述夾纏不清。[49]「教派」和「教會」（church）這一對概念，本來是韋伯提出的「理想型」（ideal-types），作為他整個比較社會學的工具，為西方理性化過程和社會變遷之間的關係，尋找因果解釋（causal explanation）。[50] 但到特爾慈手上，「教派」此概念的用途和性質已經改頭換面。韋伯的「教派」和「教會」是分別兩種有清晰定義的宗教組織：前者的成員資格（membership）是完全自願性的個人歸信，因此也極富排斥性（exclusive）；後者則是按出生決定，是包容性（inclusive）或者大眾性（popular）的。特爾慈雖然保留韋伯原始的定義，[51] 但他的研究焦點從宗教團體的組織架構（organization），轉移到宗教行為（behaviour）和思想型態，將其重新分為三個類型：「教會性」

（churchly）、「教派性」（sectarian）和「神祕性」（mystical），以解釋／詮釋基督教歷史之中在不同社會處境出現的宗教型態，以及對待世俗社會的態度。[52]

雖然特爾慈的論述有社會學的外衣和術語，但他從事的卻非嚴謹的社會科學，甚至不是一般人以為的歷史社會學（historical sociology）。特爾慈做的是以歷史主義（historicism）為方法綱領的神學工作，嘗試扣連（correlate）社會條件、宗教經驗，和基督教社會倫理，呈現它們彼此之間的關聯性、參照性、互動性。[53] 特爾慈的研究假設：社會處境並不會決定宗教內容，但會製造有利或不利條件，而宗教會因應環境而變化；宗教在社會上的地位，又會影響宗教如何看待社會，以及自己改革社會的角色責任。特爾慈認為原始基督教的福音是純然宗教性的（purely religious），耶穌的教導是一種非政治性、個人化、他世的理想主義，強調個人成聖的極端倫理，而對快將終結的世界毫無興趣。[54] 所以，最初基督教既不是被社會模造出來的、不是社會的產物，亦無意去改造社會；事實上初代信徒大多來自低下階層，他們無條件、無能力去影響社會。特爾慈視宗教為一種自發力量，但它又必然與社會力量相遇交鋒；或者說，他最終結論，嚴格上一種純粹宗教性的宗教是不可能存在的，當宗教進入社會，宗教理念就會披上社會性格（social character），並且必須回應社會。[55] 特爾慈所描繪基督教在歷史中的演化，內藏了一套「劇本」（drama）：[56] 個人化、內在的神祕類型才是基督信仰的根本，但神祕主義和神祕經驗若不具有制度模式就停留在理念層次，教會類型和教派類型就是宗教實現為社會現象的樣式。「教派」保存了原始神祕主義的理想主義、出世的情懷，和終極的願景，卻因無法吸引大眾、或容易內部分裂而難以持久，最終會被主流社會遺棄、或因遺棄主流社會，而失去社會意義（socially irrelevant）；而「教會」則是宗教隨著社會條件的轉變，以及自我的調節，「妥協」(compromise)和「適從」(accommodation)的結果，惟有「教會」方能發展出一套有效的社會倫理、主導社會。

特爾慈對基督教這種「妥協」不以為忤。因為耶穌所宣講的崇高氣質(ethos)，是追求一種與上帝、與他人猶如孩童般的親密關係(childlike intimacy)，[57] 以臻靈性的契合、捨己的博愛。耶穌的倫理是英雄主義式的，不能被大眾所接受；[58] 他的理想主義在現世是不可能實現的，因此妥協是必須的。[59] 基督教歷史就是一種辯證過程：「教會」不斷為尋求宗教的現實可行性而妥協，久而久之變得保守僵化；而「教派」對呆滯的教會建制又作出反動，為宗教復興注入新動力(impetus)；但「教派」偏激的宗教情操，又要被只有大眾化的「教會」才能體現的「文明的倫理」(ethics of civilization)[60] 所「補完」(supplemented)。基督教的歷史必須要從教會類型和教派類型，保守和激進兩股勢力的相生相剋、互相滲透來理解，它們代表基督教的雙重性格，兩者皆是基督宗教的正當模式，而且缺一不可、不能切割。[61] 不過，相對於神祕類型和教派類型這兩個極端，教會類型本身就已經是一種折衷調和，只有建制化的大眾宗教才能吸納、管制、善用其餘這兩種類型；[62] 而且教會類型具有「為基督贏取全世界」的擴張取向，甚至願意投靠或依賴國家的公權力，使她享有支配優勢。[63]

特爾慈的旨趣並非是純粹學術性的歷史神學，而是希望找出在現代社會最理想的方案使教會與各種社會力量之間協調(harmonized)，以共同締造文明的合一(unity of civilization)。[64] 他的歷史觀是開放性的，不是簡單的借古鑒今，而是相信既然基督教必然地被牽連(already implicated)在歷史之中，過去眾多的偶然性(contingencies)已經開示了教會的社會向度的不同可能性；或者說，歷史不保證我們從中可以找到答案，但答案需要從歷史中汲取啟迪，而不是憑空發明。[65]

當我們明白了特爾慈撰寫其基督教社會思想史的神學目的，才能把握「教派」這個概念的性質、內容、用途，和限制。他從來沒有清晰界定甚麼是/不是「教派」，因為這個概念只是一種輔助或「啟導性」（heuristic）的特設工具，幫助他整理千多年教會史的原始材料。[66] 脫離了特爾慈的研究目的，以及他意圖解答的神學和倫理學問題，「教派」這個概念的普遍有效性就頓成疑問。最致命的問題是，特爾慈在界定此概念上太馬虎苟且（conceptual sloppiness），[67] 以致任何後來者嘗試挪用「教派」都遺傳了此缺陷。有論者從特爾慈的論述中歸納出最少八項「教派」的特徵：（一）自願性質的羣體；（二）抗拒（或獨立自存於）世界；（三）使宗教生活從日常生計擺脫出來，過儉樸或貧乏的生活；（四）批評官方建制的屬靈指引；（五）以真誠的皈依作為接納新成員的資格；（六）實現信眾的平等（不設宗教特權階級）；（七）強調彼此服事、配搭合作；（八）追求個人、內心的完全。[68] 特爾慈只是隨意地將一籃子對「教派」的描述捆綁湊合，而沒有標明當中哪些才是「教派」的必然或者定義性特徵。「教派」概念愈模稜兩可、愈容易剪裁（protean），對特爾慈的歷史詮釋工作愈有利。特爾慈犧牲概念的單純性或整全性，換取了可塑性和豐富繁衍能力（fecundity），概念愈有彈性、留下愈大的空間容許上下其手，愈能夠囊括更大範圍的歷史資料。所以從某角度而言，雖然他做的是「壞鬼社會科學」，卻不失為做神學的「好方法」（bad science makes for good theology）。[69]

不少後來的學者不加思索就理所當然地（unthinkingly），繼續修訂、改良、擴充特爾慈的類型學；[70] 例如尼布爾加入「宗派」（denomination）此類型，成為神學界最熟悉的「教會—宗派—教派」標準模型。[71] 但這些替代方案都不免承襲了特爾慈對「教派」（和「教會」）定義模糊的毛病，出現概念膠結（agglutination）的情況：[72] 就是不斷為「教派」增添特徵，並以枚舉的方式取代嚴謹的分析性定義；[73] 同時又沒有分辨清楚經常羣集（clustered）的特徵當中，哪些是獨立變項、哪些是依賴變項（independent vs dependent variables）；[74] 哪些特徵之間的關聯是必然的決定性、哪些是可變的偶發性。[75]

各種大同小異的類型學繼續增長，使何謂「教派」無統一、客觀的判準（criterion），最終令這個概念死於過度修正（dying of a thousand qualifications）。[76] 依據諸種定義而進行的實證研究失去互相比較的共同基礎，甚至按不同定義而產生的實證性假說也無法被驗證，因為研究者可以通過專就（*ad hoc*）的（再）定義逃避證偽。[77] 關於「教派」的宗教社會學研究曾經百花齊放，但當相關的定義、類型、理論經過幾十年不斷繁衍，到「失控」的狀態，學者之間便無法就此概念的應用對象、層次，有效地溝通（例如，是以個人、還是宗教團體作為單位；是以官方教義作準，還是真實的宗教行為等）。種種理論和實證的難題浮現，終於有社會學家在一九七〇年代初倡議頒佈「停用令」（moratorium），放棄使用「教派」此概念。[78]

當時有一挽救「教派」概念的方案，就是拆解累贅的多層定義，採用單一維度（uni-dimensional）的方法簡化定義，以方便比較驗證。[79] 諷刺的是，其中最有潛質的建議是回歸特爾慈（而不是韋伯）：一個宗教羣體應被歸類為「教會性」、抑或「教派性」，取決於它對周遭社會大環境是「接納」，還是「抗拒」。[80] 可是，以「接納／抗拒」作為單一分類判準最後也證明是徒勞無功的。因為，取態不能決定策略；相反，亦不能單從一個宗教團體的社會策略，斷定它的立場是「接納／抗拒」。[81] 特爾慈自己也發現，一個所謂「抗拒」社會的「教派」不一定消極「避世」或者退出社會，它也可以採取侵略性的主動進攻。[82] 而且，任何宗教團體也不是鐵板一塊，很少會一面倒的全盤接納或抗拒主流社會的一切；依此定義，「教會」和「教派」不再是兩個互相排斥的類型，而是任何宗教團體都有不同程度的「教會性」和「教派性」。再者，宗教組織是會因時制宜地調整自己，到底它是「接納/抗拒」社會，不單取決於宗教態度，而需要同時兼顧社會主流的轉向，由最少兩個變數決定。一個宗教的「教會性」/「教派性」不再是「內在」（intrinsic）的特質，[83] 而只能就相對於其身處的大社會而衡量。「教派」也不一定要通過妥協適從，而蛻變成「教會」；卻可反客為主，有機會按它的藍圖成功轉化重塑社會，由次文化晉身領導主流，而當中不必犧牲它的純正性。[84] 無論如何，宗教和社會之間可以有真正的雙向互動，不一定是宗教適應社會，社會也可能遷就宗教；不能因為某宗教團體當下呈現「教會性」，就斷定這完全是宗教向社會妥協的結果。不能只看結果、不問過程，而需要從一個更宏觀的歷史角度敍述宗教與社會的共同演化。[85]

採用對社會的「接納/抗拒」態度作為衡量宗教團體的「教會性」/「教派性」，還會產生一些令人難以接受的概念混亂，違反日常用語和宗教常識。以處於少數地位的美國天主教會為例，相比於當地的新教主流宗派，無論從外到內，她都更具「教派性」而忽然變得不「像教會」（churchly）。[86] 如果在歷史上公認最像教會的「教會」，都要比新興的「宗派」還要「教派」，「教派性」這個概念還有何實用意義？！同時，由此可見，關於「教派」的宗教社會學研究，難以維持其標榜客觀的價值中立，而必然牽涉神學判斷，且要顧及宗教人士的自我認知。[87] 事實上，自從特爾慈引入「妥協」和「適從」這些判準開始，「教會」和「教派」這兩個原來是社會學解釋性的實證概念，就沾染價值評估的元素。[88] 因為，何謂「妥協」顯然言人人殊；這種判斷不是中性或客觀的，而必然夾雜好壞對錯的評價，受基督教神學或世俗主義的意識型態左右。[89]

今天不少人隨便拋出「教派」和「教派主義」這些概念，對它們的前世今生卻一無所知。原來曾幾何時，「教會」、「宗派」所代表的「妥協」才是罪大惡極、最被神學家所鄙視；例如，尼布爾視美國的「宗派主義」，為教會被世界征服的罪證，宗派成為其代表的階級利益的應聲蟲。[90] 然而，現在政治風向逆轉，「教派主義」卻成為未經審判，就安插給基督徒的最大罪名。

註釋

1. Jean Bethke Elshtain, "Christian Contrarian," *Time* 158/12 (17 Sep 2001): 76～77；所謂"To be contrary"一般被理解為「為反對而反對」，其實是貶詞。另外，中文讀者或有所不知，同月，在另一份雜誌，侯氏被形容為美國最不自覺地「爛口」的大學教授（the only unself-conscious foul mouth in the professoriat），其言語市井粗鄙，也是眾所周知的。Mark Oppenheimer, "For God, Not Country: The un-American theology of Stanley Hauerwas," *Lingua Franca* 11/6 (September 2001): 36～43。
2. Stanley Hauerwas, *Hannah's Child: A Theologian's Memoir* (Grand Rapids, MI: William B. Eerdmans, 2010), ix.
3. Stanley Hauerwas and William H. Willimon, *Where Resident Aliens Live: Exercises for Christian Practice* (Nashville, TN: Abingdon Press, 1996), 12.
4. 侯氏被標籤為「不忠於美國」（un-American），甚至是早於他反對反恐戰爭之前就出現。上引的一篇雜誌文章，甚有挖苦諷刺意味，即為一例：Oppenheimer, "For God, Not Country"。
5. 我在文章標題選用余德林博士發明的「流別主義」，目的是「陌生化」、「問題化」此概念。內文則順應批評者的習慣沿用「教派主義」。
6. 見 Hauerwas et al., *Where Resident Aliens Live*, 11～12；Stanley Hauerwas, *The Peaceable Kingdom: A Primer in Christian Ethics,* 2nd ed. (London: SCM Press 2003 [1993]), 152 ～ 153；*In Good Company: The Church As Polis* (Notre Dame, IN: University of Notre Dame Press, 1995), 51～53。
7. 見 Charles Pinches, "Hauerwas and Political Theology: The Next Generation," *Journal of Religious Ethics* 36/3 (2008): 513～542。

8. 梁家麟：《少數派與少數主義：中港教會評論集（二）》（香港：建道神學院，2002），頁 1 ～ 54。在此未能深入論證梁家麟和侯活士的神學立場，會否只是貌合而神離。不過，梁家麟主張的少數主義，不是出世、避世、厭世的（頁 25），侯氏的神學亦非如此。值得繼續探討的是，梁家麟的文章破多於立，他批評教會以扮演社會良知、文化更生者、政治守望者自居，是自我膨脹的多數派心態（頁 8、12 ～ 13），與侯活士對君士坦丁主義的批判，或有異曲同工之妙。但對於教會的所是所由，梁家麟只提出兩點，且留下許多空白：維繫上帝子民的獨特身分，和實踐主要（惟一？最優先？）的福音使命（頁 53）。他對福音使命的理解是「使非基督徒成為基督徒」，但侯氏則會強調教會的使命是「使人作門徒（而非單單信徒）」。再者，梁家麟當年對所謂「前衛」民主派基督徒的批判，似乎今天更適用於被標籤為「宗教右派」的信徒；當時他曾聲稱歡迎世界的世俗化（頁 53），勉勵教會要甘於寂寞、在主流文化上「棄權」（頁 42），但他現在似乎對抗衡社會世俗化、爭奪公共話語權的文化戰爭策略非常友善、甚至同情。
9. 比較 Hauerwas, *In Good Company*, 58。
10. 必須澄清，並不意味，**不以**教會為中心的基督教神學，或者非基督教神學，就一無是處。基督教神學相比它們，沒有先天的優越性，甚至可能還要向它們學習。
11. 這種哲學困難在中英文翻譯之間已經表露出來：“being”有時需要被詮釋為“becoming”（成為），才勉強能被中文讀者理解。
12. 參 John B. Thomson, *Living Holiness: Stanley Hauerwas and the Church* (London: Epworth, 2010)。
13. Douglas John Hall, *Confessing the Faith: Christian Theology in a North American Context* (Minneapolis, MN: Augsburg Fortress, 1998), 101 ～ 104.
14. 參 John Howard Yoder, *The Original Revolution: Essays on Christian Pacifism* (Scottdale, PA: Herald Press, 1972), 121；Hauerwas, *The Peaceable Kingdom*, 106。
15. 禤智偉：〈教會何以另類？超越社會實在論的教會觀〉，載《教會不成教會》，鄧紹光編（香港：基道，2012），頁 25 ～ 62。
16. 下文採用的框架受一篇博士論文所啟發，但我的選材和焦點與其略有不同。Douglas C. Gay, " A Practical Theology of Church and World: Ecclesiology and Social Vision in 20th Century Scotland " (Unpublished PhD dissertation submitted to the University of Edinburgh, 2006), 8。

17. Stanley Hauerwas, *Christian Existence Today: Essays on Church, World, and Living in Between* (Durham, NC: Labyrinth Press, 1988), 54; *A Community of Character: Toward a Constructive Christian Social Ethic* (Notre Dame, IN: University of Notre Dame Press, 1981), 91; *The Peaceable Kingdom*, 100～101.
18. Gay, " A Practical Theology of Church and World, " 15.
19. 參 Stanley Hauerwas, *After Christendom?: How the Church Is to Behave If Freedom, Justice, and a Christian Nation Are Bad Ideas* (Nashville, TN: Abingdon Press, 1991), 8；Hauerwas, *In Good Company*, 33 n.4。
20. 參 Robert W. Jenson, " The Hauerwas Project, " *Modern Theology* 8/3 (1991): 293。
21. Hauerwas, *The Peaceable Kingdom*, 101.
22. Hauerwas, *Christian Existence Today*, 17; *The Peaceable Kingdom*, 97.
23. Hauerwas, *Christian Existence Today*, 7; John Howard Yoder, *The Priestly Kingdom: Social Ethics As Gospel* (Notre Dame, IN: University of Notre Dame Press, 1984), 11.
24. Stanley Hauerwas, *Sanctify Them in the Truth: Holiness Exemplified* (Edinburgh: T&T Clark, 1998), 192.
25. Hauerwas, *The Peaceable Kingdom*, x, 101.
26. Hauerwas, *The Peaceable Kingdom*, 99, 102, 111ff; *In Good Company*, 22.
27. Stanley Hauerwas, *Against the Nations: War and Survival in a Liberal Society* (Notre Dame, IN: University of Notre Dame Press, 1992), 42.
28. Hauerwas, *In Good Company*, 26.
29. Hauerwas, *The Peaceable Kingdom*, 105.
30. 參 Stanley Hauerwas and Samuel Wells, eds., *The Blackwell Companion to Christian Ethics* (Oxford: Blackwell, 2004)。
31. 關於社羣倫理和社會倫理的分別，參 Stephen Charles Mott, *Biblical Ethics and Social Change* (Oxford: Oxford University Press, 1982), 34～37。
32. 參 Mott, *Biblical Ethics and Social Change*, 131, 133。

33. Hauerwas, *The Peaceable Kingdom*, 95.

34. 見 Hauerwas, *In Good Company*, 21；*The Peaceable Kingdom*, 100。

35. Hauerwas, *After Christendom?*: 45ff。侯活士後來「收回」或「修正」這個講法：「公義」不可能是「壞主意」（bad idea），因為公義根本不是一種觀念。見 Stanley Hauerwas, *Performing the Faith: Bonhoeffer and the Practice of Nonviolence* (Grand Rapids, MI: Brazos Press, 2004), 231。

36. 參 Hauerwas, *The Peaceable Kingdom*, 104 ～ 105。

37. 比較 John Howard Yoder, *The Politics of Jesus: Vicit Agnus Noster* (Grand Rapids, MI: William B. Eerdmans, 2010), 153 ～ 154。

38. Hauerwas, *The Peaceable Kingdom*, 101.

39. Stanley Hauerwas, "Will the Real Sectarian Stand Up?," *Theology Today* 44/1 (1987): 90; *A Community of Character*, 73.

40. Hauerwas, *After Christendom?*, 14; "Will the Real Sectarian Stand Up?," 93.

41. Hauerwas, *A Community of Character*, 74, 86.

42. Hauerwas, *In Good Company*, 6。侯活士故意採用眾數"goods in common"的說法，而非一般政治神學/政治哲學常用單一的「共善」（Common Good）。原因是「善」似乎不是由人的協商共識裁定的，而是上帝自己；只有一位是善，也只有一位知道何為善。至於在日常生活之中各種具體的、物質的、無形的、人際的必需品，以及可以令共同生活更富盛的元素，則屬政治商議的範疇。侯活士在此不是武斷地重訂何謂政治，而是追溯到亞里士多德所探討的希臘城邦政治傳統。

43. Hauerwas, *In Good Company*, 6；另參 Arne Rasmusson, *The Church as Polis: From Political Theology to Theological Politics As Exemplified by Jürgen Moltmann and Stanley Hauerwas* (Notre Dame, IN: University of Notre Dame Press, 1995)。

44. Gay, "A Practical Theology of Church and World," 19, 23.

45. James M. Gustafson, "The Sectarian Temptation: Reflections on Theology, the Church and the University," *Proceedings of the Catholic Theological Society of America* 40 (1985): 87.

46. 例如 Stanley Hauerwas, *A Cross-Shattered Church: Reclaiming the Theological*

Heart of Preaching (London: Darton, Longman and Todd, 2010), 154。

47. 參 Terrence P. Reynolds, "A Conversation Worth Having: Hauerwas and Gustafson on Substance in Theological Ethics," *Journal of Religious Ethics* 28/3 (2000): 395～421。

48. Max Weber, "Protestant Sects and the Spirit of Capitalism," in *From Max Weber: Essays in Sociology,* ed. H. H. Gerth and C. Wright Mills (New York: Oxford University Press, 1946 [1906/1920]), 302～322；Ernst Troeltsch, *The Social Teaching of the Christian Churches* (London: George Allen & Unwin, 1931 [1911])；Richard Niebuhr, *The Social Sources of Denominationalism* (New York: Henry Holt and Company, 1929)。留意三者在英語世界出現的時序是倒轉的，因此尼布爾對「教派」的理解主導了後來神學界對此的認知，反而對韋伯的原意幾乎一無所知。

49. Williams H. Swatos, Jr, "Weber or Troeltsch?: Methodology, Syndrome, and the Development of Church-Sect Theory," *Journal for the Scientific Study of Religion* 15/2 (1976): 133.

50. Swatos, "Weber or Troeltsch?," 130～132。神學界對「理想型」的濫用，近乎一種長期病患、或者上癮。韋伯的「理想型」是解釋性（explanatory），而不是詮釋性（interpretive）的；理想型方法（ideal-typical method）也不應與類型學（typology）或者分類學（taxonomy）混淆。

51. Troeltsch, *The Social Teaching of the Christian Churches*, 338～339.

52. 學術界一直忽略「神祕性」宗教行為對特爾慈的重要性。參 Duane K. Friesen, "Normative Factors in Troeltsch's Typology of Religious Association," *Journal of Religious Ethics* 3/2 (1975): 273～277。

53. 特爾慈的歷史主義，與當時德國新教自由主義神學一脈相承：個別的宗教事件不能脫離其他歷史事件的脈絡和因果規律，宗教的真理宣稱更加不能豁免接受歷史科學的驗證。相對於所謂「教條式」的神學方法（dogmatic method），特爾慈的「歷史式」方法將基督信仰徹底地「脈絡化」（contextualized）。聖經所記載關於耶穌的事迹，不能當為信仰的絕對基礎，而首先需要借助歷史科學把握當時的社會處境來詮釋，並同時接受歷史科學的檢視。基督信仰的真確性和優越性，最終要與其他宗教通過歷史科學的比較而證成。參 Euan Cameron, *Interpreting Christian History: The Challenge of the Church's Past* (Oxford: Blackwell, 2005), 177 ～ 182。

54. Troeltsch, *The Social Teaching of the Christian Churches*, 39 ～ 40, 50, 61.
55. 參 Troeltsch, *The Social Teaching of the Christian Churches*, 1013。
56. 這個劇本的母題圍繞超越性和內在性、超歷史的絕對性和歷史性之間，永恆的角力拉扯。James E. Dittes, "Typing the Typologies: Some Parallels in the Career of Church-Sect and Extrinsic-Intrinsic," *Journal for the Scientific Study of Religion* 10/4 (1971): 377, 378 ～ 379。
57. Troeltsch, *The Social Teaching of the Christian Churches*, 999.
58. Troeltsch, *The Social Teaching of the Christian Churches*, 55, 59.
59. 對特爾慈而言，所謂「倫理」本身就是如何將理想接連（relate to）現實，任何抽象的倫理一旦被具體化（embodied）就已經是一種妥協、讓步或犧牲（compromised）。參 Arne Rasmusson, "Historicizing the Historicist: Ernst Troeltsch and Recent Mennonite Theology," in *The Wisdom of the Cross: Essays in Honor of John Howard Yoder*, ed. Stanley Hauerwas, Chris Huebner, Harry Huebner and Mark Thiessen Nation (Grand Rapids, MI: William B. Eerdmans, 1999), 221 ～ 222, 225。
60. Troeltsch, *The Social Teaching of the Christian Churches*, 1001.
61. Troeltsch, *The Social Teaching of the Christian Churches*, 329 ～ 330, 333, 340 ～ 341, 993 ～ 995.
62. Troeltsch, *The Social Teaching of the Christian Churches*, 1009.
63. Troeltsch, *The Social Teaching of the Christian Churches*, 334 ～ 335, 338, 1008.
64. Troeltsch, *The Social Teaching of the Christian Churches*, 32, 1007。雖然特爾慈明顯偏好「教會式」多於「教派式」的基督教，但不表示他認為前者足以幫助基督教應對現代社會的危機（城市化、工業化、世俗化、個體化等），理由是昔日中世紀基督教王國的國教模式，已經因為時移勢易而一去不返。教會類型相對教派類型的優越性也需要被歷史進程「相對化」。參 J. Alexander Sider, *To See History Doxologically: History and Holiness in John Howard Yoder's Ecclesiology* (Grand Rapids, MI: William B. Eerdmans, 2011), 73 ～ 74。

65. 參 Sider, *To See History Doxologically*, 78～80。
66. 參 Benton Johnson, "Church and Sect Revisited," *Journal for the Scientific Study of Religion* 10/2 (1971): 125。
67. Dittes, "Typing the Typologies," 375.
68. Eyal Regev, "Were the Early Christians Sectarians," *Journal of Biblical Literature* 130/4 (2011): 772。比較 Troeltsch, *The Social Teaching of the Christian Churches*, 331～339。
69. 參 Dittes, "Typing the Typologies," 380。
70. James A. Bedford, "Religious Organization," *Current Sociology* 21/7 (1973): 92.
71. 尼布爾將特爾慈的第三類型剔除，並把「教派」和「教會」看成為一個連續光譜的兩端，而非兩個獨立排斥的類型。
72. Dittes, "Typing the Typologies," 380; Erich Goode, "Some Critical Observations on the Church-Sect Dimension," *Journal for the Scientific Study of Religion* 6/1 (1967): 70.
73. Bedford, "Religious Organization," 96.
74. Goode, "Some Critical Observations on the Church-Sect Dimension," 70; Bedford, "Religious Organization," 13, 99; Benton Johnson, "On Church and Sect," *American Sociological Review* 28 (1963): 541.
75. Goode, "Some Critical Observations on the Church-Sect Dimension," 70; Dittes, "Typing the Typologies," 381.
76. 參 Bedford, "Religious Organization," 97；Johnson, "Church and Sect Revisited," 126。
77. 參 Allan W. Eister, "Towards a Radical Critique of Church-Sect Typologizing," *Journal for the Scientific Study of Religion* 6/1 (1967): 86, 88。
78. 見 Bedford, "Religious Organization," 96。當「教派」概念被實在化（hypostasized），社會學者的精力花在修繕相關的類型學、斟酌定義，而不是用以推動對宗教的實證研究、以建構通用理論，就已經開始本末倒置，這個概念成為了學術負資產；由於種種原因，到一九八〇年代之後，它在社會學學術期刊的相關論文幾乎絕迹。部分原因是特爾慈整個類型學太過受基督教的過去約束，帶有歐美中心主義的包袱，無助建立成為普遍通用的宗教社會學理論；而且，學者對「教派」的研究興趣，很快就被「新宗教運動」此現象所取代。

79. Eister, "Towards a Radical Critique of Church-Sect Typologizing," 86; Dittes, "Typing the Typologies," 381.
80. Johnson, "On Church and Sect," 542.
81. Eister, "Towards a Radical Critique of Church-Sect Typologizing," 88.
82. Troeltsch, *The Social Teaching of the Christian Churches*, 379 ～ 380, 1011.
83. Johnson, "On Church and Sect," 543.
84. Johnson, "Church and Sect Revisited," 129 ～ 130.
85. 參 Johnson, "Church and Sect Revisited," 131。
86. Johnson, "On Church and Sect," 546; "Church and Sect Revisited," 132.
87. 參 Johnson, "Church and Sect Revisited," 136 ～ 137。
88. Eister, "Towards a Radical Critique of Church-Sect Typologizing," 87.
89. 參 Bedford, "Religious Organization," 104。宗教研究是否能完全避免神學判斷，做到價值中立，仍然是社會科學學者爭論的問題。另參 Johnson, "Church and Sect Revisited," 136 ～ 137。
90. 見 Niebuhr, *The Social Sources of Denominationalism*, 21 ～ 25。尼布爾完全依賴特爾慈對「教派」的社會分析，卻持相反的價值判斷。尼布爾雖然同意，福音的理想要被實現，就不能不妥協；但不因為妥協是必然之惡，於是就不罪惡（lesser evil is still evil）。Niebuhr, *The Social Sources of Denominationalism*, 4 ～ 5。早期尼布爾的立場似乎傾向同情「教派主義」，他認同教會要「對抗」世界，因為世界往往是敵擋教會的。他關注的不是教會如何可以「入世而不屬世」，而是擔心教會太適從世界，令世界入了教會。Richard Niebuhr, "The Question of the Church," in *The Church Against the World*, ed. Richard Niebuhr, Wilhelm Pauck, and Francis Miller (Chicago: Willett, Clark & Co., 1935), 1 ～ 13。這種語調與後來他批評「基督抗拒文化」(Christ Against Culture)的類型甚有出入。參 Richard Niebuhr, *Christ and Culture* (New York: HarperCollins, 2001 [1951]), 45 ～ 82。關於前期和中期尼布爾神學立場的演變，參 Richard Wightman Fox, "H. Richard Niebuhr's Divided Kingdom," *American Quarterly* 42/1 (1990):

93～101；Jon Diefenthaler, "H. Richard Niebuhr: A Fresh Look at His Early Years," *Church History* 52/2 (1983): 172～185。

5.

侯活士——流別主義者？（下）*

一、誰是教派主義者？

既然上文總結，「教派」是一個過度負載（overloaded）價值判斷和理論前設的社會學概念，幾乎不能再用（unusable），當侯氏的老師吉達臣（James M. Gustafson）採用「教派主義」作為對其他神學家的批評，又可以是甚麼意思？[1]

吉達臣批評侯活士是一種「教派主義誘惑」（sectarian temptation）的代表人物——另外被點名的還有林伯克（George Lindbeck）[2]——意思是侯活士為了保存基督教的歷史獨特個性（historical identity）和不受世俗污染的純全性，不惜讓他的神學與其他信仰以外的批評割裂絕緣。吉達臣承認，對於自覺被世俗社會重重圍困（beleaguered）、不斷被融入主流的西方基督徒而言，如果能夠讓他們重建自我形象，再次與信仰傳統連接，無疑是極具吸引力的，但他始終認為以此換取基督教的整全性（integrity）代價太

---

* 本文的節錄版〈侯活士的公共神學〉曾載於陳家富、張慧嫈編：《當神學家遇上政治——有關政治參與的十堂課》（香港：德慧文化，2014），頁88～101。承蒙德慧文化授予使用該文版權，謹此致謝。

大，因為會令教會進一步退出社會振振有詞。吉達臣澄清，他不是直接批評侯活士擁抱信洗派（Anabaptist）的教派主義教會觀（雖則侯活士有此嫌疑），而是主要因為侯氏將神學和其他世俗的文化、學問等分隔，**就如**教派主義者要從世界中抽離自己一樣。[3]

吉達臣總共為侯活士羅織了三條罪狀：（一）教會論的「教派主義$_1$」，或分離主義（schism）的嫌疑；（二）社會學、社會倫理的「教派主義$_2$」，或部落主義；（三）神學、倫理學、知識論的「教派主義$_3$」，或唯信主義。這款「三合一」的教派主義標籤，是專為侯氏度身訂造的。當中全新發明的第三項，神學上的「教派主義」，才是吉達臣針對侯氏最核心的批評。[4] 至於第一、第二項，雖是新瓶舊酒，卻不可或缺，因為它們可以加強第三項的説服力。吉達臣不需要明確界定「教派主義」，只要在「點數上擊倒」對手就夠。

其實，**就算**三項罪證都成立，可以構成甚麼罪名？標籤不能取代論證，**即使**「教派主義」又何罪之有？[5] 吉達臣之所以能夠將「教派主義」當為不證自明的貶義詞（pejorative）來中傷侯活士，自動地站於道德高地，將舉證責任全部放在「被告」身上，是因為長久以來，頭兩種即「教派主義$_1$」、「教派主義$_2$」的意義，被基督徒混為一談。「教派主義」是雙重過犯：既分裂教會，又不負責任地退出公共生活，對社會毫無貢獻。尤其是在基督教王國的年代，反對教會和反對社會是同一回事，脱離官方建制教會就等同自絕於人羣，因為教廷與政體重疊。但「教派」的拉丁文字根本身未必帶有貶義，在中世紀的時候，凡分裂教會的都會被判為「異端」（heresy），而不是被控以教派主義。[6]「教派」帶有不容於世、或者欠缺合法性等不獲認可（disapproval）的含義，是只能從建制教會觀點出發才有的判斷；是教會打擊異己的工具，而不會是任何宗教羣體的自我形容詞。[7] 這個源自基督教歷史對「教派」的理解，在現代的世俗民族國家幾乎已經失效，因為若沒有一個與之相對的「國教」作為獨一的宗教權威，就沒有「教派」可言，而最多只剩「宗派」。同時，教會論的「教派主義$_1$」（反對教會、從教會分離）和社會學的「教派主義$_2$」（反對社會、從社會分離），這兩層二而一的意思也自然脱鉤。[8] 吉達臣卻刻意將它們與他新創的第三層意思包裹起來，以收最尖鋭刻薄的修辭效果，令侯活士百辭莫辯。因此，我們需要對此三條罪狀，分開逐點作「法證式」的檢驗，以釐清吉達臣和侯氏之間的爭拗點。

1. 教派主義者會有怎樣的教會觀？

眾所周知，侯活士深受門諾會（Mennonite）神學家尤達（John Howard Yoder）的影響，但不能因為傳統上信洗派被正統教會視為「教派主義$_1$」（即分離主義），就一口咬定侯活士的教會觀是「教派主義」。就此株連之罪，吉達臣完全沒有提出實質的證據，他只是指控侯氏在神學上是「教派主義$_3$」（聖經的敘事對教會的生活有絕對的權威和充分的規範力），推論出社會學的「教派主義$_2$」（教會無須對世界負責，或者參與世俗的政治，只須忠於聖經教導而活就夠）；再推斷出，如果侯活士的社會倫理立場是「教派主義$_1$」，他的教會觀就必然是「古典意義的教派主義」（classically sectarian）。[9] 吉達臣心目中「教派主義」的三重意義是有機地連合的。但究竟「古典意義的教派主義」的教會觀是甚麼？侯活士的教會觀又是甚麼？吉達臣沒有具體説明。

首先，無論傳統上的信洗派是否「教派主義$_1$」，現代北美的門諾會都**不是**樣板化的「教派主義$_2$」。就教會型態和自我形象而言，她們更像「宗派」；從社會位置和社會倫理而言，她們在不同程度上都被社會同化、融入主流。[10] 至於，侯活士本人的教會觀，雖然他經常被人質疑將教會形容得「天上有、地下無」，不少人懷疑，完全符合侯活士理想的教會根本在現世不會存在，但侯氏從來論述的對象都是惟一的、上下二千年的普世大公教會。他的教會觀近似林伯克，雖然兩人的概念用語不盡相同，但後者曾一度主張教會應追尋一種「教派主義的未來」（sectarian future of the church），所以值得作為比較。

林伯克形容自己的立場是「社會學上的教派主義」，但他的意思跟吉達臣的「教派主義 $_2$」大有分別。林伯克說的是，教會如果要在一個完全世俗化的世界生存，應該成為一種「具創意、離經叛道的少數派」（creative deviant minority），既勇於抗拒主流，亦不畏懼被排斥；但她不會撤退到自留地（ghetto）、自願種族隔離（self-segregation），因為她還要向世人見證上帝，更會服事身處的羣體。[11]這裏反映出，吉達臣籠統地一概而論，將「反對」世界的價值等同「避世」，是無必要地限制了教會踐行的可能性。[12]就教會論而言，林伯克所謂的「教派主義教會」，其實完全是大公（catholic）和普世（ecumenical）的，而非分離主義的；而且他相信，只有真正的大公教會才可能包容多元和差異，不致令教派主義的離心力量分裂教會。[13]林伯克和侯活士一樣，[14]他們的神學不單單為某一撮自命是被揀選的「真基督徒」而做，更從來不曾煽動其他認同他們的信徒，離開教會、自立門戶、「分別為聖」，斷絕與其他基督徒的對話、來往、團契。[15]簡言之，林伯克和侯活士絕不可能是基督教意義的「教派主義者 $_1$」，他們沒有將自己以及認同他們神學立場的信徒視為惟一、真正的教會。只有在神學和意識型態上，林伯克才最接近吉達臣定義的「教派主義者 $_3$」，因為林伯克堅持福音的排斥性、絕對性、完備性（exclusivism, absolutism, finality）。[16]

除非吉達臣故意混淆視聽，將社會學的「教派主義 $_2$」與教會論的「教派主義 $_1$」等量齊觀，否則，他指控侯活士的教會觀是「古典意義的教派主義」，是子虛烏有的罪名。罪名不成立。

2. 教派不與世俗合流，就等於退出社會？

「教派主義者」在基督徒的用語裏面，原來是指那些破壞教會合一的分離主義者；今天在西方自由民主社會，卻變成基督徒用來指責某些拒絕為現行制度「背書」（underwrite）的基督徒。如果，任何宗教羣體只要稍為有別於主流文化，或是表達一點抗議的聲音，就被打為「教派主義 $_2$」，便會完全扼殺異議的空間，社會就難言有真正的自由、民主。[17] 偏偏，吉達臣就將「不與世界的價值妥協」和「從所有公共事務抽離」、將「不投身民主政治運作」和「對社會不負責任」混同（conflate）。

吉達臣的所謂社會學上的「教派主義 $_2$」，是充滿未經論證的神學和政治偏見，卻又同宗教社會學家所研究的教派現象大相逕庭。前文對特爾慈的理論考究已經清楚展示出，他視「教會」和「教派」為**同樣**正統、忠於信仰的型態，甚至兩者相輔相成；雖然，他又認為前者比後者有優勝之處。後來的社會學者（以及某些神學家）大致跟從特爾慈的分析，卻得出不同的判斷，「教會」被視為保守、親建制，「教派」則反而代表平等主義，以及弱勢社羣；後者更往往是社會創意和改革力量的泉源。換言之，社會學對「教派」的評價也不是中性的，反而是正面的；而吉達臣則是完全否定。吉達臣先入為主地認為，與大社會對立的「教派主義者 $_2$」一定會厭世、避世，並且對社會毫無貢獻。但社會學家（甚至特爾慈、尼布爾）卻發現：弔詭地，歷史上某些教派追求自我成聖、靈性復興、道德高潔，她們表面上是「非侵略性」（non-aggressive）的，**無意之中**（inadvertently）卻反而比其他主動去改造社會的教派**更有效**影響到社會；被批評為獨善其身的「教派主義 $_2$」被證明也可以是一種「參與」、「貢獻」社會的方式。[18] 這裏暴露出吉達臣的政治狹隘，他能夠想像的參與社會形式，惟有投身政治；相反，凡是批評世俗政治的，就等同從公共撤退。所以，吉達臣無可避免會誤解侯活士的立場，因為他無法理解怎麼可以既否定世界，又不從社會全面退出。

吉達臣對侯活士的批評充滿乞求論點的謬誤，就是將侯氏所挑戰的觀點，作為自己的立論基礎。吉達臣跟從特爾慈（以及後期的尼布爾）的前設，認為耶穌所教導的所謂「極端倫理」是純粹個人性和宗教性的，缺乏一種「社會倫理」，所以侯活士主張教會要做徹底跟從耶穌的門徒（radical discipleship），也一樣無法對社會作出實質的貢獻、具體的獻議。而吉達臣心目中惟一合格的「社會倫理」，是必須要提出整套治理、構造、改革社會的規範；這種從權力掌控者的立場思考如何經營（running）一個國家的視角，卻是侯氏一直質疑的。[19] 侯活士更進而反駁，以國族福祉為依歸的帝國主義，其本質才是最「教派主義」的，因為它將某一羣體狹隘的利益，包裝成普世大同的利益；民族主義才是當今最盛行的部落主義。[20]

更耐人尋味的是，按吉達臣的準則，教會必須全盤參與社會、投身政治，基督徒應該在每個專業都佔一席位，無論他們身處任何崗位、任何羣體都要發揮影響力，若有絲毫的避忌退隱，就已經等同有「教派主義$_2$」的離心。[21] 首先，必須以正視聽：侯活士從來沒有呼籲基督徒避世、隱世，苟安一隅、自養自存；相反，他認為我們根本無處可遁。[22] 所謂從社會「撤退」（withdrawal），究竟教會可以退守到哪裏去？[23] 所以，這類對侯氏慣常的指控是無稽的。基督徒要成為「異類僑居者」，不是要撤退到令自己安全的領土，反而是承認我們被世界包圍；但也不是對世界「嚴陣以待」，而是不顧安危闖入世界，因為當教會忠於自己的使命，她就不可能與世界達成相安無事、互不侵犯的和解。[24] 由始至終，侯活士都要求基督徒要「參與」社會，但是他們必須要以基督徒的身分參與、以教會整體對上主的惟一效忠參與（as Christians and as church），[25] 而不是以個人的雙重身分（先是地上公民、然後才是天國子民）去參與。基督徒面對的選項，不是一刀切對社會文化全盤（wholesale）

的投入肯定，或者全面撤出否定，而是要問「為何」參與、「如何」參與；這是選擇性地、帶著辨識的眼光（discriminatorily）、有差別地參與。[26] 而且，我們不能忽略，在某些處境下，暫時的、有條件的、原則性的抽離、杯葛、棄權、抗議，也算是一種積極參與和明確表態的方式。[27] 換言之，退出的權利是自願參與的可能性條件（condition of possibility），否則所謂「參與」社會的義務，就變相是強制的徵募。而當教會缺乏有所為、有所不為的勇氣，沒有向主流和當權者説「不」的心理預備，就會完全向世界投降。

教會成為另類社會，是要見證出在世俗政治之外原來還有選項（alternative to politics），教會是以想像力服事社會（serve imaginatively）；[28] 教會成為教會和政治參與，不是兩個非此即彼的選項，前者實在是教會參與政治的必要條件。[29] 當基督徒在公共領域活出應有的德性，例如誠信正直（integrity），這種政治見證已經**是**一種參與。對何謂「政治」，世俗社會沒有壟斷的定義權，「教會的政治」是一種對立世俗政治的政治（counter-politics）。社會的政治議程，對教會沒有優先性和決定性；除非我們像吉達臣一樣，相信世界的命運是掌握在世俗的權力中心，因此教會若不出入權力中心、不向當權者喊話、不出謀獻策、不排難解紛，就會不負責任地將鄰舍禍福的話事權拱手讓與其他權力的爭奪者。[30]

吉達臣指控侯活士是社會學意義的「教派主義者 $_2$」，因為侯氏主張教會退出社會，這是純屬虛構的。侯活士真正的罪名，是他不像其他美國基督徒一樣，認為這個國家是屬於他們的（或他們是屬於國家的），所以無論國家是好是歹、或盛或衰，他們都有不可推卸的責任令其制度運作得更暢順、漸臻完備（make it work）；他不願意將教會的命運跟國族的安危捆綁，與之共存亡、同榮辱；他拒絕像其他基督教倫理學家一樣，將國家的利益、民族的福祉視為倫理反省的必然對象；他不肯向美國主義宣誓效忠，因此就迹近「叛國」。[31]

3. 知識論的教派主義才是癥結

吉達臣和侯活士之間最尖鋭的分歧，是關乎神學的本性和基督徒倫理的方法學，對對方立場的誤解也最深刻，雙方都不能從彼此的批評裏面認出自己。

吉達臣將侯活士所講的優先性誤解為絕對的排他性，所以指責侯氏將教會理解為自我圍封囚禁的「文化—語言羣體」（cultural-linguistic community），與其他的羣體（不同的學科、不同的宗教）絕緣，不與之對話、更不接受外來的批評。侯派神學為了不惜一切（for its own sake）維護基督教傳統的特殊個性，變成一種自我複製、自我證成的意識型態，自説自話、過度自我防衛、不斷自圓其説，因此就不能被糾正（incorrigible）。而侯氏的倫理學，過度強調信仰內容的可被理解性（intelligibility）必須植根於羣體和傳統，並限制於羣體的內部成員，因而放棄闡明宗教的道德陳述所具有的真理性憑據（warrant），或者索性將宗教/道德陳述的「真」，簡單化約為對傳統的精確模仿（fidelity）。[32] 所以，吉達臣斷言，侯活士是個維根斯坦式的唯信主義者。[33]

若説侯活士對跨傳統、跨信仰、跨學科的對話不感興趣，甚至視之為不可能，這是明顯與事實不符的。侯氏的著作不少都是與其他持不同立場的學者的交鋒（engagement）；事實上，他個人深信，神學探究必然是跨學科的，甚至他要為經常涉足其他學科而解釋。[34] 侯活士一直所做的，正正是吉達臣責備他沒有做的：主動地挑戰（aggressively interact）基督信仰以外，對世界的不同詮釋方法。[35]

不過，另一方面，侯活士反駁吉達臣，質問對方是否意圖將基督教倫理變成一種「人皆認同的道德」（a morality in which all people can agree），[36] 侯氏也有點不盡不實。因為吉達臣本人並非天真的普遍主義者，認為有所謂「自我立法的理性」（autonomous reason）作為判斷真理的非歷史性基礎，或者道德辨識的共通語言。吉達臣和侯氏之間的實質分歧在於他們的真理觀，特別是關於宗教/道德陳述的真理；而這些論點在侯活士回應吉達臣的自辯中卻未及具體釐清，因此二人就變得有點各說各話。

吉達臣對侯活士的神學進路有兩大憂慮：以聖經敘事作為惟一判準的宗教/道德陳述（一）不能被任何基督教信仰傳統以外的文本、敘事、傳統、權威糾正，因而變得獨斷；甚至（二）不能被其他羣體「翻譯」和理解，而喪失與教外羣體溝通的共同基礎。這就是吉達臣所謂知識論的「教派主義 $_3$」。吉達臣批評，假如聖經成為規範教會生活的獨一文本（the only text），[37] 則整個基督教神學的權威就因循環論證而落空了，亦即神學無法說明它自己的權威性的來源、此來源的基礎及其限制。吉達臣採用的是他稱為「上帝中心」（theocentric）的神學進路，以創造論作為基督教倫理的基礎。[38] 上帝是萬事萬物的主宰，祂通過被造世界的自然秩序去調理、整治人的生活（order life through nature），所以神學的首要任務是辨識上帝在被造世界的行動，而上帝的心意是叫世界邁向美好。由於不少其他世俗學問所探求的，都是同一個被造的世界背後的終極秩序、以及人類的處境，所以神學必須接受被這些學科修訂和改正。[39] 吉達臣無法接受的是，假如上帝只能被教會所理解，則如此的上帝只是為基督徒而存在的神（a Christian God for Christian people），祂就被低貶成只屬於少數人的部落神祇。[40] 吉達臣相信，神學與其他相關學科之間有足夠的重疊（sufficient overlapping），足以令他們就共同關注的道德議題，例如人類社會達致幸福的條件等，進行有裨益的積極對話。[41] 換言之，吉達臣所追求的並非超越所有傳統、普遍有效的理性憑據作為道德判斷的基礎，而是相信透過讓彼此衝突的敘事之間的競爭對壘，或者可以稍稍擠近（edge closer）神聖的心意。[42]

侯活士對吉達臣的批評不明所以，因為二人就信仰真理的立場是不可共量的。可是，侯氏對此或要負較大的責任，因為他甚少清楚講明他的神學的形而上學基礎和論據。[43] 特別就神學的敘事性質，侯活士就解釋得不夠，於是當他強調基督信仰的宣認（Christian convictions）是「自我指涉」（self-referential），批評者就容易誤解為「自我證成」（self-justifying）。可是，只要侯活士願意重申他的反基礎主義（anti-foundationist）出發點，就有助澄清聖經敘事的倫理功能**並非**一般知識論意義的「基礎」（foundation / ground），因為聖經文本的絕對權威意味了「開放性」，它的權威不能被說故事者操控、擺佈，或據為己有，反而說故事者要被聖經故事的權威所挑戰、管轄；[44] 教會作為說故事者，她自己還未曾完全理解這個故事，這個故事仍然未被教會圓滿地述說。教會作為說故事者，並且作為故事裏的一個角色而被自己所傳承的敘事所模塑，她賴以生存的聖經敘事也是開放的，它本身有足夠的內在多元性去容納內部的批評（internal critique）；[45] 而且教會的認信不但有自我批判的能力，更加是能夠被挑戰和推翻的（defeasible）。因為這個敘事本身有真理陳述（truth claim）的特質，同時又是建構實在的（reality-making）。[46] 換言之，教會敘事的真確性可以從被它所構成的羣體的品性去衡量，對聖經故事最嚴峻的測試就是它塑造出一羣怎樣的人。[47] 而這個忠誠地根據此敘事而活的羣體，他們的踐行所依據的世界觀有機會被證偽。例如，根據耶穌是歷史的主宰的認信而活，所產生的「果實」（fruits）將會受到嚴厲的考驗和面對災難性的挫敗，**假如**這個關於存有實相的陳述原來是假的；相反，**假如**這個敘事/陳述是真的，而教會（因諸種原因）沒有完全忠誠地據此而活，也會在踐行的時候產生可見的、公開的實質差別。[48]

因此侯活士難以理解，亦無法接受的，是吉達臣賦予非信仰的權威有凌駕性的真理地位（overriding veridical status），[49] 因為吉達臣只強調神學要接受其他學科的改錯，但從未提到神學如何可以（甚至應該）去挑戰、更正其他的學科。吉達臣批評侯氏令神學免疫於被其他學科的檢驗，但在他的論述裏面卻永遠只見到神學要單向地向其他學科屈服（yield to）的壓力。若說不同的敘事要通過對話互相糾正，為甚麼總是教會被世界修改，而不是世界也要向教會學習？[50] 因此，侯活士認為吉達臣不必要地將問題提升到「真理本身」（truth as such）的形而上層次；而侯氏主張，當神學的真理陳述和其他學科有衝突的時候，應該個別地、逐個地檢視（this or that truth claim），[51] 才能定斷誰是誰非，而不能像吉達臣一樣預先地、全盤地將信仰臣服於其他信仰以外的判準的管制之下（subject to）。[52] 侯活士從不否認神學需要與其他學科對話，接受它們的質疑、並主動回應（receptive and responsive），神學往往能夠從批評之中得益（learn from）、在對辯之中得到啟發滋長，但他看不到為甚麼神學論述的權威性必須由信仰以外的權威來證立（external justification）。

侯活士承認，信仰/神學對世界和人生處境的認知方式（way of knowing），與其他信仰以外的學科或許截然不同（radically distinct），[53] 因此他無法像吉達臣一樣滿有信心地相信，神學與其他學科之間必然地有足夠的重疊以達成共識；但不因此彼此的「對話」就完全不可能。關鍵是，侯氏不認為神學與其他學科之間缺乏共量點，或者信仰的敘事不能完整地用世俗的語言被翻譯，就等於切斷了福音的可分享性；因為，「對話」、「翻譯」既非主要、亦非惟一的途徑讓社會上未信的人認識信仰，福音是靠見證、宣道、皈依而被傳揚。換言之，福音不是通過翻譯而被「輸出」，而是透過「邀請」教外人「進入」教會，成為教會的一分子；[54] 見證與皈依不需要溝通過的「共識」做為依據，而只求受眾的轉化。教會的責任不是將信仰「翻譯」成所有人都能明白的語言，而是吸引人主動學習教會的語言；重生得救的基督徒就是這樣重頭學習，而成為通曉兩種「語言」的人（bilingual），但不代表他們一定是熟練的即時傳譯員。[55] 根據侯活士的真理觀，惟一認識耶穌的方法，就是跟隨耶穌。只有先成為門徒、品性被福音訓練過的人，方可能「理解」福音的內容、神學的陳述；[56] 沒有委身和效忠的就不是真理，而只是頭腦知識。檢驗一個宗教陳述／信念的「真確性」（truth）與考究陳述者／信仰者本人生命的「真誠／誠信」（truthfulness），兩者不可分割。[57]

但這不等於説，基督徒的上帝**只能**在教會裏面才能讓人知道，而是上帝**首先**在教會內主動地與人會遇。弔詭地，只有在教會裏三一上帝才會成為一位能夠不斷挑戰我們、從不放棄我們的「陌生人」，教會作為一個羣體是上帝考驗人對祂的認識的第一試煉場，而且教會是日以繼夜地接受上帝的考驗；但對世俗的人來説，他們雖然不至於對上帝一無所知，但上帝卻畢竟只是個無關痛癢、不帶權威、可有可無、徹底的「陌生人」。[58] 作為基督徒我們不能不認信，無論現實上教會如何糟糕，最堪可體現到（most nearly embodied）耶穌基督所宣示和開啟的新世代、[59] 新創造的，仍然首推教會，而不可能是世界。因為，三一上帝選擇通過以色列和救主耶穌自我啟示，這種對祂的認識在教會以外是難以獲得的（not available elsewhere）。

所以，如果吉達臣覺得侯活士對聖經敘事的尊崇，封閉得令人窒息，難怪侯活士相反會覺得吉達臣的「上帝中心」倫理觀太「薄弱」（thin）。[60] 吉達臣為了挑釁侯氏，甚至故意説：「耶穌不是上帝」。[61] 吉達臣當然不是否定耶穌的神性，而是反對侯活士所謂「獨尊耶穌」（Jesus idolatry）的傾向。[62] 對吉達臣來説，單單忠於耶穌、見證耶穌，並不足以讓基督徒在現代社會生活；無論是基於歷史的耶穌或者聖經敘事的耶穌而建立的基督論，都不足以應對神學家所要處理的道德和社會議題，神學必須以創造論的上帝觀作為根基。[63] 不過，原來位於吉達臣神學「中心」的，卻根本不是聖經中的三一上帝（the God of Scripture）。[64] 對吉達臣而言，聖經的權威固然可以被挑戰（或相對化），聖經的敍事也並非神學惟一的最高權威，神學要向任何可能揭示造物主與萬物的關係的知識來源開放，神學甚至不應該清一色地只運用基督徒術語（Christian terms）言説上帝。結果，吉達臣的上帝中心神學「相對化」（relativize）任何出於人的關於上帝的陳述，包括基督教傳統，即使神學是開展自這個傳統的。[65] 吉達臣的上帝中心主義其實是以人本中心主義（anthropocentrism）作為前設的：人是上帝的認知者，因此人對上帝的認知，必然糾纏於歷史的特殊性和偶發性（particularities and contingencies）。[66] 吉達臣自己並不認為這會導致相對主義，如上所説，他也不是粗疏的普遍主義者，勉強可以説他是某種的歷史主義者（historicist）；而且，他寄望於人能夠通過不同敍事、不同傳統之間的持續對話，從而超越、克服彼此的特殊性限制，發現上帝對人類道德生活的美意。[67] 神學不能自我證成，而必須要在人類的經驗中被確認（confirmed in human experience）。[68]

至此，我們可以看到，侯活士、吉達臣二人就真理、分歧、差異的取態迥異，而且具有哲學家之間就相對主義的論爭的典型格局。吉達臣對侯活士最不滿的，是吉達臣認為侯氏的倫理學會產生令人憂慮的相對主義難題，而且侯氏本人對此彷彿愛理不理。[69] 但事實是，假如吉達臣回應相對主義的方法被證明失敗，就會反證相對主義是不能被駁倒的，助長了相對主義的氣勢，落空的盼望會帶來絕望。[70] 吉達臣誤以為侯活士強調基督徒倫理的特殊性，是向相對主義投降。其實，侯氏是主張：除非我們歸認（own up to）基督徒認信的特殊性，否則永遠不可能達到吉達臣所追求的那種普遍性。[71] 吉達臣所想像的，那種可以將**所有**觀點立場相對化的

「對話」，只會帶來失序和混沌；而當基督徒與其他人進行對話的時候，只能夠帶著基督徒的身分、規範、優次，而不可能懸吊既有的委身和認信。歸根究柢，對吉達臣而言，道德議題的爭執始終是一件壞事、憾事，甚至是一種道德混亂（confusion），所以需要撥亂反正（rectified），及早通過對話達成一致的共識。[72] 吉達臣追求的，是在如此一個道德紊亂破裂的世界，重建秩序；對此目標，侯活士或者沒有太大的異議，他更關注的是目的和手段、主體和客體的關係：怎樣重建秩序？誰重建？重建怎樣的秩序？因為被造世界惟一真正的秩序，就只有是當萬事萬物服從上帝的主權而生發的秩序，而不是任何或外加的、人為的，或內在的、自生的秩序。

基督徒所追求的和平/秩序，不能通過在現世建立一套有共識支持的倫理觀一錘定音地達致，而需要教會自己首先成為一個懂得與差異和平共存的羣體。共識（consensus）是溝通過程或有或無的結果，但不是溝通的目標（*telos*）；共同基礎（common ground）也不是溝通的先決條件，而是溝通的後設成果；所以，不可能為溝通預先設立形而上的條件來保證達到共識。[73] 真正的溝通對話必須是非暴力、非強制性的，尤其是信仰的理據，是不帶脅迫高壓的，不同於理性論證所聲稱令人屈服的説服力（compelling nature），信仰的分享是容許對方有不信的絕對自由，這是見證福音的前提。所以，人與人之間有道德意見的不同，往往就算通過理性對話，也無法説服對方、撫平分歧，故對侯活士來説，那不是值得要在神學或哲學理論上去大費周章，意圖一次過「解決掉」的問題。基督徒首先要學習的，是如何與這種不能被泯除的差異和平共處，以體現出、見證出基督耶穌的和平氣質（peaceableness）。因此，當社會大眾未被福音轉化的情況下，基督徒亦要接受我們的信仰理據對未信的人最多只有有限的説服力。教會之成為另類，不是要標奇立異、刻意與眾不同，而是尊重彼此的差異，教會成為教會，就是為了讓世界可以成為世界，而不是去同化世界。寄取基督教王國的慘痛教訓，侯活士也不會寄望社會全體的大眾歸信（public conversion），[74] 而只會學效上主的無比忍耐，等待世界的回轉。

二、還是宗派主義才是萬惡之源？

吉達臣和侯活士所爭拗的，是在所謂「後國教式」的前基督教社會（post-churchly former Christian society），經歷了歷史主義洗禮的哲學氛圍下做神學的方法，也同時是關於神學所應具有的「公共性」。這個背景賦予「教派主義」一種新的定義和地位，因為與「教派」對立的選項不再是「教會」，而是「宗派」以及「宗派主義」（denominationalism）。[75]

「宗派主義」的神學方法全盤接受當代哲學（包括歷史主義）對基礎主義和理性主義的哲學批判：知識具有脈絡性（contextual），必然經過社會條件的折曲（socially inflected），並受到歷史處境和文化資源的限制（conditioning）。[76] 這種哲學氛圍剛好對應基督教會以「宗派」的制度模式運作的社會狀況：在哲學上，對「確定性」（certainty）的追尋已經被徹底的質疑；而在建制上被剝奪影響力和權威的基督教會，更加無法在社會上贏取大眾臣服於她的真理陳述下；神學需要隨之調節自我形象，它的知識地位（epistemic status）早已大不如前，在學術領域的序次（pecking order）中它不再居眾學科之首，而要仰賴其他或更高層次、或更基礎的學科賜予正當性。當「教會」變成「宗派」，就同時喪失社會認受性（social legitimacy）和知識論的客觀性（epistemological objectivity），[77] 神學也相應要重新為自己定位，不能採用過往居高臨下、惟我獨尊的「國教式」論述方法。

吉達臣的神學立場，意圖在普遍主義和相對主義之間找出路，正好被形容為「宗派主義」；如此才能理解，他作為一個神學家，何以首先關注信仰的真理有否接受應有的挑戰，[78] 並汲汲於要將神學遞交給其他學科驗證。神學要向現實低頭（reconcile to），而現實是它對真理的掌握只是片面不全的。[79] 在一個多元的社會裏面，神學不能再宣稱壟斷真理，但是基督信仰的普遍性（universality）也因此被妥協。宗派主義神學取而代之追求信仰的公共性，或可被理解性：神學的任務不是**從**信仰羣體的獨特性、**為**信仰羣體説話（speaking from / for），而是**向**社會全體説話（talking to the society as a whole）。[80] 宗派主義強調「對話」，所謂「教派主義 $_3$」則被視為只著重「認信」（confessional）。[81] 由是觀之，所謂「教派」相比「宗派」更「像教會」，因為教派和教會一樣不肯就福音真理的普遍性和排他性而妥協。[82]

或許與過去十多年來公共神學（public theology）在英語世界冒起不無關係，宗派主義對教派主義的攻擊，目的在營造神學的公共轉向的必要性；從侯活士的批評者（特別是吉達臣）的論調裏就可以見到。[83] 可惜的是，公共神學的對象/受眾（public）其實是虛構的，所謂「社會全體」只是一種被想像的羣體；以吉達臣為例，他寄望的是在公共論域裏面有足夠數目「講道理」（reasonable）的人，能夠博取到他們的認可，也就是對經過「翻譯」、被褪去基督教色彩的信仰陳述的認可。[84] 宗派主義對「公共性」的渴求，卻反映出它骨子裏並不甘於被邊緣化，對於自己作為少數派的身分流露出不情不願，仍然盼望能夠爭取重新受人尊重的地位。[85] 這是宗派殘留「教會性」思維方式的表徵，也是宗派主義內部矛盾之所在。[86]

神學上的宗派主義到底有怎樣的教會觀？耐人尋味的是，要處理這個問題有相當的難度，因為牽涉概念的糾纏不清。首先，「宗派主義」一詞通常應用於形容：（一）宗派林立的集體現象或生態；（二）基督教會以宗派的型態存在，而且各宗派對自己的身分，無論是從宗教市場、或是基督教歷史的角度，有某種特定的自覺；換言之，宗派主義成為一種意識形態。[87] 但當新教徒（甚至天主教徒）將宗派模式視為理所當然的常態，「教會」和「宗派」此兩個類型就失去了指涉和分辨的功能。證諸於絕大部分宗派的官方命名都自稱為「教會」，「教會」這個稱謂就同時隱藏和揭露了「宗派」的真正本性。[88]

無論是神學方法上、或者組織架構上的宗派主義所產生的神學問題，在美國特別顯著（但不代表在香港沒有出現類似的弊端）。在宗教社會學的領域裏面，自從尼布爾在一九二〇年代引進特爾慈的思路和類型學，長久以來「宗派」都被貶斥為妥協的象徵，是比「教會」更加適從社會主流和建制。宗派主義作為一種意識形態，就是甘心情願地服從公民社會的遊戲規則，讓基督教會以志願團體（voluntary associations）、公民社團（civil corporations）的法律地位生存，以享有宗教自由的權利，並在宗教市場上與其他合法的宗教組織公平競爭。[89] 宗派主義將基督信仰傳統中強調個人回轉歸信、重生得救的「自願原則」（voluntarism），替換成公民社會的「志願主義/義務主義」；即是將教會由天國的子民，變成一班志同道合的人組成的會所。所以，當早期的尼布爾不留餘地指控宗派主義「作惡多端」（evils），[90] 他批評的不單是宗派林立造成的分裂和對立，更加是宗派主義這種意識形態，以及促使它滲入整個美國基督教界的社會條件。尼布爾針對的是宗派主義作為資產階級的意識形態，例如令基督徒以為財富是個人努力和上帝祝福的應得成果。[91] 宗派主義令基督教會在世俗社會裏「如魚得水」、安心當家作主（at-homeness），[92] 信徒對個人幸福的追尋、對大眾福祉的理解，都以階級利益出發來界定，使他們趨向認同、維護社會現狀；各宗派對於能夠在宗教市場自由競爭，更加感恩戴德，不會去動搖、挑戰由國家權力維繫的公民社會規則；國家和教會的利益於是漸漸一致，

再沒有甚麼值得教會去捨身反抗、徹底反對，只要循合法的制度途徑去合理爭取就夠。在美國這個自命的基督教國家，保障「美國人現有的生活方式和水平」（the American way of life）不受侵害，就成為各主要宗派的共同信約。[93]

在這樣的社會條件下，各宗派雖然對自己的制度性地位甘之如飴，但他們的行為卻可以表現得很像傳統意義的「教派1」。事實上，宗派亦未至於完全認同、滿意他們身處的社會環境，以及自己在當中的位置。雖然在多元主義的保障下，他們不會遭受政治迫害，但要面對世俗社會的反抗情緒、冷漠麻木，以及來自其他宗派、其他宗教的競爭等，所以他們要不斷適應現代社會的變遷，滿足大眾的心靈需要以求存。正因為眾多基督教宗派的信仰內容相近，他們之間的競爭可以更加完全不受約束、更無所不用其極，他們互相的排斥攻訐可以特別辛辣。[94] 弔詭的是同行如敵國，實際上他們推銷的，卻差不多都是以不同品牌包裝，或千篇一律、或大同小異的產品和服務，宗派傳統特色愈來愈模糊，會友對宗派的歷史來源和獨特認信一無所知，[95] 宗派只有用其他方法，變本加厲去標榜自己的優越性，形成惡性競爭。當這些無國教之實的大小宗派，表現出「國教主義」（churchism）的霸道行徑，例如任意獨斷地判定其他宗派為異端，將之驅逐出基督的身體（unchurch the others），他們實際上很「教派主義$_1$」，同時也自絕於兩千年的大公傳統；類似的自我孤立、我行我素、剛愎自用的言行，在某些自養自傳的超級堂會就最容易見到。[96]

基督教會宗派化本身不必然成為分離主義的利器，但宗派主義仍亟需被神學審視。說到底，「宗派」這個概念是毫無聖經根據的，雖然嚴格上新約聖經也沒有明文支持任何特定的體制組織。[97] 但無論如何，聖經反對分黨分派，教會的分裂本身是醜聞、恥辱，甚至是極大之罪；宗派主義是對信仰的背叛，因為它將基督身體的四分五裂合理化，視為自然、不以為恥。[98] 可是，對宗派主義的批判不等於要消除或者合併所有的宗派，恢復大一統的局面；地方／地區宗派的多元也可以成為教會合一的工具，有利於拓展宣教事工、在功能上互補，正因為沒有一個宗派能夠宣稱自己代表以及承繼二千年全體大公教會的信仰資源。所以，在終末來臨之前，或者沒有其他更理想的組織方法可以取代宗派，而不傷害他們各自的歷史、文化、靈性的豐富差異。這些多元差異不但應被尊重，更加值得基督徒歡慶感恩，因為只有肢體的彼此互補才能豐富信仰，教會的多樣性是上主的禮物，而不是需要彌補的瑕疵。[99] 特別是對新教徒而言，永恆的宗教改革才是大公精神的真正體現，不以「教會全體」自居的宗派於是更具「可改革性」（reformability）。[100] 不過，宗派必須秉承大公性，知道自己不是為自己而生，而是為眾教會而生（for the sake of the whole church），他們終極效忠的對象不是自己的宗派；不同宗派的敬拜生活使他們同屬一個基督身體（participating in the life of the Church），宗派是彼此的肢體；宗派必須「有分於」（partake of）、貢獻於教會的合一性（oneness），勉力消除不能在同一個身體共享團契（disfellowship）的制度性障礙，而不是各自為政，更不可互相爭競、彼此攻擊。[101]

所以，「宗派」其實具有「教會」和「教派」的雙重性格，[102] 當宗派以「國教式」的教會身分自居，以少數之實、行多數之義，就反而變得很「像教派」；但當他們安於做社會上的少數、基督身體裏的少數，向全體教會尋索大公性、支取福音的普世性，他們才真正成為教會。後者其實就是林伯克所講「社會學意義」的大公普世「教派」，或者侯活士被誤會為「教派主義」的立場。

我們姑且可以借用尼布爾、吉達臣、侯活士三人的教會觀，再具體說明「教會」、「宗派」和「教派」此三種類型在**神學方法和社會倫理上**的分別。早期的尼布爾對宗派主義深痛惡絕，認為當教會成為一種死氣沉沉、為資產階級服務的機構，就是基督信仰的徹底失敗。信徒必須真正的委身捨己，教會要復興並重新成為「文化主導者」(central cultural agent)、將聖靈灌注於人類的文明；所以，尼布爾明白到必須剷除宗派的門戶之見，讓基督教會成為一種改變社會的「運動/行動」(movement)。[103] 可是，基於世俗社會已經進入「後國教式」的階段，用社會術語講，尼布爾心目中的教會充其量應該只會成為宗派之間團結一致的「進擊型教派」(aggressive sect)。[104]

相對於尼布爾，吉達臣對宗派主義的弊端不但不以為意，甚至以此為其神學的根基。可是，雖然宗派主義自命是一種「後國教式」的神學方法，它的知識論野心已經被大幅度地剪裁而謙遜自限(downsized)，但它的「國教式」思維仍然死而不僵，因為神學的目標變成是要向「全社會」說話。諷刺地，吉達臣認為宗派要成為教會，就要放棄以教會(其他的宗派)作為它首要的對象/公眾(public)；他為了應對世俗的挑戰和公共理性的要求，卻不惜從內裏掏空(undercut)信仰陳述的權威性和確定性。所以，可以說宗派主義是一種以退為進的策略，它最終的目標仍然是想從一種自覺被邊緣化的景況找尋更大的轉圜餘地(maneuver out of)。宗派沒有安分守己地，只做公民社會許可的宗派，卻始終覬覦著「國教式」的光環，或以成為當權者的牧靈導師(chaplain)作為目標。用精神分析學的講法，這種慾念是被長久**壓抑**的，且表現為病態：每當宗派將此慾念付諸實行，它就表現得反而更「像教派」。

侯活士所盼望的教會，只是從大社會的角度而言，才可以被稱為「教派2」；對全體基督教會而言，她是由歷世歷代的地區性宗派和地方堂會構成，同屬一個身體、同一個普世社會。這個「羣體」不可能像吉達臣所擔憂的，像鐵板一塊地向內封閉、自我防衛，因為她的成員之間永遠有著不一致性，**所以**每一個成員都**需**

要對方，她們才能成為一體；每一個成員都要開放自己，接受彼此的挑戰、並被整體挑戰，她們且要將自己的獨特性貢獻出來，以服事、造就、建立、完成全體；她們每一個若不首先與基督教會對話，就不可能成為教會。宗派／堂會這種彼此相依、血脈相聯（interconnectedness）就是她們的「大公性」。[105]

三、教派主義又該當何罪？

侯活士自視為一個大公主義者，絕非「教派主義者」；除非所謂「教派主義」的意思，只是甘願讓教會成為社會上對逆主流的少數。若不能論證到這種立場實際上違背了哪些聖經教導或神學教義，則這個標籤難以構成任何嚴重罪名。然而，新約聖經所記載，特別是福音書所反映的早期教會，又有沒有「教派主義」的傾向？[106] 更何況，基督教會從來都是社會上的少數派，不單初代教會的小羣如是，在現代世俗化社會的大小宗派堂會亦如是，在基督教王國時代的國教式教會更加如是；因為當全民由出生開始都自動成為「名義上」的基督徒，就不能單憑肉眼分辨誰是基督的門徒。[107]

教會作為社會上的少數，絕不意味要離開或者退出社會，這也從來不是侯活士的主張。針對侯氏的指控，其實是不滿他對政治自由主義和自由民主制度苛刻的批判，產生將政治污名化的作用，形成道德壓力、慫恿基督徒對政治敬而遠之。所謂「教派主義」，其實就是指這種對世俗政治輕蔑不屑的傲慢。[108] 可是，退一萬步而言，就算教會真的完全不沾手世俗的黨派政治，對教會、對社會分別而言，會造成多大的傷害、損失？相比教會積極介入政治（無論取態是親建制、或是反建制），又會帶來多一點、還是少一點的禍害？這項罪狀之所以構成罪名，是因為它假設了，遠離政治等於將信仰「私人化」；換言之，惟一令信仰變得「公共」的途徑就是投身政治。侯活士被圍攻，是因為他只懂一味唱衰抹黑(bad-mouth)美式自由民主制度，被指對解決社會的不公義，以及實質的社會問題(例如貧窮)毫無建樹；他鼓吹信徒羣體為了潔身自愛而抽身於討價還價、交易妥協的政治程序，就將維繫民生福祉的決策權讓給(不屬神的)當權者，他的道德潔癖令他棄鄰舍於不顧。[109] 所以，除了以上這些刻板印象之外，對侯活士更深刻的批評是，他反對的不獨是(理論上和實踐上的)自由民主制度，而是任何地上的政治權力制度，因為它們都必然是僭越的、腐敗的、暴力的、無神論的，無法滿足基督信仰尊主為大的要求。[110]

不少論者認為，侯活士對自由主義的窮追猛打已經到了強迫性的執迷程度，他整個神學就幾乎建基於「自由主義」這個他幻想出來的敵人的對立面上；他筆下的「自由主義」成為萬惡之源，未免以偏概全，將整個豐富的自由主義傳統過度簡化，或有「本質化」(essentialization)之嫌。[111] 類似的批評卻有點捉錯用神，因為侯活士明言，他針對的**根本不是**自由主義本身，更不是要推倒它；相反，自由主義(甚至整個自由民主制度)也有它可貴之處，而非乏善足陳。[112] 侯活士反對的不是自由主義社會，而是憂慮教會將自由主義視為真理，基督徒將地上的公民身分放在天國子民的身分之前；他批評的對象**根本不是**世俗社會，而始終首先是教會。或者，積極正面一點説，他鍥而不捨地批判自由主義，用意在於幫助教會在一個被自由主義雄霸的社會上生存，更加為教會應當如何幫助社會克服、緩減自由主義的弊端，鑽研出路(negotiate)。[113]

批評者認為侯活士對自由主義的論述「有破壞、無建設」，無法與其他政治學者展開對話，更加無法就何謂「善治」、如何完善民主制度等的公共討論，有所貢獻。這種擔心卻缺乏事實根據，侯活士與政治學者就民主制度的交鋒切磋從未停止過，甚至當中一位對他的政治神學最猛烈批評的長期反對者，反過來願意為他辯護，認為侯活士根本不是一個教派主義者。[114] 近年侯活士更與一位積極參與社會運動的政治學者高爾斯（Romand Coles）就「基進／徹底民主」（radical democracy）進行深層次的對話；[115] 對高爾斯而言，侯活士和尤達所探討的基督徒德性（特別是對他者開放的脆弱），正正為民主的未來提供了新的亮光。侯活士和高爾斯二人來自不同的信仰、學術、政治背景，但他們持續的互相質詢，本身就已經同時體現出，前者認為基督徒羣體對待差異應有的特質，以及後者認為真正的民主所需的特質。證明侯活士的「教會神學」，的確可以為世俗的政治提供另類的想像，而不是對民主制度毫無建樹，因為代議式民主根本不是惟一／最佳的民主模式。他們的合作和彼此啟發，更加進一步引證了侯氏一貫的主張：教會成為教會，是盼望以另類的踐行和想像力來服事社會，但前提是教會必須有向社會制度說「不」的勇氣。所以，教會需要的不是一套現成的公共神學或者「神學正義論」（theology of justice），而是首先要成為一個活出公義的羣體，以此為社會培育具德性的公民，因為政治的運作需要一些懂得對話和尊重分歧的人。不少論者投訴侯活士這些說法仍然流於空泛的口號和綱領，卻不知他的立場正是反對以抽象、普遍的理論來對教會耳提面命（dictate）；每個基督徒羣體都要按他們對處境和信仰的辨識，通過等候、祈禱、聆聽、商議、鑑別，自己摸索（work out）出實踐信仰的具體方向，不能由神學家或者神學理論代勞；「神學」必須由教會來做，忠信必須由信徒羣體自己活出來。[116]

事實上，侯活士非但沒有勸誡信徒遠離世俗政治，相反他鼓勵信徒「參政」。（在一般情況下）基督徒固然可以行使公民權利在大選中投票，他們也可以加入政府、成為公僕。作為一個和平主義者，他的主要理由是，並非所有的國家功能都牽涉直接使用暴力，所以無須避忌，基督徒更有責任令政權減少依賴暴虐、武力作為管治手段。[117] 再者，基督徒如果因為道德潔癖、厭惡暴力而從世俗政治中撤退，則默認了政治必然地不過是一種經過包裝的暴力手段，基督徒就變相向暴力和罪惡的權勢屈服投降，失掉信心和盼望。[118] 相反，基督徒要見證上主的和平國度，就要示範非暴力的可能性，呼籲社會以企及更崇高的道德理想（aspiration）作為政治運作的規範，免得現實政治的暴虐、欺詐、虛偽、犬儒變得天經地義、不受約束和挑戰，否則光明就不斷被黑暗蠶食。[119] 雖然侯活士沒有直言，但相信他原則上不會完全反對信徒以個人身分參選、上台執政；尤達則甚至說，基督徒可以坐上凱撒的寶座！[120] 不過，侯活士和尤達都強調一個嚴厲的倫理條件：**基督徒必須要以基督徒的身分參政**，而不是一進入公共就卸下他們對上主的絕對忠誠，適從於政治的權謀計算、妥協福音的要求，更不能以「兩害取其輕」來自圓其說「以小惡成大善」。尤達就堅持，位處政權核心和高位的基督徒，不因為他們往往要在公共事務的兩難之間取捨，就比起在其他社會崗位的信徒有更大的回旋空間或藉口，豁免或暫緩遵行耶穌的教導；他們同樣要為忠於所信而冒險，背上自己的十架，並且付上必然的代價，哪怕最終政治前途盡毀。[121]

有侯活士的支持者卻嫌他的立場還「**不夠**教派主義」，假如「教派主義」的意思就是「另起爐灶」、另立社會制度根基，對世俗的權勢採取不合作態度的話。原因之一，是侯氏對世俗的權勢仍然退讓得太多，太願意享受公民的權利，而並未對伴隨的公民責任有足夠的反省、拒絕。投票是最基本的公民權責，但此行為除了意味認受民主選舉制度，同時也間接體現出對民選政權及其行使的國家功能的道德支持（moral commitment），代表願意尊重和服從民主程序的一切政策和議決。[122] 當侯活士為信徒加入政府說項，認為並非所有國家功能都牽涉武力，多少已經有點隱惡揚善，或者將政權運作的暴力本質淡化。他更忽略了政權如何為資本主義服務，而市場經濟的霸權和強制力量，不亞於政權壟斷的有形暴力。[123] 換言之，基督徒不但對政治參與要比侯活士所設想的應有更大戒心，更加要再思他們在經濟領域的參與所牽涉的暴力。不是説我們要完全推翻侯活士的立場，而是要比他更認真看待他所講「以基督徒的身分」在不同崗位參與公共的倫理含義，特別是避免用道德英雄主義的想法，以為憑個人的力量、孤身作戰可以對抗有形的制度、無形的統識（hegemony）。教會要真正成為/擁有屬於自己的社會（the church must be its own society），[124] 在不同生活範疇發展出另類的制度、機構、踐行、習慣、甚至知識學問，[125] 特別是在經濟領域（如何謀生、製造財富、生產價值、僱傭、消費、投資等），否則信徒在社會的見證就變成單打獨鬥，教會只是將天國子民白白輸送給資本主義社會，讓他們的意志被世俗的價值陶造，或者被消磨。

假如在西方世界一個所謂「相對公義」的社會制度裏面，作為基督的門徒尚且要重新思考「教派主義」的重要性、可行性、必要性，在香港這個不倫不類、不中不西，距離真正的「自由、民主、法治」甚遠的社會，基督徒又應該如何組織我們的公共生活，亦即日常生活？意思不是説，在一個腐敗、不義的非民主社會，基督徒就要禁足政治；而在一個民主制度裏面，政治就被正常化，基督徒可以毫無顧忌、放心全面參與。因為無論一個國家是極權、或是民主，它的本質都是一樣的：它對本國人民（以及敵國人民）總是操生殺之權（right to kill）。[126] 也不是説「天下烏鴉一樣黑」。雖然沒有一個政治制度是「最好」的，但基督徒仍然需要辨識「更好/更差」；而當基督徒身處一種「較差」的制度，就更要根據對處境的判斷，尋索「以基督徒的身分」參與社會的倫理意義。

説得更直接，不是任何制度上、社會上、職場上、專業上的崗位都適合基督徒「參與」、「投身」，都同樣可以讓基督徒「經歷」上帝、「榮耀」上帝。過去在香港教會，就算是對從政有所保留的基督徒，也不會反對其他信徒成為公務員；回歸後，教會對政權的戒心更加日漸淡薄。可是，香港特區遺傳了英治殖民地傳統，以通才的「政務官」作為管治團隊骨幹；[127] 再經二〇〇二年引入政治官員問責制，變成了一個非驢非馬的制度。[128] 名義上政治中立的常任制高級公務員，卻要擔當政治任務，向公眾推銷政策、向議會進行遊說等。**當**政治需要凌駕一切，他們被要求為一個沒有民意認受性的管治團隊的個人失德和政策失誤護航擋駕，一個基督徒的首長級公務員有否向上司、向市民大眾説真話的勇氣？[129] 甚至一旦**當**這個制度不再容許公務員説真話，它還是否適合一個基督徒繼續留任？或者，基督徒是否適合加入這樣的政府？

又例如，**當**特區的警察淪為專政機器對付羣眾和異見人士的維穩工具，而不再是為人民服務、保護市民的生命、財產、權利，「以基督徒的身分」當一個盡忠職守的警察有甚麼實質的倫理意義？在此處境下，一個「好」的基督徒（不願意傷害人命），能夠成為一個「好」的警察（被訓練成隨時可以使用致命的武力）嗎？不是説從道德上，基督徒不能當警察，而是要問基督徒倫理的問題：怎樣才是一個「好」的警察？是從上級的命令和讚賞來肯定，還是從基督門徒的身分來界定？[130]

政治層面以外，在其他的公共範圍，香港教會更需要重新思考在「參與」和「退出」**以外**的另類選項，創發屬於自己的營運模式和企業機構，用自己的金錢、按自己的方式、就自己的時間表、服事自己認為最需要幫助的人，否則教會獲政府資助所承辦的社會服務、教育、醫療等，統統都要緊跟朝令夕改的政策調子起舞，即使在基督教機構服務的信徒，所謂以「以基督徒的身分」服事社會就變成自我感覺良好的空談。

假如「教派主義」思維能促成教會作為另類羣體的身分和實

踐，真正的具體化、制度化、社會化，使教會的公共姿態（public gesture）自成一格，並且為信徒在職場的世俗洪流以外另創新天，又有何不可？[131]

註釋

1. 有理由相信，吉達臣不會對宗教社會學的發展一無所知，因為他的弟弟就是研究教派理論的社會學家。Paul Gustafson, "UO-US-PS-PO: A Restatement of Troeltsch's Church-Sect Typology," *Journal for the Scientific Study of Religion* 6/1 (1967): 64～68。
2. James M. Gustafson, "The Sectarian Temptation: Reflections on Theology, the Church and the University," *Proceedings of the Catholic Theological Society of America* 40 (1985): 86。林伯克曾建議，教會的未來有賴於變得更「教派主義」，因而也成為吉達臣的攻擊對象。George A. Lindbeck, "The Sectarian Future of the Church," in *The God Experience: Essays in Hope*, ed. Joseph P. Whelan (New York: Newman Press, 1971), 226～243。
3. Gustafson, "The Sectarian Temptation," 83.
4. 參 Anthony Battaglia, "'Sect' or 'Denomination'? The Place of Religious Ethics in a Post-Churchly Culture," *Journal of Religious Ethics* 16/1(1988): 129。
5. 比較 Stanley Hauerwas, *Christian Existence Today: Essays on Church, World, and Living in Between* (Durham, NC: Labyrinth Press, 1988), 7, 8。
6. "Sect and Sects," [information on-line]; available from the New Advent website (http://www.newadvent.org/cathen/13674a.htm); accessed on 18 Jun 2013。一般以為「教派」的字根有「分割」（*secare*）的意思，但另外也可能來自「跟從」（*sequi*）；而且，即使「分割」亦未必帶有貶義。另參 Allan W. Eister, "Towards a Radical Critique of Church-Sect Typologizing," *Journal for the Scientific Study of Religion* 6/1 (1967): 89 n.4。
7. 參 Ernst Troeltsch, *The Social Teaching of the Christian Churches* (London: George Allen & Unwin, 1931 [1911]), 333～334。

8. Lindbeck, "The Sectarian Future of the Church," 228.
9. 見 Gustafson, "The Sectarian Temptation," 88；另參 84。
10. Rodney J. Swatsky, "Domesticated Sectarianism: Mennonites in the U.S. and Canada in Comparative Perspective," *Canadian Journal of Sociology* 3/2 (1978): 233～244。在美國宗教市場上屬於少數的門諾會有頗強的「宗派」意識；而加拿大的門諾會信徒，由於人口和地理分佈的優勢，則更加發展出以此為家的「本土」(indigenous)意識。當然，不表示這些「宗派化」的現象沒有帶來羣體的內部張力和掙扎。
11. Lindbeck, "The Sectarian Future of the Church," 231.
12. 即使所謂與世界對立的「教派」也有不同的種類和社會策略，社會學文獻裏有豐富的討論。例如 Donald E. Miller, "Sectatrianism and Secularization: The Work of Bryan Wilson," *Religious Studies Review* 5/3 (1979): 164～166。
13. Lindbeck, "The Sectarian Future of the Church," 229, 237.
14. Hauerwas, *Christian Existence Today*, 3.
15. 林伯克將地區教會比喻為「細胞小組」，她每一個成員都同時自動成為普世教會的一分子。不過，他又同時提到教會需要被「淨化」(purified)，這就可能流露出一點「遺民」(remnant)心態。參 Lindbeck, "The Sectarian Future of the Church," 239。
16. Lindbeck, "The Sectarian Future of the Church," 230～231.
17. 參 Benton Johnson, "On Church and Sect," *American Sociological Review* 28 (1963):540。
18. Troeltsch, *The Social Teaching of the Christian Churches*, 802～802; Richard Niebuhr, *Christ and Culture* (New York: HarperCollins, 2001 [1951]), 66～67; Johnson, "On Church and Sect," 546～547.
19. Stanley Hauerwas, *A Community of Character: Toward a Constructive Christian Social Ethic* (Notre Dame, IN: University of Notre Dame Press, 1981), 38～39.
20. Hauerwas, *Christian Existence Today*, 12～13, 18.
21. 參 Gustafson, "The Sectarian Temptation," 91。
22. Hauerwas, *Christian Existence Today*, 6; *Stanley Hauerwas, After*

Christendom?: How the Church Is to Behave If Freedom, Justice, and a Christian Nation Are Bad Ideas (Nashville, TN: Abingdon Press, 1991), 18.

23. 傳統上信洗派往往位處社會邊緣，或多或少是被排擠的結果，而非自願的選擇。參 Stanley Hauerwas, "Will the Real Sectarian Stand Up?," *Theology Today* 44/1 (1987): 91。

24. Stanley Hauerwas and William H. Willimon, *Where Resident Aliens Live: Exercises for Christian Practice* (Nashville, TN: Abingdon Press, 1996), 30.

25. Stanley Hauerwas, *A Better Hope: Resources for a Church Confronting Capitalism, Democracy, and Postmodernity* (Grand Rapids, MI: Brazos Press, 2000), 23; Stanley Hauerwas, *Against the Nations: War and Survival in a Liberal* Society (Notre Dame, IN: University of Notre Dame Press, 1992), 1.

26. Hauerwas, *Christian Existence Today*, 11, 14; "Will the Real Sectarian Stand Up?," 87.

27. John Howard Yoder, "How H. Richard Niebuhr Reasoned: A Critique of *Christ and Culture*," in *Authentic Transformation: A New Vision of Christ and Culture*, ed. Glen H. Stassen (Nashville, TN: Abingdon, 1996), 70 ~ 71。以「杯葛」作為「參與」的手段選項，在香港也有實例，參鄧紹光、劉振鵬、禤智偉：〈基督徒應否參與小圈子選舉？——神學反省與教會實踐（下）〉，《時代論壇》第1256期，2011年9月25日，頁13。

28. 參 Hauerwas, "Will the Real Sectarian Stand Up?," 89 ~ 90。

29. 參 Nigel Biggar, "Is Stanley Hauerwas Sectarian?," in *Faithfulness and Fortitude: In Conversations with the Theological Ethics of Stanley Hauerwas*, ed. Mark Thiessen Nation and Samuel Wells (Edinburgh: T&T Clark, 2000), 160。

30. 參 Gustafson, "The Sectarian Temptation," 91；另參頁88、92。吉達臣不斷強調，對世界負責任的惟一方法，就是投身於公共/政治的艱難抉擇（ambiguities of public choices），並從中辨識上主在世界的作為。他堅持上主對萬物行使主權，但至於如何從被造的自然秩序間接地發現上主的心意，再運用在社會和政治領域的實踐，他沒有交代。

31. 參 Hauerwas, *A Better Hope*, 23 ~ 24。

32. Gustafson, "The Sectarian Temptation," 86 ~ 89.

33. 神學界長期地誤讀、濫用維根斯坦的哲學著述（特別是關於「語言遊戲」此比喻），因而出現了所謂「維根斯坦式的唯信主義」這種廉價的指控。參 Michael W. Nicholson, "Abusing Wittgenstein: The Misuse of the Concept of Language Games in Contemporary Theology," *Journal of Evangelical Theological Society* 39/4 (1996): 617～629。
34. 見 Stanley Hauerwas, *Wilderness Wondering: Probing Twentieth-Century Theology and Philosophy* (Oxford: Westview Press, 1997), 6；*Christian Existence Today*, 1。
35. Gustafson, "The Sectarian Temptation," 90; Hauerwas, *Against the Nations*, 7.
36. Hauerwas, *Christian Existence Today*, 16.
37. Gustafson, "The Sectarian Temptation," 87.
38. James M. Gustafson, *Ethics from a Theocentric Perspective* (Chicago: University of Chicago Press, 1981); "The Sectarian Temptation," 88.
39. Gustafson, "The Sectarian Temptation," 92～93.
40. Gustafson, "The Sectarian Temptation," 92.
41. Gustafson, "The Sectarian Temptation," 92；另參 Terrence P. Reynolds, "A Conversation Worth Having: Hauerwas and Gustafson on Substance in Theological Ethics," *Journal of Religious Ethics* 28/3 (2000): 402。
42. 參 Reynolds, "A Conversation Worth Having," 404；比較 Gustafson, "The Sectarian Temptation," 89。
43. 參 Robert W. Jenson, "The Hauerwas Project," *Modern Theology* 8/3 (1991): 293～294。
44. 參 Hauerwas, *Christian Existence Today*, 8～9。
45. Hauerwas, *Christian Existence Today*, 20 n.8.
46. Hauerwas, *Christian Existence Today*, 102, 108; *A Community of Character*, 91; Stanley Hauerwas, *The Peaceable Kingdom: A Primer in Christian Ethics*, 2nd ed. (London: SCM Press 2003 [1993]), 164 n.19.
47. Stanley Hauerwas, *Truthfulness and Tragedy* (Notre Dame, IN: University of Notre Dame Press, 1977), 35; Hauerwas, *Christian Existence Today*, 10.
48. 實際上，無論要證成、或者證偽宗教陳述都不是容易的事，參 Hauerwas,

Against the Nations, 6。侯活士的真理觀，也並非簡單的美式實效主義（American Pragmatism）；比較 Battaglia, "'Sect' or 'Denomination'?," 133。侯氏的立場近似所謂「終末式的證成」（eschatological verification），參 Jenson, "The Hauerwas Project," 288。但侯氏堅持，「歷史的」（the historical）和「終末的」（the eschatological）不是兩個完全分割的範疇，因著基督的復活，後者必然已經內住在前者之中，前者則已經參與在後者之中；比較 Hauerwas, *Christian Existence Today*, 10。

49. Hauerwas, *Christian Existence Today*, 9.
50. 參 Biggar, "Is Stanley Hauerwas Sectarian?," 148 ~ 149。
51. Hauerwas, *Christian Existence Today*, 8.
52. 參 Reynolds, "A Conversation Worth Having," 410。
53. 參 Reynolds, "A Conversation Worth Having," 399。
54. Hauerwas et al., *Where Resident Aliens Live*, 21；另參 Biggar, "Is Stanley Hauerwas Sectarian?," 151。
55. 參 Robert W. Brimlow, "Solomon's Porch: The Church As Sectarian Ghetoo," in *The Church as Counterculture*, ed. Michael L. Budde and Robert W. Brimlow (Albany, NY: State University of New York Press, 2000), 109。英美分析哲學早有共識：不存在不能互相翻譯的語言（languages）。但這不代表語言之間可以毫無損耗地被全部翻譯，要掌握一種語言的精粹，直接學習該語言是不二法門，不能單靠翻譯。
56. Hauerwas, *A Community of Character*, 41.
57. Hauerwas, *Christian Existence Today*, 10.
58. 比較 Hauerwas, *Christian Existence Today*, 11。
59. Hauerwas, *Christian Existence Today*, 21 n.22.
60. Reynolds, "A Conversation Worth Having," 406.
61. Gustafson, "The Sectarian Temptation," 93.
62. 見 Hauerwas, *Christian Existence Today*, 17。
63. 吉達臣可能繼承了他的老師尼布爾的神學方法。尼布爾似乎認為，上帝三個位格之間應要互相制衡，例如基督論要被創造論「對沖」，否則第二位格的聖子基督就獨大。但如此則會產生令三個位格彼此消耗（played

off against）的神學問題，甚至衝擊正統教義。見 Yoder, "How H. Richard Niebuhr Reasoned," 61～65。

64. Reynolds, "A Conversation Worth Having," 411.

65. 見 Gustafson, "The Sectarian Temptation," 93 ～ 94。另參 John Howard Yoder, " 'Patience' As Method in Moral Reasoning," in *The Wisdom of the Cross: Essays in Honour of John Howard Yoder*, ed., Stanley Hauerwas, Chris K. Huebner, Harry J. Huebner, and Mark Thiessen (Eugene, OR: Wipf & Stock, 1999), 31 n.14。

66. Reynolds, "A Conversation Worth Having," 401～402。參 Gustafson, *Ethics from a Theocentric Perspective*, 115～116。對侯活士來說，人本中心主義根本不成問題（non-issue），因為從來不曾存在一種「他世」（other-worldly）的語言足以論述神聖；教會也不擁有獨家的神聖語言，所有語言都是人為的、屬地的、被造的。從此角度而言，基督信仰從來都是不斷被「翻譯」成地方的、在地的、本色的語言；而且關鍵不在於語文之間的翻譯，而是價值系統的轉換。當新約聖經以希臘文寫成，這個過程就已經開始發生；不過，新約作者都是有意識、主動地挪用、顛覆非基督教的語言／價值，而不會被動地任由福音被當時的文化系統吸納收編。

67. Reynolds, "A Conversation Worth Having," 402.

68. Gustafson, "The Sectarian Temptation," 89.

69. Gustafson, "The Sectarian Temptation," 87.

70. 在哲學史裏，相對主義被公認為一個極不好惹的對手，愈批判它，它就變得愈強。參 Alasdair MacIntyre, "Relativism, Power and Philosophy," in *Relativism: Interpretation and Confrontation*, ed. Michael Krausz (Notre Dame, IN: University of Notre Dame Press, 1989), 182～204。

71. 參 Hauerwas, *The Peaceable Kingdom*, 6。

72. 參 Reynolds, "A Conversation Worth Having," 399。

73. 更何況，所謂「共識」往往是不情不願的妥協，是雙輸、不是雙贏。妥協折衷的結果是無法令任何一方滿意，因為雙方都感覺自己的訴求未被完全尊重。

74. 參 Reynolds, "A Conversation Worth Having," 410～411。

75. Battaglia, " 'Sect' or 'Denomination'?," 129。可惜此文章對「教派主義」的分析，仍然受「宗派主義」的偏見影響。另參 Jenson, "The Hauerwas Project," 292。
76. Battaglia, " 'Sect' or 'Denomination'?," 131 ～ 132; Reynolds, "A Conversation Worth Having," 379, 412.
77. Battaglia, " 'Sect' or 'Denomination'?," 133 ～ 134.
78. 見 Gustafson, "The Sectarian Temptation," 84。
79. Battaglia, " 'Sect' or 'Denomination'?," 134.
80. Battaglia, " 'Sect' or 'Denomination'?," 135.
81. Biggar, "Is Stanley Hauerwas Sectarian?," 141.
82. 參 Battaglia, " 'Sect' or 'Denomination'?," 134 ～ 135。
83. 參 Battaglia, " 'Sect' or 'Denomination'?," 129。
84. 參 John Howard Yoder, "Theological Revision and the Burden of Particular Identity," in *James M. Gustafson's Theocentric Ethics*, ed. Harlan R. Beckley and Charles M. Swezey (Atlanta, GA: Mercer University Press, 1988), 75。
85. 公共神學往往將何謂「公共」的定義權自動讓給世俗的政治，並且跌入自由主義的「陽謀」。禤智偉：〈公共神學：誰的「公共」? 有幾「神學」? 〉，《山道期刊》第三十一期（2013 年 7 月），頁 44。參本書第 6 章。
86. 可以說這是因為西方基督教會雖在制度上與政權分離，但在文化上未曾完全失去建制性優勢（not yet clearly disestablished），所以仍然眷戀嚮往昔日的光輝。Hauerwas, *Against the Nations*, 8。
87. 參 Russell E. Richey, *Denominationalism Illustrated and Explained* (Eugene, OR: Cascade Books, 2013), 2 ～ 3, 154。
88. Ronald Osborn, "The Role of the Denomination: An Essay in Ecclesiology," *Encounter* 22 (1961): 160.
89. Benton Johnson, "Church and Sect Revisited," *Journal for the Scientific Study of Religion* 10/2 (1971): 133; Osborn, "The Role of the Denomination," 161.
90. 見 Richard Niebuhr, *The Social Sources of Denominationalism* (New York: Henry Holt and Company, 1929), 21。
91. Jon Diefenthaler, "H. Richard Niebuhr: A Fresh Look at His Early Years,"

Church History 52/2 (1983): 182。在香港也出現類似的論調，認為「中產無罪」，教會中產化是正常、自然、可喜的現象，是信徒靠個人努力、克勤克儉、力爭上游的成就；例如，梁家麟：〈教會中產化頌〉，《建道通訊》第 171 期，2013 年 4 月，頁 2～4。這種想法跟過去口耳相傳城中富豪「白手興家」的神話故事是一脈相承的，以為財富累積單純是商業才智、企業精神的成果。基督徒擁抱這種競爭性個人主義的意識形態，卻沒有考慮到所謂中產理所當然「分享經濟成果」，意思其實是投身一個通過剝削製造財富的資本主義制度，成為當中的既得利益者；它更加忽略了，隨著教會中產化，也面對世俗化的危機。當中產相信命運是掌握在自己手裏，就忘記誰是主。

92. Richey, *Denominationalism Illustrated and Explained*, 142; Hauerwas, *Christian Existence Today*, 15.
93. Johnson, "Church and Sect Revisited," 132; "On Church and Sect," 544.
94. Osborn, "The Role of the Denomination," 160.
95. 參 Osborn, "The Role of the Denomination," 164。
96. 參 Osborn, "The Role of the Denomination," 165～166, 171。
97. Osborn, "The Role of the Denomination," 163.
98. Douglas John Hall, *Confessing the Faith: Christian Theology in a North American Context* (Minneapolis, MN: Augsburg Fortress, 1998), 73, 100; Hauerwas, *The Peaceable Kingdom*, 100.
99. Hauerwas, *The Peaceable Kingdom*, 107.
100. Osborn, "The Role of the Denomination," 170.
101. Osborn, "The Role of the Denomination," 169, 170～171, 174.
102. 參 D. A. Martin, "The Denomination," *British Journal of Sociology* 13/1 (1962): 3～4。到底「宗派」是否只是「教會」和「教派」的混合體，還是自成一類（*sui generis*），宗教社會學家仍有爭論。但無論如何，傳統上認為（用一個抽象的符號方式表達）：「宗派」=「教會」+「教派」；而我在這裏則主張：「宗派」+「教會」=「教派」。
103. 參 Richard Wightman Fox, "H. Richard Niebuhr's Divided Kingdom," *American Quarterly* 42/1 (1990): 94。

104. 社會學者將教派分成最少三類：「遷就型」（accepting）、「退避型」（avoiding）、「進擊型」（aggressive）。J. Milton Yinger, *The Scientific Study of Religion* (New York: MacMillan, 1970)。

105. 參 Stanley Hauerwas, "The Place of the Church: Locality and Catholicity," *ABC Religion and Ethics* (10 Mar 2011), available from the ABC website (http://www.abc.net.au/religion/articles/2011/03/10/3159823.htm); accessed on 10 Sep 2013。

106. 大致上可以說，相對於猶太教/猶太社會，初代「耶穌運動」/早期教會不算是嚴格社會學意義的「教派」，只有相對於羅馬社會她才具有稍多的教派性特徵；參 Eyal Regev, "Were the Early Christians Sectarians," *Journal of Biblical Literature* 130/4 (2011):192～193。至於新約文本所反映的教派主義心態，學者間的分歧甚大；例如，Robert H. Gundry, *Jesus the Word According to John the Sectarian: A Paleofundamentalist Manifesto for Contemporary Evangelicalism, Especially Its Elites, in North America* (Grand Rapids, MI: Eerdmans, 2001)。

107. 參 John Howard Yoder, *The Priestly Kingdom: Social Ethics As Gospel* (Notre Dame, IN: University of Notre Dame Press, 1984), 126～127。不是說君士坦丁之後，真正的教會變成「不可見」（invisible），而是說，她只能憑信心才能被看見。另外，基督徒在基督教王國時期反而成為少數，是因為耶穌對門徒的要求只對某些人如神職人員或修士有效，對普羅的「信眾」則採用另一套寬鬆的行為標準。

108. Wilson D. Miscamble, "Sectarian Passivism," *Theology Today* 44/1 (1987): 75.

109. 參 Miscamble, "Sectarian Passivism," 74。

110. 參 Michael J. Quirk, "Beyond Sectarianism," *Theology Today* 44/1 (1987): 85。

111. Nigel Biggar, *Behaving in Public: How to Do Christian Ethics* (Grand Rapids, MI: Eerdmans, 2011), 95～96.

112. Hauerwas, "Will the Real Sectarian Stand Up?," 93.

113. Hauerwas, "Will the Real Sectarian Stand Up?," 92.

114. Jeffrey Stout, "The Spirit of Democracy and the Rhetoric of Excess," *Journal of Religious Ethics* 35/1 (2007): 12～13。此作者提出了三個條件，只要侯

活士肯公開認同，就代表他不是教派主義者；作者認為，侯活士只是一直不肯、或沒有機會明確表態。

115. Stanley Hauerwas and Romand Coles, *Christianity, Democracy and the Radical Ordinary: Conversation Between a Radical Democrat and a Christian* (Eugene, OR: Cascade Books, 2008)。另參鄧紹光：〈本源的/徹底的信仰、本源的/徹底的民主——尤達的神學反思〉，《山道期刊》第二十六期（2010 年 12 月），頁 149 ～ 171。

116. 參 Hauerwas, "Will the Real Sectarian Stand Up?," 93。侯活士認為「正義」，尤其所謂「分配公義」只是一些抽象原則；而「一羣行公義的人」，其特質和踐行，卻非常具體，就是憐憫孤兒、寡婦、貧病、老弱、寄居者。

117. Hauerwas, *Christian Existence Today*, 15.

118. 參 Hauerwas, *Against the Nations*, 7。

119. 以上這兩個論點也是筆者從國際關係學者沈旭暉博士，在對談中領會到的。另參 Hauerwas, *A Community of Character*, 254 n.42。

120. Yoder, *The Priestly Kingdom*, 145 ～ 146.

121. 見 Yoder, *The Priestly Kingdom*, 146；另參 139。

122. Brimlow, " Solomon's Porch, " 115.

123. Brimlow, " Solomon's Porch, " 116.

124. Brimlow, " Solomon's Porch, " 122.

125. 對於是否存在所謂「基督徒經濟學」、「基督徒政治學」，甚至「基督徒物理學」等專屬基督徒的學問知識，侯活士的答案是肯定的。因為現今大學裏面（哪怕是所謂基督教大學）的學科，它們本質上都採用方法學的無神論（methodological atheism），而基督徒對行動中的三一上帝的認信，應該產生作用（make a difference），使我們生產出對自然世界和社會不同於世俗的知識。見 Hauerwas et al., *Where Resident Aliens Live*, 70 ～ 71。

126. Hauerwas, " Will the Real Sectarian Stand Up?, " 94.

127. 參曾銳生：《管治香港：政務官與良好管治的建立》（香港：香港大學出版社，2007）。

128. 參方志恆：〈完善政治委任制〉，載《求變：下屆政府不能迴避的議題》，葉健民編（香港：新力量網絡，2012），頁 43 ～ 83。

129. 基督徒官員面對的倫理挑戰無日無之，例如：甚麼時候可以**不說**真話？這就視乎他們如何理解和實踐政治操守，如何界定效忠的對象。在日常的施政決策，他們到底會首先爭取實現「不可能」，還是慣常地盡力說服市民妥協、接受「現實」？當遇到特區和中央的政治角力的時候，例如北京頒佈的政改方案與市民的訴求相抵觸，這類考驗忠誠和操守的道德挑戰就特別尖銳。有曾經擔任問責局長的主內在某場合分享，在任期間從來沒有遇到所執行的政策與信仰衝突，而要考慮辭職的危機。有可能，這是由於當事人的信仰或道德底線定得太低了。或者，這是出於一種自我證成的心態：將在位掌權，包裝成擔當公僕；將對政權效忠，化約成服務大眾；將維護現狀，理解為扮演維護公共利益、平衡既得利益的仲裁者。

130. 我們不能抽空地討論基督徒應否當警察，而不理會警察在社會上實際的職能。一些西方國家早已推行改革，實踐社區警察的理念，警察在日常執勤不再配備槍械。相反，當警察使用不必要、不成比例，甚至違法的武力，目的不是保障市民不受人身傷害，而是避免當權者面對尷尬的示威場面，或維持政權的尊嚴不受公民挑戰，他們在功能上就成為「公安」。無論在香港或者外地，關於基督徒應否加入警隊的倫理討論非常貧乏，主要的來源一般只限於主張和平主義的宗派和羣體。在此無法闡述和平主義的多樣性，或者為其聖經和神學根據辯護（特別是關於不能以惡制惡的教導和示範）。但是，即使在西方自由民主制度下，根據社會契約論和自由主義的傳統，警察使用致命的暴力也一樣受倫理、法律和制度的約束，需要不時檢視執法人員本身有否系統性、或個別地，過度使用、依賴或濫用暴力。身負除暴安良職責的信徒仍要恆常自省，其角色與門徒的呼召和身分是否相稱，而不能惟命是從。參 Tobias Winright, "From Police Officers to Peace Officers," in *The Wisdom of the Cross: Essays in Honor of John Howard Yoder*, ed. Stanley Hauerwas, Chris K. Huebner, Harry J. Huebner, and Mark Thiessen Nation (Eugene, OR: Wipf and Stock, 1999), 84～114。

131. 教會要建立屬於自己的「經濟制度」，意思是在資本主義的大洪水中製造大小的方舟，而不是要推翻、廢除、脫離資本主義；教會自然也仍然會跟資本主義的市場經濟打交道，但她要同時為不按利潤最大化、無止境追求增長的營運模式，製造生存呼吸的空間（pockets）。參〈社會企業：富人的福音？〉，《教會智囊》第 51 期，2009 年 8 月，頁 12。

6.

外篇：公共神學
——誰的「公共」？有幾「神學」？*

公共神學一度成為本地神學界的熱門課題。可是，這種「公共轉向」迄今只聞樓梯響，卻未見實質成果，仍然停留在談論（如何做）公共神學的空中樓閣，而沒有真正做公共神學。究其實，大抵因為跨科際整合、專業合作的學術門檻太高，要應對具體的公共議題，甚至需要成本高昂的社會政策研究，長期投資難以為繼；筆者之前有分負責的《教會智囊》即為一例。

而一些專門務虛、完全離地的所謂「公共神學」，其致命的弊病更在於將世俗社會某套對「公私分野」的意識形態照單全收，而從未加以神學批判。每當我們呼籲信仰要進入公共、否則就停留在私人領域，就已經假設了大社會是惟一真實的公共、甚至是公共的全部，那麼教會或信仰就不能夠不被視為屬於私人了！換言之，終日嚷著要走出教會「四面牆」的論調，才是信仰「私人化」的始作俑者。

---

* 本文原以〈公共神學：誰的「公共」？有幾「神學」？〉為題，轉載自《山道期刊》第三十一期（2013 年 7 月），頁 31～63。承蒙香港浸信會神學院授權轉載，謹此致謝。

> 更諷刺的是，連世俗社會也從來不會一面倒將「公共」視為「好」，「私人」就一定「壞」。以為只要擠身公共，就能夠提升信仰，使之變得更好、更本真，畢竟是求之而不得的妄想。

一、不公共無以為神學？

「公共神學」已經靜悄悄地登陸香港的神學界，且有進佔之勢。[1] 近年有本地神學院開始在課程內加入公共神學科目，甚至為此成立專門的研究中心。也有基督教出版社、學術機構正籌劃出版公共神學系列的書籍。[2] 連教內媒體和輿論也對此趨之若鶩，評論文章不時不加解釋就拋出公共神學的學術詞彙，以粉飾成嚴肅的神學論述，並以對手的神學「不夠公共」作為辯駁的修辭。可是，當我們挪用、模仿、跟隨原生於美國的「公共神學」，卻未有對它的意識形態包袱作教義性的神學批判，便會有意無意將別人的政治議程（自由主義、世俗主義）照單全收。

「公共神學」作為一種神學專門發源於美國。[3] 按照現今公共神學工作者構造的正典傳統，「公共神學」（public theology）此名目首次出現於一九七四年一篇討論已故的萊因霍爾德・尼布爾（Reinhold Niebuhr）的學術論文。[4] 文章將尼布爾追認為二十世紀「公共神學」的偉大典範，因為他結合了兩個美國公共生活的傳統：充滿宗教情懷的政治家暨哲學家（statesmen-philosophers），以及充滿社會／國家情懷的神學家／宗教家。[5] 因此，「公共神學」由一開始就根植於美國經驗，其說話的對象是美國的國民／國家，針對的是美國人民共同生活的宗教向度。

隨著過去幾十年來公共神學的壯大，除了發展出多元化的研究綱領、旨趣與方法，生產豐富的原創著述，公共神學的文獻同時不斷羅致歷代的神學家，歸納為匿名的公共神學先行者，以證明公共神學不是無中生有的新鮮潮流。[6] 這種對神學史進行修正改寫的做法，明顯有時代錯置的謬誤，卻賦予公共神學一種學術道統的合法性，這是公共神學有意識地將自己建構為一個學科（discipline）的徵兆。不過，公共神學工作者為了倡導神學必須重尋其「公共性」，以擴展自己的生存空間，往往將公共神學的重要性本質化，變成不單宣揚神學的公共轉向的必要性，而是索性認定神學的本性就必然是「公共的」——不公共無以為神學——但是當所有神學都必然是公共的，公共神學又可以**不是**甚麼？甚麼**不是**公共神學？當所有神學都（應該）是公共的話，在神學前面加上「公共」這個修飾詞就變得多餘。因此，公共神學證成自己的方式，總要依賴一個呼之欲出的他者，諸如「教會神學」、「認信神學」、「教義神學」、「啟示神學」，甚至「系統神學」等就被暗示為「**不**（夠）公共」或「（太）私人」。

可是，「公共」與「私人」的界定，是根據甚麼規範而產生？假如公共神學沒有自己一套對「公共」的神學立場、發自基督信仰的觀點，就無可避免地採納世俗對「公共」的定義和評價。令人訝異的是，無論是成熟的英語公共神學，或是剛起步的漢語公共神學，鮮有首先從神學出發，考究、檢驗、批判「公共」與「私人」的界限如何被構造，並被賦予政治意義；換言之，公共神學缺乏一種 "theology of the public" 的神學性以及批判性基礎。[7] 本文對此作一個初步的嘗試：當公共神學鼓吹我們需要進入「公共」，我們進入**誰的**「公共」？為甚麼非進入「公共」不可（拒絕進入的下場是甚麼）？我們從哪裏進入「公共」？誰被帶進「公共」？

二、公私分野的系譜學研究

從觀念市場（marketplace of ideas）的角度看，（以美國為首的）英語世界的「公共神學」是特別為了與市場上早已存在的歐陸「政治神學」（political theology），以及南美「解放神學」（liberation theology）劃清界線而有意發明的新品牌。[8] 以當今被不少人推崇為公共神學家楷模的斯塔克豪思（Max Stackhouse）為例，他明確地界定公共神學**不是**政治神學（的其中一個品種），而是**非**政治神學，他定性公共神學的範圍是一種「前政治性」（pre-political）的公共，而公共神學的關注是倫理性，而非狹義的黨派政治（partisan），公共神學的任務是為公民社會的秩序提供道德指引。[9]

雖然不能因此說，美式公共神學是對被視為「左傾」、激進、極端的德語或拉美神學傳統刻意的反動，更不可以說所有公共神學工作者都是「右傾」、保守，甚或服膺新保守主義的；但是，美國主流的公共神學擺脫不了它既有的本土意識，亦即美國自由主義的共識和前設。公共神學對「公共」的想像完全承繼自自由主義，是在接納世俗主義與多元主義的前提下，以基督徒個人的公民身分或教會作為公民社會一分子，去參與運作、建立、鞏固「共識政治」，以尋求「共善」（Common Good）。公共神學所提倡的「進入公共」，並非是政治上中立的，甚至不是神學上中性的：「進入公共」的條件是要承諾不對自由民主制度（即代議式民主與資本主義市場經濟的相輔相成）作出根本性、原則性的挑戰，而進入的目的是維護維持、完善改進現有的制度。[10]

公共神學發展至今，五花八門、不一而足，到一個地步已經無法講得清公共神學是甚麼、不是甚麼。[11] 但不同的公共神學進路有一個共通點，就是對公共/私人之間的分野，採取空間性的想像（spatial imagination）。它們將「公共」掛在嘴邊，但鮮有對何謂「公共」作出實質性的界定，不過它們常用的關鍵詞：進場、介入、參與、貢獻、對話、發聲等，已經預先區別了公共和私人領域，更加體現了一種未經論證的價值判斷：（進入）公共是「好」、（停留）私人是「壞」。這種公私的分野從何而來？

根據社會科學學者對公私之別的考究，非公即私的觀念並非古已有之，而是伴隨現代社會而出現，繼後又不斷演化。從來沒有一套放諸四海皆準的判準去界定：甚麼是「公」？甚麼是「私」？有學者從不同的「公/私」概念的應用，嘗試歸納出必要的或主要的元素，結果都徒勞無功。不過，雖然沒有一條單一或統一的理論（unitary theory）可以解釋、涵蓋、統攝「公與私」這一對概念所有的內涵，但是其概念內容的延展又並非完全散亂無章或任意偶然，「公與私」與其他二分對立的概念（例如「男與女」、「政與教」等）是扣連和重疊的，而且共同運作、彼此定義，對人和事作出好壞、優次、高低等的評價。簡言之，「公與私」是文化、語意、符號系統裏面的複合概念，對公/私的分野是意識形態性的（ideological）而非邏輯性的（logical），因此不可能整理出一套條理分明的應用邏輯。它們不是單純分析或者描述現實世界，而是有分構造社會現實，組織、規範、界限共同生活和政治行動。[12] 因此「公與私」被視為現代政治思想的「大二分」（grand dichotomies）之一。[13]

「公與私」本身也就是一對基礎性的歷史概念（basic historical concepts），當它們在人類社會歷史上被運用，就同時衍生出不同的意涵和語意關聯，它們建構了西方社會的過去、現在、未來。因此，基督教神學——特別是以「公共」作為對象和題材的公共神學——在挪用這對概念作為批判的思考工具**之前**，應先對它們作出批判性的檢視。以下是社會科學學者整理出的四套關於公私分野的傳統或想像，它們的性質迥異、不可共量，屬於不同的論述宇宙；它們之間的關係，也不是單純時序先後的更替。[14] 筆者提出這種系譜學（genealogy）的觀點，是要說明公私之別並非是必然地真的社會實在（the way things are）。

1. 自由主義／經濟主義（Liberal-economistic）

「公與私」這對概念的出現始自十七、十八世紀，英國的自由主義和古典經濟學初創階段。「公共」首先就是同國家有關的，即是政治性的。換言之，「公共」是跟現代意義的國家或政府（state）同時產生的。國家要從封建社會時期的積弱擺脱出來，開始建立有效的行政機器、税收制度、由中央指揮的獨立或常設軍隊、確立王權／主權／治權等，當有了國家／政府的雛型之後，才可以談公共。與「公共」對立的所謂「私人」就泛指一切非政府的，政府管不到或不應該管的剩餘範圍。「私人」首先就是指市場運作的買賣交易，是屬於個人與個人之間自由的契約關係，不容政府干預；私有產權非但不容國家侵犯，反過來政府的存在理據（*raison d'etre*）就是被賦予獨攬使用武力的特權，以保護私有產權不受任何人（包括國家）的侵害。財產和產權就是「私人」領域的典範和根本。與前現代社會相比，「普天之下莫非王土」，產權界定不清；財產作為私有的法理學概念就是現代性的分水嶺之一。「公共」與「私人」有著對立而共生的關係，是共時地被發明的。

同時地，社會（society）或公民社會（civil society）的理念亦開始萌芽，有別於自然狀態（state of nature）以及政治國家制度（political state），界乎自然與人為之間；但當時的「公民社會」與市場（market）是混為一談的，與現今的公民社會概念大相逕庭。所以，自由主義既是意識形態，也同時是一套社會理論，它提出私利追逐對公共有益的説法，私人的惡習可以成就公共的德性（private vice into public virtue），於是在經濟政策上主張放任（*laissez-faire*）就順理成章。

整個自由主義傳統延續至今，它對現代社會的影響無遠弗屆，其永恆關注（或者迷執）是如何恰當地、鉅細無遺地區分公共和私人兩個領域的管轄權限（jurisdiction），並在彼此之間豎立防火牆。

在現代性論述裏面，「政治」與「經濟」被想像成兩個獨立而互動的範疇，而不是一個政經整體（political economy）。幾乎所有現代人都不免落入「界限的想像」（或者「想像的界限」），沿用同一套由自由主義定下的框架，去調較公共/政府與私人/市場之間的所謂「平衡點」。難怪無論左中右的政治論述都如出一轍，不同政治立場的差別只拉鋸於：就每個私人/個人生活範圍，政府的干預/參與/支持/規管應該是多一點好，還是少一點好？

2. 共和主義德性（Republican-virtue）

現代的共和主義脱胎自古典城邦政治傳統，但又可被視為自由主義的變奏/近親，[15] 假如上文所提及的自由主義/經濟主義傾向個人主義，共和主義就著眼於公共生活的有機社羣性，強調公民的地位和權責（citizenship）、公民的德性，以及公共參與的素質。共和主義對公/私的想像帶出二分對立以外，三分甚或四分等的可能性，容許對「國家」、「政治」、「公共」、「社會」、「家庭」、「個人」等更複雜細緻的分析。相比狹義的「政治性」國家領域，「公共」作為「公民性」（civic）或者公共事務的領域是一個更廣泛的概念。公民社會（仍然是市場經濟的代名詞）成為「私人」的典範，因為它是追逐個人利益和福祉的場所。不過，相比於家庭，公民社會卻是「公共」的；相比於國家，它則是「私人」的。「公民社會」的概念正式被提上政治社會論述的議程，但處於夾縫之間的尷尬位置。共和主義傳統對公/私的想像，與當代關於「公共論域」（public sphere）的討論有密切關係，下文將會繼續探討。

3. 擬劇論（Dramaturgic）

與之前兩種政治傳統不同，擬劇論不是政治意識形態，而是對這些意識形態的學術批判，屬於社會文化史、社會人類學、微觀社會學、符號互動論等的理論觀點。它將公共或者日常生活，比擬為一台戲：「公共」就是台前的演出，「私人」就是幕後；自我（self）的構建就是一種「表演」（performance）。所謂「公共」就是「社會性」（sociality），有別於集體性（solidarity）。因此，擬劇論特別針對上文所提及的共和主義德性將政治羣體生活浪漫化和理想化，與現代城市生活的真相脱節。擬劇論理解「公共」就是陌生人相遇的開放空間，它的特徵是一種客套或者禮貌（civility），在公眾場合的舉止言談要端莊，有顧及別人感受的公德心。這是一種現代性照護自我和身體的技藝（technology of the self），要在陌生人與陌生人之間，精心營造一種適當的身體距離和社會距離，既互不相干、互不侵犯，但又互相尊重、彼此謙恭有禮。公與私之間存在一條隱形界線，體現於不成文的社會禁忌和潛規則。所謂「文明」（civilization）其實是無形的社會枷鎖，無聲無色地統管個人的身體、行為、言語和內心，逼使每個人自願地戴上社會認可的「面具」做人，安分地扮演好自己的「角色」。對擬劇論而言，現代都市生活令個人面對被多重異化的危機；過度的個人主義固然動搖共同生活的基礎，但當盲從的羊羣心態完全侵蝕個體性，一樣會破壞公共生活。換言之，城市生活的「公共」就是非個人化（impersonal）、無人情味的集體生活的代名詞。結果，現代人的自我有兩副「面孔」：一種是「公共」的；另一種是「私人」或者「個人」的。

而公共生活被異化的弊端，是助長出它的雙生兒：親密關係（intimacy），包括情愛、性愛、家庭關係，以至友情等，成為公共以外的避難所。人需要與他人重新聯繫，去補償人際的疏離，於是社會出現不同形式的安慰劑，包括宗教提供的心靈溫暖（cosiness）。公共生活愈變得工具性和麻木冷漠，私人的親密領域就愈有市場需求；但這種「私人」並不提供抗衡、反思「公共」的另類可能性，而是單純被動的消費行為。從這個觀點出發，公民社會的定位就出現大逆轉，因為它超越個人和家庭，所以是屬於「公共」的。

「公與私」這對孿生兄弟都被擬劇論置於批判的眼光之下，但擬劇論與自由主義/經濟主義的觀點有一相同之處，就是相信人類社會或多或少有自我組織的能力，無須事無大小要求政府介入管理。不過，擬劇論所想像的社會秩序是流動不居的、像河流細水，而不是像一部機器或者完整的系統；「社會」並非一個恆存的實體，而是經常處於秩序與混亂的臨界線之上，「社會」是一種脆弱的，需要不斷被重塑、實現的東西。擬劇論也反對共和主義德性的觀點，因為後者將公民之間那種息息相關，變成「人人為我、我為人人」的重擔，彷彿每個人都被要求做二十四小時的全職公民，公民被灌輸因公忘私、無條件為大我犧牲的信息。擬劇論主張，我們同其他陌生人學識保持客客氣氣、淡淡然的以禮相待、互相尊重的距離，已經是對和平共存最起碼的保障。

4. 女性主義(Feminist)

同其他所有議題一樣，女性主義者之間就「公與私」沒有一致的觀點。女性主義主流的立場，一般批判公私之別帶有性別偏見，因為女性不成比例地被框在家居(domestic)這個私人領域裏面，而公共場域成為男性的專利，並由男性價值定義主導。所以，最初女性主義者想推翻這種二分法(用結構主義的標準符號及格式表達，下同)——

公：私：：男：女

——並改變女性被排擠於政治經濟領域的現象。可是，幾十年來婦女平權運動已經汲取了的教訓：婦解分子曾經幻想，當女性爭取到平等的政治參與權利（投票權和參選權），就會徹底改變政黨政治的文化，甚至世界會不再一樣；結果，盼望的新天新地沒有來臨！女性若要進入公共仍要依照男性所定的規則行事，包括依從所謂「公共理性」，甚至女性要表現得比男性「更男性」才能在公共立足。

因此，社會上二元對立、男尊女卑的意識形態，彷彿牢不可破，不可能一成永成地被取替，女性主義者惟有千方百計去不斷顛覆、顛倒它們。其中一個策略就是提出「個人即政治」（the personal is the political）的口號，將原本被認為是「私人」、「個人」、「家庭的」、「身體的」生活範圍「政治化」，變成公開的議題，逼使政府、政黨、政客正視現況的不公。可是，這種身分政治（identity politics）和文化政治（cultural politics）「開私活公」的策略，[16] 有時被指控為令到公共論域瑣碎化（trivialization）的元兇，將性/別關係、家庭關係等小眾議題上綱上線、小題大做，而忽略更加重要的眾人之事、公共利益，無限量地製造文化論述，而沒有提出具體方案去改革政治經濟制度。然而，女性主義者反駁，她們正是要挑戰何謂「政治」？她們質疑為何只有軍國大事才算「政治」，而個人/家庭生活就是「私人」？

不過，女性主義面對另一更嚴重的危機：將「私人」帶進「公共」的結果，是同時自願地邀請「公共」介入「私人」。例如，任何維護家庭的政策措施，都可能會取代而非強化家庭的功能，將「私人」政治化的後果是政府功能和權力的進一步膨脹，對私人領域的介入更無孔不入。原初對公私之別的顛覆變成「私人」被「公共」殖民，因此女性主義者當中，又有其他聲音，主張要保留某種私人領域，不受國家、政府、政治干涉。弔詭的是，這種立場實質上與自由主義論述銜接，回到如何保障私人免於公害的議題上。

女性主義掙扎如何應對公私之別的經驗，當中的成敗進退，最值得基督徒借鑑，因為基督信仰被視為一種「宗教」，同樣被安置於「私人」的領域。女性主義對「公/私」的顛覆往往在重構複製（reinscribe）公與私的層級對立。當女性主義者極力逃離私人、躋進公共，或者將公共迎進私人，就變相肯定了兩者的差別、善惡、尊卑、優次。另外又有女性主義者嘗試顛倒公私的價值判斷——「私」為本、「公」為輕——結果再度鞏固兩者的區分，只是將彼此關係倒轉，而沒有重新界定公/私；何況，這種精神上、論述上、符號上暫時的「勝利」，並不能真正改變「公/私」之間的不平衡、男女之間的不平等。情況一如公共神學投訴宗教被困私人，所以要爭取信仰返回公共；公共神學的任務就是讓私人的信仰變得公共。如此，公共神學是否已經默認了基督宗教被私人化的現況是既成事實？

三、誰將信仰困於私人？

因此，公共神學最缺乏的是對公/私的價值徹底再評價（transvaluation），而不是單純將本來屬於私人的「提升」（elevation）到公共的地位。根據以上系譜學的闡析（見下頁**表一**），西方世俗社會對公私之別，並無一貫的看法和評價。公共未必一定代表「好」、私人一定「壞」。（一）自由主義/經濟主義視公共為「必然之惡」，是為保障、成就私人而存在；而私人是應受保護的。（二）共和主義德性雖然推崇公民參與，但不一定貶低私人生活；兩者只要各安其分，就可以達成美好社會。（三）擬劇論對公共與私人皆提出批判，特別是因為在現代都市，公私生活中出現諸種異化的可能。（四）女性主義則更加沒有固有的立場，因為她們發現公/私、男/女等二元分立，與政經制度、社會文化的糾結盤根錯節，只能通過恆常重複地展現、挪移（display and displace）這些系統性的不公義，來嘗試改變它們。惟獨某些基督徒(尤其公共神學工作者)才會毫無保留地擁抱一套世俗主義者也沒有的價值觀：

政：教：：公：私：：好：壞

	公	私
（一）自由主義/經濟主義	國家/政府	非政府 市場（=公民社會） 財產
（二）共和主義德性	公民身分/參與	公民社會（=市場）
（三）擬劇論	禮貌/尊重 非個人性 公民社會	親密關係
（四）女性主義	政治經濟 公民社會	家居

表一：公私分野的系譜學研究

每當基督徒主張：教會不應從公共「撤退」，或者必須「重返」公共，我們已經假設了世俗社會確實成功排除了宗教，使宗教在社會無立足之地，所以才需要爭取「返入去」；又或者，我們相信教會確實將信仰私人化，所以我們必須帶著福音「走出去」。換言之，我們已經將世俗化(secularization)論述信以為真，而不是將它視為意識形態。這種「返入去」、「走出去」，一出一入的想像，是空間性的隱喻(spatial metaphors)。整個公共神學的論述建基於：信仰要「離開」教會、「進入」社會方能成為公共，否則就仍然是私人的；而信仰停留在私人是一件必須撥亂反正的壞事。可是，當我們將社會、政治、一切在教會「以外」的世界發生的，想像成**惟一真正的公共、公共的全部**，教會和信仰在這種二分思維下，除了被歸類為私人、次等，還有何別的可能性？

所以，那些努力鼓吹信仰要從教會「出走」的公共神學工作者，才是將信仰私人化的同謀；而並非他們所攻擊的，那些不急於介入公共的所謂「教派主義者」（sectarians）。公共神學被自由主義的論述降服而不自知，還心悅誠服地相信，**除非**教會按世俗社會的規則進入公共，參與貢獻其政治運作，否則信仰就是私人的。可是，到底是世俗社會預設的陰謀，將信仰困於教會/私人之內，不容許信仰「走出去」；還是基督徒自己甘願將教會生活「去政治化」、靈性化、個人化、休閒化、趣味化？當基督徒努力翻越教會和社會之間的圍牆，而不首先去推翻它，我們就已經向這道圍牆投降。在教會與社會、信仰與政治之間築起圍牆，並**同時**引誘基督徒去「翻牆」，這就是世俗主義的「**陽謀**」！因為世俗社會從來不會毫無例外、無條件地、一面倒將這一套簡單的二元價值判斷應用於自己身上，即

公：私：：好：壞

這種特殊的政治圖譜（political topology）是自由主義為宗教「度身訂造」的。信徒卻因為宗教被編派入私人領域，對「公共」就永遠懷有「求之而不得」的渴望、無法填補的欠缺空虛，因自覺被困而終日焦慮不安，務要離開教會、進入公共。

自由主義的「陽謀」是伴隨現代性出現的一種世俗民主制度對基督宗教的治安管理（secular/democratic policing of Christianity）。[17] 世俗化的過程就是在政教與公私之間劃定疆界，然後實施邊防管制巡邏（border patrol）：

政：教：：公：私

而宗教被安放在私人領域的理據，來自十六、十七世紀「宗教

戰爭」所謂「血的教訓」：為了社會內和國際間的和平，也為了人人得享宗教自由的好處，個人信仰應被排除於公共/政治之外。可是，宗教信仰被定性為社會爭端、甚至國家戰亂的禍根，其實是自由主義自編、自導、自演的神話。

歐洲「宗教戰爭」的肇始根本與宗教無關，交戰陣營不能以宗派分歧清楚區別；反而是王權/政權假借宗教之名，企圖達到鎮壓國內敵對的階級勢力，或侵略別國、擴展疆土，或抵抗羅馬教廷的操縱等政治目的而發起戰爭。可以説，「宗教戰爭」是新興現代國家崛起和伸張其絕對主權的「產前陣痛」。國家通過誇大宗教分歧的禍害，以惟一「和平維護者」的救主姿態自居，從而壟斷武力的使用權。[18] 最後，國家和教會達成和解妥協：為了社會安寧的公共福祉，宗教若要生存、並獲得保護，就必須被侷限於私人領域。在公眾場域隨意展露個人信仰、以宗教信念作為辯論公共事務的理據等，皆有違「寬容」以及互相尊重的原則。如此，一種只關乎私人的內心信念、被掏空政治性的「宗教」就被發明。[19]

今天，自覺被困於私人角落的教會——包括沒有經歷過這段西方歷史的香港教會——便活在這種「幽閉恐懼」裏面，不斷掙扎要重返公共，公共神學就應運而生。但基督信仰仍然只能以私人/個人的「宗教」（即非政治性的）身分參與公共，信仰進入公共的大前提就是承認公共/私人的分野；而宗教參與公共的合法模式只得一種，就是為和平地建立社會共識（peaceful consensus）獻一分力。宗教不能挑戰國家/政府主宰人民性命/身體的無上權威，更不能動搖人民對社會的認同、對國家的效忠。在信仰「進出公私」的過程中，只能完全服從公共秩序既有的遊戲規則（on their own terms）。在此一出一入之間，宗教就注定要被馴化（domesticated）。[20]

因此，信仰的「私人化」是在教會的默許下發生的，甚至是教會與世俗主義共謀的結果。對於教會被一道無形的牆所圍困，久而久之令一些信徒甘心情願，繼續被自我禁錮，對世事不聞不問；但另一些信徒卻耿耿於懷、不安於室，認為宗教被社會排擠，所以誓要奪回公共的話語權。但這兩類基督徒都不曾懷疑過世俗社會聲稱存在的這道牆的真確性。可是，假使「政與教」、「公與私」等的區隔根本並非如自由主義所講的一樣，又如何？假如公私之別非由世俗社會來限定，而是從基督信仰來詮釋，將可以開出怎樣的嶄新局面和另類視野？

習慣在政治的自由主義氛圍下適應求存的教會已經失去了福音所賦予的政治想像力，所以她只能在或滯留私人、或衝出公共之間取捨。但試想一下：假如教會以外的世界**並非**惟一的公共，甚至並非真正的公共？[21] **假如教會本身已經體現惟一真實的公共，教會生活擁有不假外求的公共性**（public in its own right），[22] 無須透過政治參與來實現，更無須爭取世俗社會的認同肯定；基督信仰非但絕非私人，福音所揭示的才是真正的公共，而世俗社會的「公共」不是，又如何？假使我們推翻整個自由主義政治圖譜的價值判斷，「公」非公、「私」非私，又將如何？公共神學工作者追求信仰的公共性本屬無可厚非，但他們對公共性的理解出錯，於是老往不合適的地方找（wrong kind of public）。教會本身**就是**公共（be public），[23] 教會無須透過影響公共而成為公共；假若教會從來無離開過公共，就無必要「重返」公共；反而教會一「進入」公共，就被世俗定義為私人。

四、公民社會：當政治被非政治化

公共神學夢寐以求爭取進入的「公共」就是公民社會的公共論域。然而，「公民社會」和「公共論域」其實是兩個不同的概念，卻經常被混為一談。德國哲學家哈伯瑪斯（Jürgen Habermas）於一九六二年提出「公共論域」（public sphere）的理論，相關著作於一九八九年被翻譯成英語而流行於世。[24] 適逢東歐共產政權相繼倒台，「公民社會」的概念被重新發現，除了被賦予新的內容，更被傾注新的政治盼望。因此兩者就自然地被相提並論。

哈伯瑪斯所指的「公共論域」，其實是言論或論述空間(discursive space)，並非一般人所講的「公共論壇」、「公共平台」，更非「公共空間」。公共論域的具體歷史呈現是十七、十八世紀的資產階級、貿易商人在茶座、咖啡廳、沙龍等公眾場所聚集，由交換市場信息，到議論國家大事，無所不談；發展到後來有更多的自由結社、行會商會等，就是今天所謂公民社會的雛形。公共論域的特定功能，是凝聚公眾意見或社會輿論（public opinion），因之在現今的信息社會，公共論域發生的場景已經轉移到大眾媒體（mass media）。哈伯瑪斯的理論指出：公共論域的產生條件，同時是令它衰敗沒落的原因。公共論域的有效運作仰賴在裏面發生的討論的質與量，亦即論述的質素水平（或可謂「理性含量」），以及論述參與者的廣泛性。但這兩個條件是彼此矛盾的：量變會導致質變。[25] 民主化令公共論域從規模而言不斷擴張，到最後幾乎包含所有不同社會階級的公民，而不再是當初某些社會菁英。公共論域的大眾化，導致它的劣質化、瑣碎化、煽情化，表現於今天的新聞娛樂化、公眾輿論的民粹化。[26] 左右社會氣氛、民意走向的，往往是大眾傳播媒體，而非例如議會內就公共事務的研議、不同政見理據的切磋交峯。本來公共論域有助建立公眾輿論，但現在公眾輿論反而損害理性的公共運用（public use of reason）。

哈伯瑪斯非常重視公共論域「既公且私」的特質：一班人以私人／個人的身分聚集而形成公共（private people coming together as a public），雖然他們各自的關注可能本來是私人性的，但卻同時有公共的相關性（basically privatized but publicly relevant）。[27] 簡言之，公共論域能夠將私人轉化成公共，參與者彷彿能夠超越彼此身分地位的特殊性，就一些關乎公共福祉的議題去討論，並將價值的差異以及個人的利益暫時擱置，單單以「理」服人，就是所謂公共理性（public reason）的運用。然而，公共理性表面上擁有的普遍性（universality）——普遍通用的理據必須是任何講道理的人（all reasonable people）都能明白和無法拒絕的——卻並不代表公共論域的確具有包容性（inclusivity）。哈伯瑪斯的理論出現之後，不少學者質疑他所講的公共論域是否確曾在歷史中存在，因為歷史證據顯示，十七、十八世紀資產階級的會所、社團等，充滿排他性和精英主義，反映財富、地位的差距並非能夠輕易被懸吊。而所謂「以理服人」，亦意味某些人的參與（例如女性，或教育水平稍低的人），或者某種論述的方式和內容（例如宗教性的），預先被排除。「公共理性」以超越傳統的普世客觀性自居，其實它本身也不過是歷史中某個特殊的（particular）關於理性的立場。「公共理性」更有一種自圓其說的強制性，使人沒有反駁的餘地，否則就會淪為「不講道理」的人，甚至構成對被視為冥頑不靈的人實施武力制裁的藉口。

「公共論域」其實不過是一種（業已沒落的）資產階級的**虛假意識**（false consciousness），是虛有其表、言過其實，多於歷史真貌的全部。[28] 對此，由始至終哈伯瑪斯都沒有否認過；但是他堅持，儘管公共論域從來沒有完全地實現，無論如何它曾經在某種社會脈絡局部地、不完全地實現。哈伯瑪斯就是要拯救、恢復、改造（reclaim）公共論域作為意識形態，當中可貴和真實的規範性理想。[29] 於是，哈伯瑪斯後期轉向研究溝通倫理學（communicative ethics），就是意圖從「理想的言談情境」（ideal speech situation），亦即從社會歷史**以外**，找出一些關於公共理性的超越性／先驗性（transcendental）普遍倫理條件。[30] 他的學術旨趣變得完全是規範性和倫理性的，而不再牽涉描述性和歷史性的實證考慮。

哈伯瑪斯的哲學轉向從內部而言是合情合理的，但後來者若忽略或掏空他的倫理性關注，卻會間接地被鼓勵將公共論域「理想化」，因而完全脱離社會現實、以假當真。此現象在討論公民社會時尤為顯著，因為「公民社會」的概念本身已經很容易被浪漫化。「公民社會」的概念源自十五世紀文藝復興時期，人文主義者將亞里士多德的著作裏面希臘文的 *koinonia politike* 翻譯成拉丁文 *societas civilis*，用以宣揚、復興某種共和主義。[31] 但大概十八世紀以後此概念由政治性、哲學性，蛻變成社會科學和經濟學概念，以解答「社會如何可能？」的問題：即使沒有政治上的強制管治，人的活動如何可以達到互相協調？[32] 所以當時公民社會被等同市場經濟，且被歸屬於私人領域（見**表一**，本書頁 158）。繼後的幾百年，由於民族國家的興起，「公民社會」的概念就相對式微；直至上世紀末，被東歐共產政權下的反對勢力和知識分子重新發現/發明，自此這個概念就不斷膨脹，承擔起不同的政治期望和任務。[33] 公民社會被幻想成社會凝聚的萬能膠，在極權制度下足以推翻暴政、有助爭取建立民主憲政；在民主制度下，則可以令失效僵化的政黨政治起死回生，重新注入公民活力。[34] 公民社會能化腐朽為神奇，是惟一能與政權抗衡、或糾正當權者的正面/正義力量，乃公民自由權利的最後堡壘。

公民社會被構想成政治的壓制（coercion），以及資本主義的競爭（competition）**以外**，第三種構成共同生活的模式原則，是單靠某種文化共識、社會信任而能夠自我組織，自主自律的、前政治性社會（autonomous pre-political society）。公民社會是免受權力統治和金錢交易這兩股政經勢力污染的自由平等樂土。這類一廂情願的看法，無疑經不起現實的考驗。首先，公民社會的單位成員不是個別的普通公民，而是自由結社的社團，所謂志願或自願團體

（voluntary associations），主要是非牟利的非政府組織（NGOs）；包含各式各樣的團體，例如體育協會、文娛興趣小組、家長教師會、專業團體、甚至工會等。很難説，這些組織的成員都只是一些懷有崇高公民意識、單純動機的人；而每個組織又有自己的議程使命、存在目標、要維護的利益等；組織與組織之間，彼此可以是陌生人、同路人、盟友、競爭者、對手、敵人等。換言之，公民社會是「龍蛇混雜」之地，根本和「大社會」沒有分別；社會先存的內部衝突分歧，不見得在公民社會裏面就可以得到升華揚棄。

理想中的「公民社會」根本是子虛烏有，主要有三大理由。第一，本來公民社會標榜自發獨立、業餘主義和義務性質（volunteerism），但不少國際性的非政府組織的日常運作已經被專業主義壟斷。被描寫成獨立於黨派政治和資本主義的非政府組織，其實不少接受政府和財團資助，甚至是被政府和財團培植出來的。非政府組織之中除了以社區或草根為本的（CBO/GRO），還有為商業或特殊利益服務的（BINGOS）；[35] 前者又不斷被其他國際性的組織（尤其是聯合國及其轄下組織）收編，它們長期抗爭的社會目標，變成有時限性的短期獲資助社區服務，出現事工企劃化（projectization）的趨勢。[36] 將公民社會定性為「反建制」，以為它愈壯大，就代表國家／政府的權力愈受制衡，只是美麗的誤會，因為公民社會的訴求往往針對政府的公共政策、立法、開支。公民社會需要依賴一個強而有力、有效管治的政府來實現它不同成員的社會願景。[37]

其次，公共社會的概念通常被認為與公共論域互通，公民社會有助建立以公共理性溝通的平台。但有實證研究指出，社團生活不一定能夠讓成員學習到在互相尊重分歧的氛圍下討論公共事務，主要還要視乎是甚麼性質的團體：[38] 一些社區性街坊組織或興趣小組等的私人團體（Private People），成員之間的溝通內容都是非政治化的，體現一種公共生活的忌諱和尊重，一概敏感話題都是心照不宣的禁區，以保相安無事；就連一些為特定宗旨、社會改革目標而成立的志願團體（Volunteers）也一樣有被非政治化的可能，特別是當這些倡議性組織開始需要向捐款者、支持者、持分者問責，它們就變成常規化的機構（NGOisation）；只有那些貫徹從事社會運動的組織（Activists），它們內部的討論才會涉及政治或者意識型態的爭論，但即使它們的成員原則上都是志同道合的同志，他們之間也未必一定做到以理服人的君子之爭。以為公民社會的組織之間/之內總會奉行平等原則、沒有等級分層、沒有權鬥，這些都是空想。

最後，很多人理所當然地以為，公民社會可以凝聚整個社會、避免分化撕裂，令社會學習互助共融，累積社會資本（social capital）。但如上所述，一般的自願組織，最多可能達到聯誼目的，但話題只屬風花説月，無助於促成公共論域或者訓練成員運用公共理性對話。另外，社團生活同時有內聚和排他的作用，對局內人的團結意味對局外人的排斥。公民社會之中更不乏「單一議題」的政治遊説組織或壓力團體，它們對社會目標的取捨、社會代價的優次衡量、尋求最大的公共福祉等毫不熱中，只為著捍衛自身的價值目的，極力爭取到底，跟其他組織或政府，往往沒有商量、妥協、交易、轉圜的餘地。[39]

以上公民社會的實況，應驗了哈伯瑪斯憂慮公共利益的私人化（privatization of public interest）。[40] 當公民社會未能產生共識，就會分裂成散殊的、互相競逐的諸多「公共」（publics）——更準確地應稱為「私共」——沒有統一的公共（the public）可言。[41] 公民社會未必能夠體現出一種更真實的公共，反而不免淪為不同私人利益的角逐場。公民社會內各成員對公眾利益的理解，都不過是私人/個人的小羣意見；它們有些甚至是既得利益團體，毫無公共精神、也不懂合作互諒，但是根據世俗多元主義，他們仍然是公民社會內合法的(legitimate)成員,不應被排除。於是,惟有自命獲大多數人民授權的民選政府,才有資格代表公共的全部,超越個別團體的利益,維護公眾的最大福祉。所以,公民社會的百花齊放最有利於當權者對其施以分而治之。公民社會被頌揚為惟一能夠抗衡政府、保障公民權益的最後武器,但是除非政府的管治和權威嚴重失效,在實力此消彼長下,公民社會才有機會發揮政治作用;否則,公民社會仍然是政府(以及資本主義)的附從,在政權的容許、保護、贊助下運作,對凌駕國家的環球資本就更加束手無策。[42]

「公民社會」體現的是一種「政治仍歸政治、公共歸公共」的「公共」。而這種虛構的「公共」與公共神學是天造地設的一對,它的吸引力在於發掘一種純粹公共而不涉政治(public without being political)的可能性,[43] 讓基督徒以為有所謂公共空間,是教會可以安心參與的,容許教會與醜惡的黨派權鬥、政權赤裸的暴力等,保持了一點(心理上和道德上的)安全距離。因此,教會就不怕被政治沾污雙手,得以保持自己的清白和中立,但又可以通過參與這種被淨化的「公共」,向政治勢力隔空喊話,從而間接影響政府、政策。何樂而不為?「公民社會」滿足了基督徒既鄙視政治,又想左右政治,那種欲拒還迎、渴求得到公眾認同(recognition)的心態。

公共神學就是通過「公民社會」的概念,想像出一種脫離政治、逃避政治的「公共」。而斯塔克豪思的著作最能表現出這種將公共「虛擬化」的傾向。斯塔克豪思的公共神學是自覺地同時有別於政治神學和公民宗教(civil religion)。斯塔克豪思批評政治神學對人的罪性以及社會的罪性缺乏現實性(realistic)的認知,因此不免追尋烏托邦式的急進改革,甚至支持武力革命。更基本地,政治神學對「政治」(the political)的理解太偏狹,限定為政府行為,變成是以國家為中心(statist),於是政治神學的政治訴求只會直接或間接地支持中央集權政府。而公共神學基於對人性的掌握,會耐性地為漸進式的改革而努力。[44] 另外同時地，公共神學亦排拒以愛國主義、民族利益為依歸的公民宗教。斯塔克豪思批評公民宗教是文化上的偶像崇拜、我族中心主義，是一個國家或者社會的自我膜拜。[45] 因此公共神學的任務不是為建制背書，而是轉化現況。

斯塔克豪思主張公共神學應該徹底棄絕對政治權力的追求，包括利用政治手段改造社會的想法。於是，他將公共神學「上綱上線」(ascent)到一種倫理或者價值的層次。公共神學恰當的任務是為人類的共同生活建設屬靈和道德的上層建築(spiritual and moral architecture)。[46] 斯塔克豪思認為，任何文明都隱含一種宗教或神學的視野，而公民社會的纖維組織(fabric of civil society)或者規範性核心(normative core)更是宗教性的。[47] 社會或者文明的基礎是它的「屬靈資本」(spiritual capital)，而公共神學抵制世俗唯物論的策略，就是重尋被排除於公共生活的超越性(transcendence)。[48] 斯塔克豪思形容社會或者共同生活的底層結構(underlying structure)是「形而上、且道德性的」(metaphysical-moral)。所以，按這個邏輯，改造「前政治性的」社會道德秩序，比直接影響政策政治，更能根本地改變社會。因此，公共神學可以(並且應該)對道德生活發揮指導性(guidance)的作用；公共神學對公民社會的最大貢獻就是組織、整治、指揮、管教、條理(order)共同生活。[49]

斯塔克豪思這種將公共神學「去政治化」的立場，雖刻意迴避君士坦丁主義的指控，但是從精神上仍然對基督教王國念念不忘。因為，即使在深受基督教文化影響的西方世俗社會，教會也鮮有被正式邀請去擔當人民的靈性或者道德師傅。教會毛遂自薦去供應社會在自我更生之中必須的道德指引，或者說公民社會會因為缺少宗教聲音而貧乏不全，甚至只要有教會的參與，公共論域就會「無中生有」地被成全，這些都是一種過分自我抬舉的想法。何況。社會即使需要宗教，也未必只需要基督教，遑論說公共神學的參與對公民社會必不可少。

近十多年，斯塔克豪思再次將他的關注推上更高的概念層次，追求一種無可匹敵的超越性，能夠相對化所有的特殊利益、羣體和脈絡，真正的公共必須要至大無外。[50] 而得力於全球化的成功，一個跨越國界、文化、宗教、地域，原則上包含全人類的全球性公民社會（global civil society）已經隱隱然出現，公共神學的對象應該是這個真正、惟一、普世的公共。斯塔克豪思甚至認為，全球化逼使神學及時作出回應，因為上帝就在全球化裏面（God is in globalization），我們能夠在全球化裏面遇見上帝，體察上帝的創造和救贖工作。[51] 因此神學必須變得公共，基督徒有道德責任去成全全球化，並與上主同工。公共神學除了要為冒起中的世界公民供應道德資源，更要辨識善惡好壞，引導全球化往好的方向發展，防止它誤入歧途，盡力限制它可能帶來的禍害以及隱含的霸權。[52]

可是，「全球性公民社會」首先是一個概念，而不是一個公共神學可以「進入」，並與之「對話」的實體。但更重要是，當神學的論述被提升到這個抽象的層次，它就已經完全不再在地在場（local），與普通人的日常生活脱節。雖然本地公共神學工作者未必會跟隨這種全球性轉向，因為他們的對象始終是香港社會大眾，但他們卻遺傳了斯塔克豪思這種「大而化之」的傾向。斯塔克豪思以及他的追隨者一樣忽略了，若論到全球性社會（global society），一個最具體、現成和實在的例子應該是有兩千多年歷史的普世大公教會。可惜，在他們的公共神學裏面，教會總是不在場。

五、公共神學算是甚麼神學？

由於不少本地公共神學工作者取經自斯塔克豪思，也就習染了他專門「務虛」的做神學方式，出現一些開宗明義**不**從事社會分析、**不**進入政策細節、**沒有**具體創見，只發表「清議式」評論短文，空談「公共價值」的「港式公共神學」。[53] 但缺乏實證研究的支持，公共神學又如何貢獻公共政策的商議？這種形式化、綱領式（programmatic）的公共神學索性遠離亂糟糟（messy）的現實政治，採取一種「非政治化」或「去政治化」的方式影響現實政治；它有立場，但為免淪為一種政治意識形態，盡量不隨便就支持或反對某些政策明確表態。其他類型的公共神學，例如一些受尼布爾影響的公共神學家會承認，福音屬於個人和倫理性的教導，不能直接被翻譯成公共政策，不足以決定（underdetermined）信徒對公共事務應有的立場，所以需要公共神學作為「中介」（mediation），以整理出一套可行的、對應時代和社會脈絡的社會倫理（Social Ethics）。[54] 斯塔克豪思式的公共神學卻完全務虛，選擇將信仰化約成「宗教」和「倫理」，然後再轉化成現代社會可以吸納、採用的倫理資源或所謂「公共價值」，從而使信仰成為公共生活各領域的道德承擔和精神導引。[55] 公共神學這個層次的討論卻完全缺乏社會實在的基礎和因果機制（causal mechanism），變成一種探討「信仰」與「公共」兩個抽象概念之間「關係」的元論述（meta-discourse）。

當本土的公共神學停留在這種虛無飄渺的論述層次，對於一些最基本問題的立場就搖擺不定、進退失據：為甚麼公共需要宗教聲音？為甚麼基督信仰需要進入公共？進入之後，向誰説話？怎樣説？説甚麼？對於為甚麼公共「應有」宗教的聲音，通常有三個理由。第一，是神學性的理據：因為上帝是萬有之主，所以也是「公共」的主，因此信仰進入公共，就是向世界宣告上帝掌管一切。這個理據不單對世俗社會毫無説服力，神學上也不能成立。它訴諸神學的對象——上帝，試圖將上帝的「超越性」（先在的「公共性」）轉嫁到神學論述本身，來保證神學的公共性。然而，諷刺的是，公共神學的題材卻並非三一上帝，而只談生命價值、倫理價值、公共價值。上帝是萬有之主、掌管一切，世事萬物沒有「不關上帝的事」，但不代表天下事都是神學言說的範圍，更不代表教會就應該有權統管一切、就社會所有發生的事表態發聲。[56] 第二，是訴諸自由主義。教會作為公民社會一分子「理應有權」（entitlement）發表意見。但是，這是對言論自由的徹底誤解。民主制度只**保障**個人和團體運用自己的資源渠道，有發表意見的機會和權利，但並不**保證**發佈的信息一定有人願意接收。在香港，無論政府或者公民社會，從來都沒有「禁止」宗教發聲，不過大眾媒體也沒有「義務」開放公共平台給宗教。當世俗社會對教會的聲音聽不入耳（non-reception），教會不必懷疑是否被人刻意排擠，更不代表宗教人士的言論自由受限制。更何況，福音從來都是不受大眾市場「歡迎」的！第三，真正的理由是，不少本土公共神學工作者深信，教會在文化陣地長期缺席，所以需要「反攻」。然而，福音從來沒有「佔據」過香港這個世俗社會，又何來「失守」？所謂「重奪」話語權，是但求被注意（being heard），而不理會是否獲聆聽（listened to）；是只想自己的發洩被別人聽到，而不是因為對方的好處，而去分享好消息。這明顯更是一種粗暴的行為，預先將其他公民社會的成員當為競爭對手或假想敵，而且「我講，你要聽！」而不是首先學習聆聽別人，容許自己被他者挑戰。[57]

本土的公共神學若搞不清為何要發聲，就它真正要針對的話語對象，便經常踟躕不定、模稜兩可。特別以近年教會最流行的發聲工具——在主流報章刊登聯署聲明——最能體現出信仰的聲音進入公共「裏外不是人」的困境。公共神學有時被定性為在公共語境中探討信仰內容，但公眾為何要對基督信仰及其公共價值發生興趣？但若說公共神學的對象仍然首要是教會，則為何不是通過牧養教導，而要以人多勢眾的方式，在主流媒體公開發佈？[58] 若說公共神學的對象是社會大眾，為何聯署內容往往不單引述聖經，甚至採用艱澀的神學語言？當教會採用一些未經自我消化、並且不能被教外人消化的宗教術語向世俗社會發聲，就令人覺得她並不旨在溝通、傳意、對話，而只是單方面自説自話宣示立場。聯署聲明是一種虛張聲勢、「交功課式」的表態，脱離特定羣眾（political constituency）的具體利益和訴求，是一種虛擬政治（simulated politics）。[59] 但當教會嘗試將信仰翻譯成所謂普世價值，她就只是反芻（echo）世人已經知道或者最想聽的，那又何來無可替代、獨特而清晰的信仰聲音？例如，有信徒相信參選進入議會是代表上帝發聲，但我們何曾聽過基督徒議員在議事廳上宣講耶穌是主？又例如，有基督徒知識分子躋身公共，就放低信徒身分，完全按所謂公共理性的要求發言，甚至寫文章連「基督教」三個字也刻意隱藏迴避，改以「宗教」替代，耶穌的福音又如何被彰顯？

公共神學試圖將基督信仰「翻譯」、「轉化」成可以被教外人分享、消化、挪用的道德靈性資源，就已經錯誤地假設，任何人無須有成為門徒的委身認信，都可以明瞭福音、活出福音。[60] 信仰被還原為不具肉身（disembodied）、離開羣體（disembedded）的「宗教」。然而，教會根本無須煩惱將福音「翻譯」成甚麼語言，因為她和世界主要的溝通交往方式是「見證」、不是「對話」，而見證是眼所能見、公開公共的，無需經過「翻譯」！[61] 反而，並不伴隨羣體踐行的聯署「發聲」，更令人覺得自義虛偽。社會對教會的尊重是要「賺取」（earned）回來，而不能靠人多聲大去「爭取」；別人除了會評價教會的發言是否言之無物，更看重我們有否言行不一。

公共神學的倡議者本來的理據是，神學必須轉向公共，否則信仰就會停留私人。但是，教會不能單靠搞出一套公共神學而變得公共；相反，教會若不活出她應有的公共性，神學也斷不會「公共起來」。公共神學做神學的方式無疑是本末倒置。而由於公共神學一開始就鋭意離開教會、面向公共，它所追求的「公共相關性」(public relevance)或有利於成就自己的「公共性」(public character of theology)，令公共神學勉強能登學術的大雅之堂。神學的公共轉向或能令神學在人文學科之間「佔一席位」，卻不能造就教會。公共神學往往最後安於視自己為一種跨學科的對話，它就被掏空神學內容，變成抽象的元論述。[62] 但公共神學若不是由教會來做、為教會而做，不以使人作基督門徒為首要任務，就錯誤地使自己成為一個閉門造車的「學術學科」，而沒有接受神學所應有的「紀律規訓」(become the wrong kind of "discipline")。公共神學或者能賺到一點學術上的「公共性」/認受性，卻輸掉它的「神學性」。

筆者無意說公共神學全非神學，但是它的神學性不足(not theological enough)，或非常薄弱(thin)。當公共神學工作者不敏感於神學必須被教會和正統規範，輕易地將不同的神學論述和神學方法中性地、工具化地稱為「進路」，以為可以悉隨尊便的選取採用，又或不拘一格的兼收並蓄，他們就任由方法決定題材，而不是由神學的對象——主動自我啟示、道成肉身的三一上帝——來決定神學的方法和材料，公共神學就喪失神學的完整個性(theological integrity)。公共神學偶爾或會提到教義教理，但不是凡論及創造、救贖、終末的，都算是**基督教的**神學。還要看如何談、談甚麼？談論這些題材的時候，有否服從教會的規訓；還是沒有門徒的委身，懸吊在半空地、學術地、沒有肉身地談？所以，就算公共神學有講論上帝，它也不一定是神學，因為它可以將上帝當為超越性的空洞代號(empty cipher)；就像斯塔克豪思，他所論及的「上帝」，其神性是被化約為抽象、沒有內容的超越性/公共性，而不是由上帝來定義公共。斯塔克豪思的「上帝」往往並非一個真正具體的「行動者」(agent)。[63] 斯塔克豪思說：「上帝就在全球化裏面」，而非「全球化就在上帝裏面」，兩者的神學意義有天壤之別：前者很容易將上帝的普遍恩典當成隱祕作工，然後以此將全球化的過程神聖化；[64] 後者才能恰當地將一切置於三一上帝的經世活動之下。説到底，對於斯塔克豪思，能夠在全球化起左右大局作用（make a difference）的不是上帝，而變成是公共神學。[65]

公共神學自覺被催逼去肩負起對世界的「責任」，那是出於焦慮：「教會若不……世界就會……」，世界的命運存亡彷彿取決於教會如何在公共發言、行動、介入，「現在」就是歷史的關鍵時刻。公共神學思考教會作為上帝的代理人（agent），往往只迎合當下社會的需要，而不是從三一上帝已經、正在、將會為我們做甚麼，來規限、指導、敍述教會應該做甚麼、不需要做甚麼。[66] 公共神學的世界觀、歷史觀形同無神論（functionally atheist），因為人（社會和教會）才是它的主角/主體，而不是行動中、來臨中的三一上帝。

公共神學只關注教會或信徒「做甚麼」（doing），不問教會應該「成為怎樣」（being）的上帝子民，它致命的缺陷就是沒有教會觀。公共神學搞錯教會的本性，也必然搞錯何謂真正的「公共」。當教會訴諸公民權利，要求信仰作為其中一種應受寬容的聲音進入公共，我們已經將教會變成一種「私共」或特殊利益團體。[67] 福音被推銷為多元主義宗教市場上眾多貨色之一，僅供大眾按喜好需要參考選購。信仰進入公共，不是因為福音的真實性、真確性，而只因基督信仰「有權」和其他意識形態爭長短。福音的「好消息」被矮化成互相競爭的「善」念（competing conceptions of the Good）的其中之一。[68] 但是教會並非公民社會「其中一分子」，教會也不是自願/志願組織，否則她與非政府機構何異？[69] 教會是受福音規訓的羣體，是一種「身體政治」（body politic），敬拜和禮儀就是政治行動，因為一羣子民（a people）由此被構造、定期更新。[70] 而當公共神學只談信徒的公民身分（citizenship），就忘記了門徒身分（discipleship），以及兩者的效忠要求必然產生的衝突。[71]

公共神學將福音「帶進」公共，其實是讓自己「倒退」到一個非政治性、畫地為牢的自限角落。幻想有所謂前政治性的公共，就變相將政治領域完全拱手讓給（conceded to）國家。然而，教會不是因為成為「公共」，才可以成為教會；而是當教會成為教會，她才活出應有的公共性/政治性。教會既不自我「去政治化」，亦不走入世俗的政治、自願被「政治化」，而是需要「**再政治化**」。教會面對的選擇不是政治化與否，而是選擇被**何種**政治所管轄、向甚麼效忠。教會應有的公共性必然是一種有別於世俗的「公共」、對立「公共」的公共（counter-public），是以教會生活對身體的規訓抗逆主流的規訓（counter-discipline）。[72]

信仰的具體活現必須包括對身體的規訓以及門徒的忠信，但公共神學若想將教會變成「社會的良知」（soul of society），就是將教會靈性化（spiritualized）和私人化，使教會自己撇下肉身、只剩下靈魂，不再是基督的身體。[73] 教會只保留信徒的靈魂，信徒的肉身則送給（handed over）國家、任由制宰，並對政權的運作不聞不問、輕輕放過（leave the state alone）。[74] 任何一種神學若未能擺脱國家意識的束綁（in thrall of the state），它的政治想像力仍被權勢奴役（enslaved），試問又怎能帶來福音對人的釋放救贖？[75]

註釋

1. 筆者自二〇〇八年開始從事對公共政策、社會議題的神學反省工作，並定期向教會公開發表研究報告。最初，教牧同工、一般平信徒，甚至神學院老師，均對此不感興趣，只獲部分基督徒學者關注。及至四、五年前，開始不時獲堂會邀請主講「公共神學」講座、工作坊，然而當筆者向邀請者查詢對方如何理解何謂「公共神學」、會友期望就哪些公共神學議題加深認識等，得到的普遍回覆是：「因為不知道公共神學為何物，但又聽到很多人談論，所以想知多一點。」由此可見，「公共神學」可能纖多年前的「職場神學」一樣，成為教會的新興「潮流」。

2. 據知這些出版計劃仍以翻譯外國現有的著作為主。本土「公共神學」仍然停留在吸收、議論，或者方法學的探索階段，多於創新、開拓、建立。本地原創的公共神學論著，迄今只有聖經學者謝品然的《開放的文本——聖經學和公共神學關係的初探》（香港：研道社，2009）。除此以外，筆者正根據二〇一〇和二〇一二年兩度教授公共神學的課堂講稿撰寫《公共神學（不）是甚麼？》一書。

3. 論到英語世界的公共神學，一般總是以美國的神學家為主導，其實尚有稍後發展出來的英國（特別是蘇格蘭）傳統的公共神學。當中又以弗勒斯德爾（Duncan B. Forrester）為先導人物，其標榜神學斷碎性（fragmentary）的特質，有別、並對立於美式系統性、基礎性的公共神學宏圖。參 Duncan B. Forrester, *Christian Justice and Public Policy* (Cambridge: Cambridge University Press, 1997)。

4. Martin E. Marty, "Reinhold Niebuhr: Public Theology and the American Experience," *Journal of Religion* 54/4 (1974): 332 ~ 359.

5. 在此意義上，公共神學是延續、復興、移植美國原有「公共哲學」（public philosophy）的傳統，可以說只不過是一種基督教版本的公共哲學。參 Walter Lippmann, *The Phantom Public*, new edition (New Brunswick, NJ: Transaction Publishers, 1993)。

6. 被招攬成為公共神學家的包括有奧古斯丁（Augustine）、阿奎那（Thomas Aquinas）等。見 E. Harold Breitenberg, Jr., "To Tell the Truth: Will the Real Public Theology Please Stand Up?," *Journal of the Society of Christian Ethics* 23/2 (2003): 63。

7. 首先提出有必要對「公共」作神學檢驗的是鄧紹光：〈公共神學，（不）是甚麼？〉，《香港浸信會神學院院訊》，2012 年 4 月，頁 14。其實類似的批判性研究早已在其他人文學科展開，但公共神學工作者對此似乎一無所知，參佐佐木毅、金泰昌編：《公與私的思想史》（北京：人民出版社，2009）。

8. 參 Forrester, *Christian Justice and Public Policy*, 32。

9. Max L. Stackhouse, "Civil Religion, Political Theology and Public Theology:

What's the Difference," *Political Theology* 5/3 (2004): 275 ~ 293.

10. 當本地公共神學工作者將類似的神學/政治議程引入香港，犯了一個基本的判斷錯誤，就是假想如美國自由民主制度的那種「公共」在香港同樣業已存在，因此教會可以進入這個現成的「公共」，或與之對話。

11. 參 Breitenberg, "To Tell the Truth"。作者提供了一個形式化的框架去綜覽、分類公共神學的文獻，但完全缺乏神學判斷；例如，是否但凡自稱公共神學的都是神學？它們有幾神學？最終某程度上，他承認對公共神學的界定失敗，只能結論公共神學不是甚麼：它不是純粹認信式（confessional）、只向教會說話的神學。但是所謂「自說自話」、內向的教會神學可曾存在？

12. Stanley I. Benn, and Gerald F. Gaus, eds., *Public and Private in Social Life* (New York: St. Martin's Press. 1983), 5 ~ 6.

13. Norberto Bobbio, *Democracy and Dictatorship: The Nature and Limits of State Power* (Minneapolis, MN: University of Minnesota Press, 1989), 1 ~ 2.

14. Jeff Weintraub , "The Theory and Politics of the Public/Private Distinction," in *Public and Private in Thought and Practice: Perspectives on a Grand Dichotomy*, ed. Jeff Weintraub and Krishan Kumar (Chicago: University of Chicago Press, 1997), 1 ~ 42。除非另外標明，以下的評析主要取材自此文章，不再特別逐一註釋。另參 Maurizio D'Entrèves and Ursula Vogel, eds., *Public and Private: Legal, Political and Philosophical Perspective* (London: Routledge, 2000)；Raymond Geuss, *Public Goods, Private Goods* (Princeton, NJ: Princeton University Press, 2001)。

15. 參 Stanley I. Benn, and Gerald F. Gaus, "The Liberal Conception of the Public and the Private," in *Public and Private in Social Life*, ed. Stanley I. Benn and Gerald F. Gaus (New York: St. Martin's Press. 1983), 31 ~ 65。

16. 余德林博士首先提出「開公活私」的構想；在此借代出「開私活公」的說法，其意與原創者有出入。

17. 參 John Milbank, *Theology and Social Theory: Beyond Secular Reason*, 2nd ed. (Oxford: Blackwell, 2006 [1990]), 158；Stanley Hauerwas, *Dispatches from the Front: Theological Engagements with the Secular* (Durham: Duke

University Press, 1994), 91 ～ 106。

18. 這種強調寬容的自由主義論調，其實將暴力視為不可避免，是維護和平的必要手段，即體現出一種「暴力的本體論」(ontology of violence)。

19. William T. Cavanaugh, "'A Fire Strong Enough to Consume the House': The Wars of Religion and the Rise of the State," *Modern Theology* 11/4 (1995): 398 ～ 408.

20. Cavanaugh, "'A Fire Strong Enough to Consume the House'," 409 ～ 411.

21. 參 Rowan Williams, "Politics and the Soul: A Reading of *The City of God*," *Milltown Studies* 19/20 (1987): 55 ～ 72。

22. 參 Reinhard Hütter, "The Church As Public: Dogma, Practice, and the Holy Spirit," *Pro Ecclesia* 3/3 (1994): 334 ～ 361。

23. William T. Cavanaugh, "Is Public Theology Really Public?: Some Problems with Civil Society," *Annual of the Society of Christian Ethics* 21 (2001): 115.

24. Jürgen Habermas, *The Structural Transformation of the Public Sphere: An Inquiry into a Category of Bourgeois Society* (Cambridge, MA: MIT Press, 1989 [1962]).

25. Craig Calhoun, "Introduction: Habermas and the Public Sphere," in *Habermas and the Public Sphere*, ed. Craig Calhoun (Cambridge, MA: MIT Press, 1992), 2 ～ 4.

26. 參 Alan McKee, *The Public Sphere: An Introduction* (Cambridge: Cambridge University Press, 2005)。

27. Habermas, *The Structural Transformation of the Public Sphere*, 27.

28. 參 Calhoun, "Introduction," 17。

29. 對哈伯瑪斯而言，現代性企劃(modernist project)的理性化和民主化過程是一個尚未成功、仍需努力的理想。參 Calhoun, "Introduction," 40。

30. 參 Calhoun, "Introduction," 5 ～ 6, 29 ～ 33。

31. Peter Wagner, ed., *The Languages of Civil Society* (New York: Berghahn Books, 2006), 28 ～ 51.

32. Keith Tester, *Civil Society* (London: Routledge, 1992), 5 ～ 6.

33. Margaret Somers, "Romancing the Market, Reviling the State: Historicizing

Liberalism, Privatization, and the Competing Claims to Civil Society," in *Citizenship, Markets, and the State*, ed. Colin Crouch, Klaus Eder, and Damian Tambini (Oxford: Oxford University Press, 2001), 23 ~ 47.

34. 公民社會被視為萬靈丹，每當民主體制失效，就被召喚出來「急救」民主。公民社會被高舉成為民主制度成功健康發展（或者復興）的必要條件。但健全的公民社會本身又有甚麼必要條件和充分條件？

35. Sangeeta Kamat, "The Privatization of Public Interest: Theorizing NGO Discourse in a Neoliberal Era," *Review of International Political Economy* 11/1 (2004): 159 ~ 163.

36. Islah Jad, "NGOs: Between Buzzwords and Social Movements," *Development in Practice* 17/4 ~ 5 (2007): 627 ~ 628.

37. Thomas Carothers, "Civil Society," *Foreign Policy* 117 (1999 ~ 2000): 26 ~ 27.

38. Nian Eliasoph, *Avoiding Politics: How Americans Produce Apathy in Everyday Life* (Cambridge: Cambridge University Press, 1998).

39. Carothers, "Civil Society," 21.

40. 參 Kamat, "The Privatization of Public Interest," 162 ~ 167。

41. 「私共」一詞再次挪用自余德林博士，原意大概是指「假公濟私」，公權力的異化和腐化，在此則有相反的意思。從哈伯瑪斯的角度，眾數的 "publics" 或多或少是一種自相矛盾的語病（oxymoronic）。

42. 公民社會被差派去佔據一個在主流二元政治空間想像裏，根本不存在的居間狀態（in-betweenness）。但這種論述從來沒有真正提出過國家和市場以外的「第三條路」，因為它總是偏向私人、抹黑政治。此概念強調自發、自律、自主的可能性，無需從上而下的權力執行秩序，也可以自動擺平紛爭、分配利益，變相就是浪漫化市場的力量。參 Somers, "Romancing the Market, Reviling the State," 44 ~ 45。

43. 參 Cavanaugh, "Is Public Theology Really Public?," 105。

44. Max L. Stackhouse, "Public Theology and Ethical Judgment," *Theology Today* 54/2 (1997): 166; "Civil Religion, Political Theology and Public Theology," 284 ~ 285.

45. Stackhouse, "Civil Religion, Political Theology and Public Theology," 278.
46. Stackhouse, "Public Theology and Ethical Judgment," 167; "Civil Religion, Political Theology and Public Theology," 277.
47. Stackhouse, "Civil Religion, Political Theology and Public Theology," 285.
48. 例如 Max L. Stackhouse, *God and Globalization, Volume 4: Globalization and Grace* (London: Continuum, 2007), 78。
49. Stackhouse, "Civil Religion, Political Theology and Public Theology," 288～289.
50. 這種追求最大普遍性（並誤將其當為公共性）的「鬥大」遊戲可以是無止境的。所以有神學家認為，生態神學才是「最公共」的神學，因為關乎所有地上的被造物，包括地球自身的生死存亡。
51. Max L. Stackhouse, "Public Theology and Political Economy in a Globalizing Era," in *Public Theology for the 21st Century: Essays in Honour of Duncan B. Forrester*, ed. William E. Storrar and Andrew Morton (London: Continuum, 2004), 179～180.
52. Stackhouse, *God and Globalization*, 36; "Public Theology and Ethical Judgment," 178.
53. 「公共價值」（public value）一詞在社會科學裏面有特定的意思，在香港提出「公共價值」的學者卻從不引述相關文獻，例如 John Benington, ed., *Public Value: Theory and Practice* (New York: Palgrave Macmillan, 2011)。而且他們對於公共價值的內涵和功能含糊其辭，有時主張公共價值的建立需要信仰的資源和參與，有時則認為信仰必需先「被植入」公共價值，否則就會與公共生活脫節。
54. 參 Reinhold Niebuhr, *Moral Man and Immoral Society: A Study in Ethics and Politics* (Louisville, KY: Westminster John Knox Press, 2001 [1932])。另參 Deirdre King Hainsworth and Scott R. Paeth, "Introduction," in *Public Theology for a Global Society: Essays in Honor of Max L. Stackhouse*, ed. Deirdre King Hainsworth and Scott R. Paeth (Grand Rapids, MI: W.B. Eerdmans, 2010), xv。
55. 參曾慶豹：〈公共神學與公共生活〉，載《上帝與公共生活：神學的全球公共視域》，謝品然、曾慶豹編（香港：研道社，2009），頁 7。

56. 上帝的主權覆蓋生活的每一個範疇，不代表教會就要干涉社會上**所有人**的生活，而是指福音統管**每一個**信徒生活的**所有**。比較 Stackhouse, "Civil Religion, Political Theology and Public Theology," 290。

57. 龔立人：〈基督教右派的公共神學：一個批判性閱讀〉，載《宗教右派》，羅永生、龔立人編（香港：香港基督徒學會／dirty press，2010），頁 63。

58. 近年更出現一種使人憂慮的趨勢，就是教會選擇以萬人集會的形式，在政府總部外宣讀信仰約章，令人分不清那是示威施壓的政治行動，還是信仰羣體的公開認信。

59. 參許寶強：《告別犬儒：香港自由主義的危機》（香港：牛津大學出版社，2009），頁 142～143。

60. 比較 Michael Welker, "Is Theology in Public Discourse Possible Outside Communities of Faith?," in *Religion, Pluralism, and Public Life: Abraham Kuyper's Legacy for the Twenty-First Century*, ed. Luis E. Lugo (Grand Rapids, MI: William B. Eerdmans, 2000), 112～113。

61. Cavanaugh, "Is Public Theology Really Public?," 120.

62. Max L. Stackhouse, "An Ecumenist's Plea for a Public Theology," *This World* 8 (1984): 47～49。斯塔克豪思界定神學是學科之間就「最真實的實在」（really real）受規約的對話（disciplined dialogue）。他沒有解釋這種「對話」會否邀請其他學者加入，還是單方面地由神學家引述、討論其他學科的著述；更沒有說明這種「對話」應該被甚麼規約。一種脱離教會、純學術性的公共神學，才是最自説自話的神學，因為它的所謂科際「對話」是虛構的。神學家讀寫其他學科的著作，自欺欺人地美其名為「對話」，但實在其他學科的學者（即使是基督徒）未必有興趣與神學家展開真正的對話。學術出版的所謂「對話」，實際上都是獨白。結果，公共神學就變成是公共神學家單純為其他公共神學家而做的神學。

63. Philip Ziegler, "God and Some Recent Public Theologies," *International Journal of Systematic Theology* 4/2 (2002): 147～153.

64. 公共神學通常應用「普遍恩典」（common grace）為世俗制度文化賦予一次過的正當性，而不作細緻的倫理辨識，且脱離創造、墮落、救贖的聖經敘事。參 Theodore A. Turnau, III, “Reflecting Theologically on Popular Culture As Meaningful: The Role of Sin, Grace, and General Revelation,” *Calvin Theological Journal* 37 (2002): 270～296。

65. 參 Stackhouse, *God and Globalization*, 80。

66. 參 Samuel Wells, *God's Companions: Reimagining Christian Ethics* (Oxford: Blackwell, 2006), 201。

67. 從政治理論而言，當教會在公民社會之中不去主動扣連、團結別人的關懷，亦不參與建立共識、化解矛盾，只是不斷內部動員、宣示立場和展露實力，她就沒有發揮到任何挑戰主流統識（hegemony）的政治功能。

68. 因此，有些公共神學只講「公義」，而避談美好的共同生活，這種公義或者公平就是形式化、程序化，空洞而無具體「善」的內容。這與自由主義論述如出一轍：因為在多元社會裏面有太多「善」，而公共論域不容許任何一種立場獨大，必須保持它的中立性，於是關於「善」的討論都必須從屬於、後置於公義的考量平衡，甚至關於「善」的實質探討、較量被排除於公共之外。

69. 教會是「非自願」團體，因為她不是由一班「志同道合」的人自由組成，而是被上帝呼召、分別出來的聖民。誰是我的主內弟兄姊妹，不由得我選擇。

70. Stanley Hauerwas, *In Good Company: The Church As Polis* (Notre Dame, IN: University of Notre Dame Press, 1995), 26.

71. 本土公共神學工作者傾向幻想自己是單純的「世界公民」（cosmopolitans），就是刻意避談身處強國之下的「國民」身分責任，與基督徒作為天國子民的身分認同之間的矛盾。

72. 比較 Michael Warner, *Publics and Counterpublics* (New York: Zone Books, 2002)；Cavanaugh, “‘A Fire Strong Enough to Consume the House’,” 414。

73. 參 Cavanaugh, “Is Public Theology Really Public?,” 116。

74. Cavanaugh, “‘A Fire Strong Enough to Consume the House’,” 399, 405, 414～415.

75. 參 Cavanaugh, “‘A Fire Strong Enough to Consume the House’,” 409；Scott H. Moore, *The Limits of Liberal Democracy: Politics and Religion at the End of Modernity* (Downers Grove, IL: InterVersity Press, 2009), 141。

第三部　社會・倫理

7.

養兒育女是教會的社會使命？——對現代家庭觀念的神學批判*

侯活士的早期著作以醫學倫理（medical ethics）見稱，特別是針對殘障兒童的照護，當中又觸及了愛情、婚姻、家庭、為人父母等議題。本文綜覽和整理出侯氏多年來就此的相關論述，並指出他對現代家庭觀念的神學反思，與其對（政治上和神學上的）自由主義的批判是相輔相成的。信徒就為何要成家立室、為何要生育等倫理議題往往說不出所以然，侯活士針對這種道德真空，提出他慣常違反常識的一些看法：基督徒養兒育女，不是為了傳宗接代、或者讓教會增長，而是一種公開的見證，是耐性的倫理踐行；正如獨身，也是踐行盼望。他認為如果教會要能夠歡迎新生命，信徒全部都要成為家長，但首先會眾就要成為門徒。由此可見，侯氏的神學倫理學，同時就是一種教會

---

* 本文是筆者第一篇在中文神學期刊發表的關於侯氏神學倫理學的論文，原以〈養兒育女是教會的社會使命？侯活士對現代家庭觀念的神學批判〉為題，轉載自《山道期刊》第二十七期（2011 年 7 月），頁 127～144。承蒙香港浸信會神學院授權轉載，謹此致謝。

神學，也是一種社會倫理。

一、神學倫理學的「不相關性」

侯活士的神學不能與其生平分割。侯老於七十高齡出版的回憶錄題為《哈拿之子》(*Hannah's Child*)，[1] 並非要自比撒母耳，而是他的母親跟哈拿一樣因向上主祈求許願而老來得子(撒上一 11)，明乎此，我們就能體會到侯活士何以絕不將生兒育女看成自然而然的人生階段。當知道侯活士的第一段婚姻，頗長時期是與一個患有精神病的妻子度過，我們才曉得他提出的「侯氏定律」[2]——人們都注定娶錯妻、嫁錯郎——不是為賣弄幽默而譁眾取寵。而且，由此我們更能公正地衡量，侯活士對育有智障兒童家庭、對照顧身心傷殘病人的關注的由來。又當侯活士親口憶述自己如何對第二任妻子近乎一見鍾情地墮入愛河，我們方可正確理解他否定愛情作為婚姻的基礎到底是何所指。[3]

反思婚姻家庭、生養子女、為人父母等倫理議題是侯活士神學工作的主要構成部分，他自己便曾慨歎論者每每忽略了他對家庭觀念的檢視，其實是對政治上的自由主義(political liberalism)進行的系統性批判。[4] 無疑神學界對侯活士的評論，往往要不是被他為爭辯時而有的驚人之語誤導混淆，轉移了討論的焦點；要不就是對他的神學反思寄予過分期望，以為可以為教會或社會當下的難題指導解決方向。侯活士便清楚點明他的神學非但不能「收拾」(fix)家庭制度的殘局，甚至反而會令情況更糟。[5] 侯活士認為家庭的確陷入「道德危機」，但這不是一般衛道者所講性解放的道德淪亡，而是指社會上的人(無論是否基督徒)都生活在道德真空或亂象之中，我們講不出結婚與否、保持忠貞與否、生育與否等的道德理由；又或者，我們的道德理據完全流於空洞、說不出所以然

（unintelligible）。當「結婚生仔」成為自足自存的人生目標（end in itself），不受其他的道德考慮所約束或指引，這才是道德危機。[6] 尤其是當基督徒挪用世俗主流文化的價值觀去為某些所謂「家庭價值」護航，而非訴諸基督徒羣體應有的特性和使命，他們以為是放諸四海皆準的真理，不過是不值得別人認真反駁的陳詞濫調。[7] 更有甚者，侯活士懷疑基督徒空喊維護家庭的口號，將婚姻和家庭頌揚得「天上有、地下無」，只是掩飾他們説不通從信仰角度家庭制度何好之有，反倒暴露了他們不肯全面正視現實中多樣化的家庭生活種種的黑暗面。[8]

侯活士屢次表達他對所謂「家庭制度瀕臨崩潰」的社會學論述抱保留態度，況且現代的核心家庭只不過是一種人為的社會制度，並不代表是道德上最理想的模式，基督徒沒有責任使之流暢運作（making it work）。[9] 侯活士的基督徒倫理是絕對地、自覺地「神學性」的，甚至可以説它的特質就是「無關宏旨」（irrelevant），不在乎是否能被基督徒普遍「應用」。[10] 倫理反思不是為發明可以將對手技術性擊倒的論點（knock-down argument），即使我們能夠發現一些強而有力的道德理據，也不能憑此改變人心或行為。[11] 基督徒倫理也不會教導我們怎樣過幸福快樂的婚姻生活，如何做個稱職的丈夫或妻子，或者為人父母的成功之道。[12] 基督徒倫理的首要任務是重尋忠於信仰傳統的倫理框架（reframe），或為舊的道德語言注入新的文法，幫助基督徒羣體「疏理」（make sense of）成為教會所需的踐行、委身、信念。因此侯活士對家庭、婚姻、「性」所作的神學反省，並不會產生一套性倫理或家庭倫理，[13] 他不過是**經由**批判家庭理念，建構使人作門徒的教會觀。

對侯活士而言，教會的使命不是為家庭或社會的穩定和諧作出貢獻，基督徒最大的社會見證就是證明成家立室**不是**個人、私人、甚至兩個人之間的自由選擇，而關涉教會此羣體，是公共的、社羣性的，或直接說是「政治性」的。本文會分三部分，逐步釐清侯氏將養兒育女視為教會的社會使命，背後的理據和引申的含義，說明何以為人父母是一種「非自然的召命」(unnatural calling)：(一)婚姻和家庭的目的(*telos*)是成為父母；(二)但作為家長(parenthood)並非一個自然產生的身分，而是一種天職(vocation)；(三)而且，婚娶育兒必須與獨身(singleness)等量齊觀，前者作為召命的特徵才能被正確理解。[14] 侯活士不斷詰問：信徒決定生孩子(或不生孩子)到底有甚麼「好的」理由？

二、浪漫與現實以外

侯活士一直想極力推翻的，是將婚姻與情愛畫上自然等號的浪漫主義，認為這既是家庭危機的肇始，也是個人主義和自由主義無孔不入的結局。以自由戀愛作為婚姻的基石，其如何經不起人性和現實的考驗，是自不待言的。當愛情一旦消失，惟一忠於自己的結論就是婚姻已經失效，再無價值。令人費解的反而是，現代人仍然孤注一擲地沉迷於追逐愛情童話，可見我們找不到更好的理由去證成婚姻制度。

而某些基督徒倫理可能也有分製造這個浪漫神話。侯活士直斥將福音化約成「愛的倫理」(love ethics)是壞鬼神學。[15] 耶穌絕不是因宣講和睦相愛而被殺，反而基督的受難既表明了人並不懂愛，但也成就了人能夠愛人的條件。上帝是愛，但愛不是上帝！是上帝先愛我們，我們才從道成肉身的愛開始學習何謂愛。侯活士清楚看到的現實是，人世間的愛(尤其是情愛、性愛)很容易扭曲墮落，因為它從未從權力關係當中解放出來。真正的愛，需要尊重對方為有別於自己的「他者」，但平常人以為相愛的條件和過程是二人要成為一體、適應遷就、撫平差異，於是有人甘願抹掉自我、埋沒個性、停止成長，以維繫感情、或換取對方的認同。但當關係一旦變質、愛恨相纏，有人會為所愛的人不斷付出犧牲，去達成制宰、甚或懲罰對方的藉口和目的。[16]

在婚姻生活當中相敬如賓顯然是不足夠的，因為親密關係其實要求向對方袒露自己所有的軟弱缺陷。偏偏為了維持親密和避免磨擦，夫婦反而會建造起自欺欺人的幸福假象，既不敢向對方透露真我，也不會主動揭露對方的內心。於是，已婚的人可以向朋友坦誠傾吐，對伴侶卻諸多隱瞞。夫婦之間的感情有時連友情也及不上！[17] 這種排斥真相、逃避現實的愛情觀，有最少兩個錯誤的前設：愛是無敵，愛裏沒有苦難；愛情至高無上，愛不接受任何的規訓（discipline），也不需要任何事先的操練（training）。用這種愛情觀建築家庭的話，婚姻就成為個人滿足、或追求幸福的手段，不快樂的婚姻也就沒有價值。但原來愛非但不會驅除苦難，為了愛和尊重的緣故，甚至我們有時需要做艱難的決定，做傷害對方、令對方不滿或痛苦的事。[18] 我們往往將愛想像得太容易、太靈性化，連基督徒不免也以為人能夠不跟隨基督而成善。愛人既非自然的本能，而且充滿風險和陷阱，需要教養栽培。不被上帝「愛的訓令」所規範的愛，哪怕是保羅口中所頌揚的愛（林前十三），由人去實踐出來也可以產生惡果，無私的愛可以令被愛的人窒息。[19]

侯活士認為婚姻「先於」愛情，愛情不是婚姻的基礎，反而婚姻為愛情提供了一個受保護的環境，使愛情容易失控的破壞力受限制。情愛令人暴露在脆弱之中，婚姻關係使夫婦能夠安心地在愛中經歷軟弱，哪怕是因愛的緣故而彼此傷害。[20] 但同時，侯活士堅持，作基督門徒的要求又應「先於」婚姻生活、教會「先於」家庭，否則當家庭成為自足自存的目的，變成人生的一切、惟一效忠的對象，它就如同「偽教會」（quasi-church），可以要求家庭成員無止境、無條件的犧牲，所以在家庭之上必須有教會，除了制約家庭的魔魅性（demonic），也賦予家庭關係和責任應有的信仰意義和道德理據。[21] 一個不為其他、只為存在而存在的家庭，只會淪為一種隨時可以自我解散的「志願團體」，一段婚姻就不外是一份雙方同意的臨時合約；因此必須認清婚姻和家庭有別於自己的「目的」。假如説，婚姻不為其他、只是為了兩個人一起開心地生活，是講不過去的；[22] 而婚姻「之所是、之所由」、或它的「究極」（*telos*），對於基督徒來説，就只能夠是通過繁殖下一代成為家長（parenthood）。

侯活士強調，這個結論並非基於任何關於人的本性（human nature）或性特質（human sexuality）而推論出來的，也並非一般將性行為的合法性限制於婚姻或生育之內的所謂性倫理；他提出的，不是一套可供任何人使用的性倫理，而是只對有共同信仰使命的基督徒社羣才有意義（making sense）的倫理反省。[23] 侯活士的立論完全是建基於一個神學陳述：「性」必然是政治性和公共的，因為它關係到基督徒應該成為一個怎樣的羣體，兩者不能分開討論。[24] 他針對的是世俗的自由主義，將婚姻、家庭、性愛界定為不應受外來干預，不容許第三者説三道四的私人、個人領域；因為如此一來，所有關於家庭的特殊關係和責任都頓時變得非理性、「見仁見智」、「無可、無不可」、或「不可理喻」（unintelligible）的個人抉擇，既不需任何道德理由，也失去任何的道德支持。

侯活士鋭意要恢復**目的論**進路在神學倫理學的正當位置。相比之下，其他的基督徒倫理，例如以一段婚姻是否開枝散葉（甚至每一次的性交是否為懷孕作準備）[25] 來做道德判準，則難免停留在近似**後果論**、仍然以行為的結果衡量道德價值的計算方式。然而，侯活士説婚姻的「目的」是製造下一代，卻絕不等同所有夫婦均應該或必須生育，或者將某種家庭看成是道德上的理想模式。他不但認為無兒無女的婚姻也可以是被祝福的，所以「目的」容許諸般的例外情況，[26] 而且，雖然生育似乎是夫婦成為家長最「自然」的方法，但卻不是惟一、也不一定是「最好」的方法——再者，歸根究柢，基督徒應該認識到生育毫不「自然」，乃創造主的恩賜，不育夫婦對此就更有同感。所以侯活士口中的繁衍目的（procreative end）只是對一種複雜關係的簡短描述，尚待進一步明晰其意義是指：對下一代開放、歡迎新的生命。[27] 在侯活士的基督徒倫理裏面，「目的」的探討不是為尋找普遍通用的道德律，以應對個別處境的道德疑難，而是要引導信徒找出該問的問題。判別是非對錯之前，需要先問對問題，才能令道德反思聚焦。在婚姻家庭的題目上，愈來愈少人敢於發問（遑論有確切答案）的問題正是：基督徒為何要成為父母？

三、信徒皆家長

侯活士觀察到，大部分為人父母者，要不是對生兒育女的理由不甚了了，就是他們提的一般都是欠缺道德說服力的、個人化的、甚至是「不道德」的理由——因為他們往往將子女當成為達到其他目的的手段。[28]

幾年前，香港發生有富豪第二代懷疑借代母產子，曾短暫地引起社會和教會的熱議討論，[29] 可是反對的聲音主要只針對用錢買子宮的財富問題，而較少追問：新生殖科技（new reproductive technologies）滿足了一些人想方設法要擁有與自己有血緣關係的孩子的願望，但社會和醫學為甚麼要適從這種慾望？侯活士對人工受孕等科技提出質疑，不是因為它們違反「自然」，或者因為它們從本質上是錯的，而是選擇以科技協助不育夫婦的取態帶出了整件事令人產生「格格不入」、「詭譎怪誕」（bizarre）的感覺，[30] 反映了社會對待生命的某種態度，或者說社會對「為何要生育？」等倫理議題的關注的迷失。社會耗用公共資源發展不具治療功效的生殖科技，在今天人口爆炸、醫療資源短缺的世界已經構成不公義。[31] 特別是對基督徒而言，因著聖經教導關於照顧孤寡、款待陌生人的責任，不育夫婦的「更佳」選項應該是領養被別人遺棄的孩子。[32] 生殖科技的發展，由最初以女性懷孕分娩的身心需要、母子的天然契結（natural bonding）等作為人工受孕的道德根據，到後來各種代母安排的出現，變成為男性傳宗接代的手段，或者令女性免於親身懷孕的負擔，反而切割了懷胎十月的母子關聯。「大自然」只是不斷被任意挪用作為自圓其說的道德包裝。此現象非但證明任何科技均可被濫用，更加控訴主流文化欠缺對為人父母（parenting）的倫理共識，去指導規限關於生育的決定。[33]

另一更使人難堪的現象，是社會對待殘障兒童的態度。[34] 隨著產前檢查的普及，「選擇性墮胎」成為尋常的醫療程序，其「選擇性」更日漸蛻變成隱晦的「強迫性」，父母或自願、或被逼參與篩選過濾「人類次貨」的公共衛生政策，負擔起為社會只生產某類理想未來公民的責任。[35] 殘障兒童和他們的父母在公眾場合是不受歡迎人物，不是因為他們為別人造成不便，而是他們的存在擾亂了社會原有隱而不宣的祕密：其實普羅大眾對為人父母之道，父母與子女之間的責任、依存、期望等，從未認真深思熟慮過！我們理所當然地假設，生兒育女是自然而幸福的事，是天賦而平等的權利。侯活士卻嘗試論證，殘障兒童的家長除了向社會提出令人尷尬的道德挑戰，且有更多可以讓其他家長學習的地方，不因他們都是完美的模範家長，而是他們幫助我們認清作為家長的道德重擔：[36] 其實，任何父母都是從子女身上、從孩子大小的需要中學懂如何為人家長；孩子更不是父母擁有的財產，反而孩子猶如父母的「債權人」（claimant）；沒有孩子是按父母心意而裁剪設計的產品，他們的成長發展總在父母的期許計劃之外。一方面，父母假如真心為孩子的好處著想，便必須為他們的未來極力爭取、以至願意抗逆社會，而不能等待、安於社會的施予安排；另一方面，父母更要學習尊重孩子的個體性，不能事事為他們安排；於是，成為家長也不是父母二人獨善其身而能成就，而必須要依賴別人和羣體的支持支援。

最重要的是，殘障兒童的家長或者比一般人更直面生命的存在真相：正如人不能逃避苦難而臻善，幸福是有代價的；但更準確地說，幸福之絕非必然，是因為它根本不能用努力去換取，人的命運不在自己的掌握之中。[37] 基督徒正好從這一點上，學懂為何成為家長不是一件天生就會的事，甚至不是個人的道德責任或義務，而是一份在世的職事。侯活士指，無論是猶太或基督教傳統均相信，他們作為一個羣體，是被呼召去實踐見證上帝的使命，上主在這個叛逆的世界仍然掌權。[38] 縱使世界被苦罪和邪惡所扭曲，但活著仍有價值。將下一代迎接到如此糟糕、危機四伏的「不安全」世界，代表盼望克勝絕望，是向世人宣示他們所不能領會的盼望。[39] 但孩子絕對**不是**我們盼望的對象，而是我們對上主所掌管的過去、現在和未來的信心表徵，是認信救贖不是他生來世的，上主從不間斷在人類歷史中運行工作。[40] 成為父母所需的無限忍耐、包容、苦厄，就是基督門徒信心和盼望的具體踐行。[41] 而教會作為一個羣體，歡迎新的生命，依靠下一代延續傳承，更是勇敢地植根於歷史，以信心擁抱未知將來的任何改變；於是信仰羣體有權利和義務向下一代傳授智慧，使他們在信仰傳統中成長，向他們講述羣體的故事，讓他們活在故事之中，也交由他們繼續活出屬於羣體的故事。[42] 所以，當生兒育女關乎一個羣體如何被建立（upbuilding），生孩子與否的理由、怎樣為人父母、如何組織婚姻家庭等就是政治性的，因為它們將左右一個社羣是否歡迎孩子，也形塑新一代會在怎樣的環境中長大，並決定一個羣體將能否存續。[43]

猶太信仰和基督教傳統一個關鍵性的差別卻是：教會的使命是勸人歸信（conversion），不是靠生養眾多而延續。[44] 基督徒不像猶太人有傳宗接代的宗教和族羣義務，不結婚、不生育的人也可以成為基督徒。[45] 事實上，基督徒有責任以信仰教養兒女，卻無法保證他們成為基督的門徒，因為信與不信本乎恩典與呼召。[46] 教會是仰賴盼望而存活，不是自然繁殖。[47] 在上主的家裏面，每一個成員都不過是被接上的枝子（grafted on）、是被「領養」的（adopted）。[48]

但想深一層，其實所謂親戚(kin)也不一定憑血緣而骨肉相連，姻親家族的關係是出於歷史的偶然性，我們對親人的特殊關顧可以說是「非理性」的，血緣既非必要、也非充分的條件使我們關愛他人。[49] 換言之，所有的親人某程度上都是「陌生人」，父母、兄弟、子女既不是我們自己揀選的，也不「屬於」我們（not ours）；相反，連我們自己也不是完全屬於自己（not our own），因為先有家族父母然後才有我們，我們的生命本來就是別人的禮物。[50] 既然孩子根本不「屬於」父母，親生父母其實也同時是「養父養母」，生育子女只是領養孩子的其中一種方式（all parenting is a form of adoption）！[51] 基督徒父母對子女的愛，本質上無異於對陌生人的款待（hospitality to strangers），只不過我們接待的剛巧是上帝所賜的兒女，而這種愛又不應只限於自己的親生骨肉。[52] 也因此，侯活士定性「成為家長」為一項職事、崗位（office），而每一個信徒均被呼召成為家長，[53] 無論是通過生育、領養，或間接地在社羣中支持幫助其他的家長。基督徒羣體在教養信徒子女上，也有集體的責任和角色。

四、教會是家庭（和國家）的威脅

侯活士指出新約聖經其實很少論到性和婚姻，反而初代教會最令人矚目的是她對獨身的肯定態度，其與猶太傳統相比，可以說教會威脅或動搖了家庭制度。[54] 初代教會獨特的立場是，將婚姻和獨身視為同樣有效的門徒的生活模式，[55] 固然有其背後關於終末盼望的神學理由；例如包括基督復臨的熱切期盼。但除此以外，侯活士補充，基督信仰否定婚姻生育的自然性和必要性，並且將個人最終的歸宿和效忠對象由家庭轉移為教會，其意義重大深遠，卻被現代信徒所忽略。[56] 假如基督徒不再受傳宗接代的社會義務、家族責任、自然需要所約束，婚嫁和獨身都同樣是信徒的在世職事，他們就必須嚴肅思考為何要成家立室、決定生育或不生育的理由等；[57] 換一個角度說，只有當獨身被教會賦予合法性，成為道德上等同價值的選項，婚姻作為召命的地位才被正式確立。

基督徒不能單獨談婚姻的價值和目的，而避談獨身的價值和目的；基督教對兩者的理解是分不開的，它們的有效性互相依存。[58] 假如獨身所體現的是信徒的盼望，家庭就鍛煉我們的堅耐。[59] 在兩者之間，有一更具決定性（determinative）的踐行，就是信徒都是被呼召去服事他人，無論是在已婚的、或獨身的崗位上，信徒的全人包括性生活，都不是單為滿足自己、家庭、或社會的需要而有，而須服膺於教會的使命之下。[60] 獨身信徒犧牲的不只是他們的性滿足，還放棄了後嗣、遺產和屬世的將來，公開宣佈他們惟一的盼望是上帝的國度。但選擇成家立室的信徒，其行為同樣「英勇」（heroic），因為他們向配偶許諾過忠貞（fidelity）的生活，並承擔無論順逆均照顧家人的責任，即使他們結婚的時候未必真正清楚此承諾的分量和伴隨而來的苦難，但他們向世人展示了即或不然的信心。兩者分別活出對教會、對婚姻「除此無他」的委身（exclusive commitment），這種忠誠的踐行只能夠放在一個依盼望而活的羣體脈絡當中方能被解釋。[61]

所以，侯活士稱婚姻為基督徒的「顛覆性」（subversive）政治行為：首先，一方面基督徒的踐行否定了自由主義將性、婚姻、家庭視為私人、個人範圍以內的事情；其次，另一方面，已婚信徒清楚地宣告他們服事和效忠的對象是教會，他們的孩子屬於教會、是為上主而生養，而非宗族或國家。[62] 基督徒的家庭是與國家對立的，而教會又不斷挑戰家庭和國家。所以侯活士說，基督徒家庭是「異常的政治體」（extraordinary polity），而教會則是「反家庭」（counter-family）的。[63]

侯活士認為基督徒並無責任維護世俗社會的家庭制度，部分原因或者因為它本已無藥可救；另外，部分原因則是因為基督徒參與嘗試拯救家庭的過程，用錯方法間接令其失救。侯活士回顧當代家庭制度的發展興衰，發現家庭在經濟領域的角色被邊緣化之後，就被安置在某種社會功能的分工上，家庭變成專門負責供應及滿足個人的人際和感情需要的場所，被美化為從公共退隱的安樂窩、避風港（refuge）。家庭被供奉為社會的基石，拯救家庭就能拯救社會。現代社會變遷，卻使其他人為的制度機構的權威相繼被動搖，最終剩下家庭惟一能訴諸「自然」以產生道德權威。但是期望愈大、失望愈大，被困於私人空間、公共社會功能日益被削弱的家庭，根本不能負擔起置於其上的道德責任。[64] 問題在於現代人對家庭的理解建基於公共和私人生活的絕對分野之上，在個人主義和自由主義的基礎上，每個人都是獨立自主的個體，一家人不外就是一班相對地「彼此友善的陌路人」（friendly strangers），家庭內的人際關係（interpersonal）反而變得非個人化、缺乏人情味（impersonal）。[65] 基督徒假如參與將家庭浪漫化、將性愛和情愛靈性化，以證明家庭有不可替代的情感功能，以理想化、情緒化（sentimentalizing）的措詞彌補真實存在的家庭在道德表現上的虧缺，根本於事無補，徒然助長自由主義公私二分的社會想像。[66]

當人們終肯面對現實，承認家庭在社會和道德功能上失效，惟一的出路就是要求國家政府出手挽救。家庭的危機被描繪得愈嚴重，政府的介入就愈順理成章、愈無遠弗屆，出現愈來愈多的專家、專業機構、社會服務去扶助家庭。政府的家庭政策往往到頭來卻是對家庭「不友善」的：為家庭提供愈多的支援，結果是不斷「增補」(supplement)家庭的功能、而不是強化它，令家長變得更無能、更無地位，在維護子女的福祉上其角色更可有可無；但若政策以充權之名鼓勵家庭自強不息、不假外求，則是將不少虛弱的、亟待援手的家庭置於水深火熱之中而不顧。[67] 當現代化令個人和家庭要孤身面對龐大的政府機器、市場力量，再去邀請官僚制度介入，使政府功能愈加膨脹，明顯是「以毒攻毒」的笨主意。家庭政策必然失敗的根本原因，是現代政治思維受制於個人主義、自由主義的偏見，公與私、政府與家庭必然處於此消彼長的角力。當個體和整體之間的關係被想像成以個人「權利」作為單位，採用的道德語言就只適用於陌生人之間的權責，而不容納例如親朋戚友的人倫關係。假如父親的角色逐步被國家閹割，在福利社會當中的母親也不再需要父親分擔照顧孩子的責任，而女性只會向社會爭取更合理的補償或報酬才願意成為母親，國家就會漸漸成為人民的父母和家長，愛國主義最終蓋過家庭成員之間的忠誠。[68]

侯活士相信只有基督徒家庭可以抗衡國家的絕對化、家庭制度的魔魅化，因為基督徒家庭是為教會的建立和使命而存在。[69] 現代家庭出現危機，正因為在其上沒有別的道德權威使其問責，變成神聖不可侵犯。假如基督徒也將家庭看成是社會的最後道德堡壘，就有將其偶像化之嫌。[70] 無疑，信徒能從婚姻家庭生活之中踐行相愛(例如在性的忠貞開始學習在其他生活範疇的忠誠)，[71] 但家庭不是教會的楷模(paradigm)，基督與教會之間的關係才是婚姻的楷模。[72] 始終，信徒不能從婚姻中學懂愛，因為基督徒所講的「愛」不是任何的愛，而是上帝的愛。[73] 因此侯活士才會說出一句世俗無法接受的警語：「我們相愛，不是因為我們已婚，而是因為我們是屬基督的」。[74] 可惜就算基督徒之中，不少也詬病侯活士的神學倫理學和教會觀陳義過高、脫離現實，但侯活士卻相信教會的不忠，正好反照出她應當在何等事上忠心，而且更奇妙的是上主仍然選擇以「不像樣」的教會作為救贖的工具，向世人展示非凡生命的可能性。[75]

五、成為歡迎孩童的教會[76]

侯活士察覺到，現代父母彷彿已經轉型為子女的經理人、代理人或代言人，專責與不同的專業、機構、制度交手聯絡、爭取權益，統籌子女的衣食住行、教育、課餘興趣活動，甚至包辦就業、置業、婚姻，其實父母已經「不成家長」。[77] 而另一類型的父母以為與子女「扮 friend」、放任自流就最有利於自由發展，在侯活士眼中也好不到哪裏，因為他們放棄了行使身為家長的道德責任，將對子女的影響力拱手讓與他們的朋輩。[78]

一切以子女的福祉為藉口過分保護或嚴苛的家長，都剝奪了孩子從犯錯和受傷中學習的機會，根本不肯給予孩子應得的尊重。[79] 這類家長近年在香港被冠以「怪獸家長」的尊稱，與另一流行現象「港孩」成為文化雙生兒。[80] 可見，「讓家長成為家長」也不是出路，因為替家長充權的結果，可能只會令他們變本加厲，讓他們坐大、去欺凌其他被委派去服事他們子女的專業人士；然而，以「家長教育」（parenting education）去糾正、改進這些怪獸家長的態度也不是辦法，因為又會產生新的駕馭家庭的專業權威。

在成為家長的功課上，沒有人是專家，父母也不需要成為專家才可以當家長，家長應該從其他家長身上學習。[81] 信徒羣體內的家長應該是彼此的道德榜樣，教會應該成為家長，家長才不至孤身作戰。畢竟世俗的家長教育最多只教人如何做個「成功」家長，勸人在情感上、物質上做好預備，卻不會教人如何在德性上作預備。親子教育最多教父母學習放手（letting go），[82] 但不會使家長明白，孩子非只不屬於他們，而是屬上帝的。基督徒父母只是受託教養孩子，是被呼召成為家長，要許諾向子女負責。[83] 在侯活士眼中，家長的道德責任是艱巨而痛苦的，他們要有足夠的勇氣，向子女證明，人生中有值得為之而犧牲的東西，甚至於為了信仰或原則敢於犧牲子女的幸福！[84] 例如在標榜「知識改變命運」的香港社會，基督徒父母要有道德勇氣，為了活出信仰見證而不隨俗，不盲目追求贏在起跑線上，不將子女放在與別人的子女惡性競爭的對立面，哪怕這樣會犧牲子女「盡量發展潛質」、出人頭地的機會。

所以，當侯活士説：「我相信基督徒在今生此世，沒有甚麼事情比成為一班歡迎小孩的人更重要。」[85] 要準確理解這句説話，前提是不能貶低、忽視未婚、不婚或無兒無女的信徒，他們也可以（而且應該）成為別人的家長，而教養孩童、成為家長，比生育子女、成為父母更基本、更重要。教會首要的任務仍然是成為教會，因為家長要成為門徒，所有門徒才能成為家長，教會才會是歡迎孩童的羣體。[86]

註釋

1. Stanley Hauerwas, *Hannah's Child: A Theologian's Memoir* (Grand Rapids, MI: William B. Eerdmans, 2010).
2. Stanley Hauerwas, "Sex and Politics: Bertrand Russell and 'Human Sexuality'," *Christian Century* 95/14 (Apr 1978): 421。侯活士的意思，除了是指世上無「理想伴侶」（the right person），再者無論我們跟誰結婚，對方終究是個我們不能完全理解、會成長改變的「陌生人」。另參 Stanley Hauerwas, "The Family: Theological and Ethical Reflections," in *A Community of Character: Toward a Constructive Christian Social Ethic* (Notre Dame, IN: University of Notre Dame Press, 1981), 172。
3. Hauerwas, *Hannah's Child*, 210 ~ 211.
4. Stanley Hauerwas, "The Radical Hope in Annunciation: Why Both Single and

Married Christians Welcome Children" in *The Hauerwas Reader*, ed. John Berkman and Michael Cartwright (Durham, NC: Duke University Press, 2001), 510, n.7。在此一九九八年的講座中，侯活士特別以他孫兒的出世作為題材，帶出迎接新生命對教會作為羣體的意義。

5. Hauerwas, "The Radical Hope in Annunciation," 506.
6. 參 Stanley Hauerwas, "The Retarded, Society, and the Family: The Dilemma of Care," in *Suffering Presence: Theological Reflections on Medicine, the Mentally Handicapped, and the Church* (Notre Dame, IN: University of Notre Dame Press, 1986), 205。
7. 參 Stanley Hauerwas, "Love's Not All You Need," in *Vision and Virtue: Essays in Christian Ethical Reflection* (Notre Dame, IN: University of Notre Dame Press, 1981), 113。
8. 參 Stanley Hauerwas, "The Moral Value of the Family," in *A Community of Character: Toward a Constructive Christian Social Ethic* (Notre Dame, IN: University of Notre Dame Press, 1981), 157～158。
9. 參 Hauerwas, "The Moral Value of the Family," 155～157；"The Family," 172～173；Stanley Hauerwas, "Sex in the Public: Toward a Christian Ethics of Sex," in *A Community of Character: Toward a Constructive Christian Social Ethic* (Notre Dame, IN: University of Notre Dame Press, 1981), 187～189；Stanley Hauerwas, "The Politics of Sex: How Marriage Is a Subversive Act," in *After Christendom?: How the Church Is to Behave If Freedom, Justice, and a Christian Nation Are Bad Ideas* (Nashville, TN: Abingdon Press, 1991), 126。
10. 基督徒倫理必然地不能被社會大眾理解，所以當基督徒活出應有的樣式，他們就會被拒絕上帝的世界所排擠。基督徒倫理的「不相關性」正體現了它的公共性和政治性！參 Hauerwas, "Sex in the Public," 176～177。
11. Hauerwas, "Sex in the Public," 182, 195.
12. 參 Stanley Hauerwas and Charles Pinches, *Christians Among the Virtues: Theological Conversations with Ancient and Modern Ethics* (Notre Dame, IN: University of Notre Dame Press, 1997), 3～16。

13. 侯活士甚至說，任何的性倫理總會傷害到一些人。Hauerwas, "Sex and Politics," 421。

14. David Matzko McCarthy, "Carrying on with Family," in *Unsettling Arguments: A Festschrift on the Occasion of Stanley Hauerwas's 70th Birthday*, ed. Charles R. Pinches, Kelly S. Johnson, and Charles M. Collier (Eugene, OR: Cascade Books, 2010), 216。本文的寫作多方面受益於這篇綜覽侯活士論家庭的文章。可惜作者最後（頁 220 ～ 228）對侯活士所作的批評，除了有點畫蛇添足（例如投訴侯活士沒有認真對待他一直反對的「自然法」的最新發展），又或者出於徹底的誤解（例如非議侯活士高舉恩典、低貶自然），更反映作者並不真正掌握侯活士的用意，正正**不是**要提出一套「家庭神學」（theology of family）去改進（reform）或救贖（redeem）信徒的家庭婚姻生活。本文旨在向華語教會介紹和闡述侯活士的倫理觀，不擬進入相關的神學論爭；而侯活士對家庭婚姻的立場，幾十年來始終如一，不應產生太大詮釋上的歧異，因此本文只集中討論侯活士的原著，不觸及對他的二手評議。

15. Hauerwas, "Love's Not All You Need," 112.

16. Stanley Hauerwas, "Love and Marriage: A Wedding Sermon," *The Cresset*, 40/8 (Jun 1977): 20 ～ 21.

17. Hauerwas, "Love's Not All You Need," 118。侯活士也反對將婚姻類比友情，因為前者要求的持久承諾，是後者無法提供的。參 Hauerwas, "Love and Marriage," 21。

18. Hauerwas, "Love's Not All You Need," 120.

19. Hauerwas, "Love and Marriage," 21.

20. Hauerwas, "Sex in the Public," 181.

21. Hauerwas, "Sex and Politics," 420; "Love's Not All You Need," 122; "The Family," 168; "The Politics of Sex," 127; "The Radical Hope in Annunciation," 506.

22. 參 Hauerwas, "The Family," 169, 172。

23. Hauerwas, "Sex in the Public," 176.

24. 侯活士還引用女性主義的論述，以佐證「性」本身在現實中無可避免包含壓迫和支配的權力關係，但這種現實主義並非他的倫理學的根基，而只是補充了對浪漫主義的批判，並說明在基督教神學以外另一類將「性」看成是政治性的觀點。參 Hauerwas, "The Politics of Sex," 116～118。

25. 參 Hauerwas, "The Radical Hope in Annunciation," 514, n.12。
26. Stanley Hauerwas, "Resisting Capitalism: On Marriage and Homosexuality," in *A Better Hope: Resources for a Church Confronting Capitalism, Democracy, and Postmodernity* (Grand Rapids, MI: Brazos Press, 2001), 49；"Gay Friendship: A Thought Experiment in Catholic Moral Theology," in *Sanctify Them in the Truth* (Edinburgh: T&T Clark, 1998), 120。在此前提下，侯活士不接受以同性關係不能生育作為道德批判的理由。參 Chi W. Huen, "Religious Right, or Religiously Wrong?: What Good is (Hetero)sexuality?," *In God's Image* 29/3 (Sep 2010): 15～19。
27. 參 Hauerwas, "The Radical Hope in Annunciation," 514。
28. Hauerwas, "The Family," 172.
29. 見甄敏宜、麥世賢：〈「要仔唔要乸」? 富豪代母產子的迴響〉，《時代論壇》第 1210 期，2010 年 11 月 7 日，頁 1。
30. Stanley Hauerwas, "Theological Reflection on in Vitro Fertilization," in *Suffering Presence: Theological Reflections on Medicine, the Mentally Handicapped, and the Church* (Notre Dame, IN: University of Notre Dame Press, 1986), 146.
31. Hauerwas, "Theological Reflection on in Vitro Fertilization," 154.
32. Hauerwas, "Theological Reflection on in Vitro Fertilization," 149.
33. Hauerwas, "Theological Reflection on in Vitro Fertilization," 146, 151.
34. 侯活士的論述集中於育有智障（retarded）兒童的家庭，但可引申至不同程度身心殘障的兒童，下文會按此擴闊討論。不過，現代社會有一普遍趨勢，就是有愈來愈多的兒童被發現有特殊學習需要（special educational needs），「正常」的孩子或者早晚成為少數的「例外」。
35. 參 Hauerwas, "The Retarded, Society, and the Family," 204。
36. Hauerwas, "The Retarded, Society, and the Family," 193～195.
37. 參 Hauerwas, "The Retarded, Society, and the Family," 201。

38. Hauerwas, "Theological Reflection on in Vitro Fertilization," 147 ~ 148.
39. Hauerwas, "The Moral Value of the Family," 165 ~ 166; "Theological Reflection on in Vitro Fertilization," 149.
40. 參 Hauerwas, "The Family," 174。
41. 參 Hauerwas, "The Family," 172；"The Politics of Sex," 131；"The Radical Hope in Annunciation," 513。
42. Hauerwas, "The Politics of Sex," 122 ~ 123; "The Retarded, Society, and the Family," 191; "The Radical Hope in Annunciation," 511.
43. Hauerwas, "Sex in the Public," 176, 184; "The Politics of Sex," 126 ~ 127.
44. Hauerwas, "Sex in the Public," 190; Stanley Hauerwas and William H. Willimon, *Resident Aliens: Life in the Christian Colony* (Nashville, TN: Abingdon, 1989), 60.
45. Hauerwas, "Theological Reflection on in Vitro Fertilization," 147 ~ 148; "The Radical Hope in Annunciation," 512.
46. Stanley Hauerwas, "Why Abortion Is a Religious Issue," in *A Community of Character: Toward a Constructive Christian Social Ethic* (Notre Dame, IN: University of Notre Dame Press, 1981), 210.
47. Hauerwas, "The Politics of Sex," 128.
48. McCarthy, "Carrying on with Family," 218.
49. 參 Hauerwas, "Theological Reflection on in Vitro Fertilization," 152。
50. Hauerwas, "The Moral Value of the Family," 165; "The Politics of Sex," 129; "The Radical Hope in Annunciation," 515.
51. Hauerwas, "Resisting Capitalism," 49.
52. Stanley Hauerwas, *Dispatches from the Front: Theological Engagements with the Secular* (Durham, NC: Duke University Press, 1994), 182; "The Family," 172; "The Politics of Sex," 128.
53. Hauerwas, "The Radical Hope in Annunciation," 515; "The Politics of Sex," 131.
54. Hauerwas, "The Family," 174; "The Politics of Sex," 127; "Sex in the Public," 189 ~ 190.
55. 侯活士理解的獨身（singleness）可以只是自願或暫時性的，包括未婚、不婚、離婚，而未必是終身守獨身（celibacy）。Hauerwas, "Sex in the Public," 283, n.13.

56. 參 Hauerwas, "The Politics of Sex," 127～128。
57. Hauerwas, "Theological Reflection on in Vitro Fertilization," 148.
58. Hauerwas, "Sex in the Public," 189, 191.
59. Hauerwas, "The Politics of Sex," 131.
60. Hauerwas, "The Politics of Sex," 125, 130.
61. Hauerwas, "Sex in the Public," 190～193.
62. Hauerwas, "The Politics of Sex," 118, 126～127.
63. Hauerwas, "Sex in the Public," 187.
64. 參 Hauerwas, "The Moral Value of the Family," 155；"The Family," 168～170。
65. 參 Hauerwas, "The Moral Value of the Family," 160～161。
66. 參 Hauerwas, "The Family," 170～172。
67. 參 Hauerwas, "The Moral Value of the Family," 162～165。社會政策是否應該「以家庭為本」? 福利制度是否應該容許以個人為申請單位？有關的爭論無日無之、沒完沒了，但政府和政黨對「公道」的理解通常是南轅北轍的，證諸於當政府推出「鼓勵就業交通津貼」計劃，爭議的焦點就是：是否容許以個人身分申請，不受家庭入息資產限制。政策應否、如何對家庭「友善」，卻再次跌出議程範疇。
68. 參 Hauerwas, "Sex and Politics," 418；"The Politics of Sex," 122～125。
69. 參 Hauerwas, The Politics of Sex," 127。
70. 參 Hauerwas, "The Radical Hope in Annunciation," 511。
71. Hauerwas, "Sex in the Public," 281, n.6.
72. Hauerwas, "Sex in the Public," 283, n.20.
73. Hauerwas, "The Radical Hope in Annunciation," 513.
74. Hauerwas, "The Politics of Sex," 127.
75. 參 Stanley Hauerwas, *In Good Company: The Church As Polis* (Notre Dame, IN: University of Notre Dame Press, 1995), 4 ～ 5；"The Church As God's New Language," in *Christian Existence Today: Essays on Church, World, and*

Living in Between (Durham, NC: Labyrinth Press, 1988), 49, 54；"Theological Reflection on in Vitro Fertilization," 147。

76. 不過，在香港的教會，這句説話卻被演繹成歡迎攜同小孩的家長，教會要提供托兒服務，讓父母（和其他成年信徒）專心安靜崇拜。重視主日崇拜（特別是主餐）的侯活士，對此一早已經提出反駁。參 Hauerwas et al., *Resident Aliens*, 96。
77. 參 Hauerwas, "The Moral Value of the Family," 164；"The Retarded, Society, and the Family," 206～207。
78. 參 Hauerwas, "The Moral Value of the Family," 160。
79. 參 Hauerwas, "Love's Not All You Need," 123, 126。
80. 屈穎妍：《怪獸家長》（香港：天行者出版社，2010）。黃明樂：《港孩》（香港：明窗出版社，2009）。
81. 參 Hauerwas, "The Retarded, Society, and the Family," 193。
82. 主流社會普遍認為當兒女長大成人、進入社會，家長的任務就完成、非「放手」不可，於是鮮談成年子女與年長父母的倫理關係。中國人社會的傳統孝道早已向「老豆養仔、仔養仔」的現實妥協，照顧父母的責任又落在政府身上，例如所謂全民退休保障制度的反效果，就是變相鼓勵子女不需要供養父母。參 Hauerwas, "The Moral Value of the Family," 164, 166。
83. 參 Hauerwas, "Theological Reflection on In Vitro Fertilization," 152；"The Radical Hope in Annunciation," 515。
84. Hauerwas, "Love's Not All You Need," 122。侯活士以初代信徒為例：他們為了堅持信仰，甚至甘於偕子女一同殉道。參"The Politics of Sex," 128～129。
85. Hauerwas, "The Radical Hope in Annunciation," 516.
86. 參 Hauerwas, "The Radical Hope in Annunciation," 517。

8.

「你反對同性戀嗎？」——一個牧養和教會論的角度

本文寫於二〇一三年初，從未公開發表，只在一些教牧同工之間傳閱，以互相砥礪。因為這不是思辯性的學術論文，故刻意不加註釋。[1] 本文亦非為表達個人立場而寫，而是向教會陳說，將一個平信徒從閱讀聖經而來的信仰領受，呈獻給香港眾教會，盼望大家有機會從教會倫理的角度，重新思考困擾教會多年的同性戀爭議。

筆者以為，多年來「支持」和「反對」雙方皆採用了錯誤的「條款」（terms）來組織辯論，以及解釋彼此的分歧；他們均意圖通過詮釋聖經來説服或制服對方，反而陷入了死胡同。因為，那大概七段字面上明確反對同性性行為的經文，既無法用同志釋經的方法「被解釋掉」（explained away）；但同時地，修正主義（Revisionism）對傳統解經的挑戰卻層出不窮。彼此就經學、神學、倫理的爭拗始終難分勝負，除非其中一方將對手完全驅逐出教會。

所以，同性戀爭議的性質，首先根本不是釋經或教義的問題，而是屬於牧養和教會論的（pastoral and ecclesiological）範疇。教會面對的難題，是如何牧養會眾中立場相左以至不共戴天，卻又勢力懸殊的兩批信徒。

筆者無意在「支持」和「反對」同性戀以外，提出所謂「第三條路」；而是嘗試指出，強烈地擁抱「支持」和「反對」兩類立場的主內肢體，必須盡力找出避免分裂基督身體的方法，一同找出在主裏同行合一之路。將所有非我族類、或犯罪犯錯的弟兄姊妹掃地出門，以求自己「全然聖潔」（wholly holy），對於永遠作為社會少數，經常被誤解、甚至被迫害的基督教會來説，這種「純全單一」（homogeneity）是代價過大的「奢侈品」。我們必須思量，自己對待差別和異己的手法，到底是建立、還是損害教會這個多元羣體對和平國度的見證？

採用本書的措辭，同性戀爭議不只是關乎道德（是否有罪？），而更加是基督徒倫理（如何一同學習做罪人？）的問題。即使同志釋經能夠替同性性行為或同性性傾向「脱罪」，並不等於同性的性關係就沒有其他罪；同理，異性的性關係也不是「正常」或「安全」的，而一樣會被罪扭曲。單獨針對同性戀是否「罪」而爭辯，就迴避了探討作為基督門徒（無論是同性戀、或是異性戀）應如何過聖潔的性生活此一更核心的倫理議題。

況且，對「一夫一妻、一男一女、一生一世」的婚姻制度最大的威脅，不是同性戀，而是離婚；以及無論在社會或教會內，均愈趨普遍、恐怕將會習以為常的「斷續式一夫一妻關係」（serial monogamy）。而假使教會沒有能力處理異性戀的罪，例如對離婚問題，仍然採取視而不見、或矇混過關（muddle through）的態度，繼續進退失據，若非姑息縱容，就是過分嚴苛，教會也不具備條件（not in the position）去討論同性戀是否罪、如何牧養同性戀者、如何對待不認同同性戀是罪的主內等具體倫理課題。除非教會素常有羣體辨識的操練，在聖靈裏通過祈禱、彼此聆聽，實踐審判與寬恕，否則就缺乏必須的德性與靈性，去處理一切在性關係之中出現的罪。

換言之，同性戀論爭或許也可以是一個契機，讓教會徹底更新她的使命，使信徒重尋婚姻與性（也包括守獨身）在天國視野之中的屬靈意義。

如果有人問你：「你反對同性戀嗎？」身為一個基督徒，你會如何作答、該如何作答、應否作答？每當這條問題在教會裏出現，但問者無意開啟真誠的對話，只是一心試探對方，我們就要警惕，因為恐怕教會生病了，基督的身體受傷了。

一、將「壞」問題變成「好」問題

「你反對同性戀嗎？」可以是一條很「壞」的問題，是「很有問題」的問題；但它也可以成為「好」問題，有助我們了解教會究竟出了甚麼問題。首先，**邏輯上**，無論本身是「反對」，還是「支持」同性戀，問者都假設了，基督徒在倫理議題上，只有非黑即白的兩個選項。此問題犯了「不當二分」的邏輯謬誤，因為除了「支持」或者「反對」之外，還有很多不同可能的「立場」。例如：「不認同、但尊重」、「不反對、亦不鼓勵」；或可以更細緻地，從教會的身分，以及其與世界之分別出發：「基督徒相信同性戀是罪，卻不強加此信念於未信的人身上」、「相信同性戀是罪，但在政策和法例上，支持保障同性戀者的平等權利」等；相反，也可以沒有取態，甚至是「無可、無不可」，或者「在未聆聽、思考、祈禱之前，不妄下評論」。這些立場未必都同等有效，但最少我們不能夠在未經對話和辨識**之前**，就預早排除「支持」和「反對」以外其他所有的可能性。

其二，**倫理上**，要慎防這條問題本身或有居心叵測的嫌疑。問者彷彿有非友即敵的意味：你不支持我，就是抵擋我的。例如，因為沒有講清楚，到底「反對」意涵著應以怎樣的踐行來反對，問者可能不會滿足於回應者簡單的答案，而是藉機進一步引導對方全盤接納自己的立場；於是，若對方回答得稍有遲疑，或因為不完全認同問者反對同性戀所採取的手段，而提出追問、反問，問者很容易心生猜忌芥蒂。所以，這條問題很可能是一個「陷阱」，有時問者來意不善，是要針對、試探某些疑似的異見者。

其三，**神學上**，無論對「反對」和「支持」同性戀雙方而言，這條問題都可以被上綱上線到教義性的層面，它的實際功用是一塊試金石，是決定對方是否「真」基督徒的惟一判準。問者已經將自己放在不證自明、絕對真理的正統位置上，對方一旦不能提供令其滿意的答案，都有被責難、定罪、懲罰的危險。由是觀之，「你反對同性戀嗎？」此問題的性質往往可以是威迫性（coercive）的，是逼人就範，而非渴望聆聽、向對方學習，真正開放（genuine and open）的「問題」。

可是，設若正如大部分基督徒所相信，按聖經的教導，同性性行為是「罪」，「支持」同性戀（或不過是反對用某類手段「反對」同性戀）的信徒，就一定是「異端」嗎？再者，就當「支持」同性戀的信徒是「異端」，教會又應該以怎樣的方法對待信仰有偏差的主內弟兄，才算合乎福音的內容、羣體的身分、門徒的德性？無庸置疑，在基督教會過去二千年的歷史、大公傳統和認信之中，同性戀議題從來也不是辨別正統和異端的關鍵，也不是教義和教條的核心。以一個人就同性戀的立場來鑑定其是否「真的」、「好的」基督徒、是否能容於教會，甚至是否得救，是近幾十年在某些地區、某些宗派堂會才出現的情況。

二、對待「異端」的基督徒方法

我們必須明白，一位信徒在個別的信仰議題，持違反正統（non-orthodox）的立場，不等於她整個人就一定是「異端」（heretic），而只是基於初步證據（*prima facie*）應暫時視之為異見者；聖經詮釋上的分歧，更加不應即時定性為教義上的謬誤。其實，「如何界定、區分異端？」跟「如何對待、處置異端？」是兩條不能分割的問題，但不是先解決前者、後者的答案就會呼之欲出，而必須從教會共同生活的倫理和牧養向度考量。每當我們因某一神學分歧，而將異見者定性為異端的時候，就已經要考慮是否值得為此冒險分裂教會、犧牲合一；並要懇切求問：即使我們願付代價，這又是否合上帝的心意？並非說，教會不能夠對經過公正程序被審裁為異端、且拒絕歸正的信徒採取紀律行動，但不同形式、程度的懲處，由禁制（ban）到革除（excommunication），其真正的目的均是挽回，盼望對方回轉，是為復和做預備，而絕非為自命信仰純正而清理門戶。

絕不是説，教會應對一切異端/異見都姑息包容，而是無須將任何信念的偏差都等量齊觀；有些對聖經教導的不同領受和詮釋，即使在我們的判斷裏面犯了嚴重的神學錯誤，也不一定急於要即時或完全更正。一個可供參考的判準就是：這些錯誤是否有礙一個人成為基督的門徒，或令其喪失一同擘主的餅的資格？或者，換一個説法：懷抱某一被我們認定為信仰錯謬的信徒，會否因此就不能過以三一上帝為中心的成聖生活，即根據三一上帝確實已經成就的、現正為我們做的、應許將來必會完成的，來**一同**過教會的聖潔生活？而「聖潔」的意思，不是指道德上完美無瑕——這從來**不是**上帝對基督徒的要求，否則我們作為蒙恩的罪人就有禍了！——而是**像上帝**一樣，要在恩慈憐憫上追求完全（太五48）。所以，我們關注的，不是做錯、講錯、信錯的弟兄能否承受救恩的問題。教會亦從來不應以「神學正確性」來衡量一個人是否得救，那只是某些信徒對「因信稱義」曲解才有的結果；將「正信」化約為某一套現成的「正確信念」，是對聖經教導的背叛。主耶穌所講的「信」從來都是指像小孩對父母一樣的信靠、信任，像管家對主人一樣的順服、忠心。將知性上、口頭上，對某套神學觀念的首肯，等同死後得享永生的必要且充分條件，是將福音完全個人化、靈性化，著重在神學、道德、甚或政治立場上「站對了邊」（on the right side），多於愛鄰舍、愛仇敵，憐憫犯罪、犯錯的人。當日經常被主耶穌批判的那些宗教領袖、律法師、法利賽人，眼中只有是非對錯，對罪人卻無同情心、同理心，這會否也是今天香港教會一些以扮演道德領袖為己任的信徒的寫照？我們雖稱呼三一上帝為主，卻根本不認識我們的主是一個既施行審判，但更加會主動赦免拯救的上帝。

教會非但**不必**將任何的異見清除乾淨，除惡**不必**務盡、斬草**不需**除根，教會更加**不應**如此做，因為這樣就會背棄她作為一個持續需要被上帝寬恕的羣體的身分。教會並不擁有真理的全部，教會不單是可錯的，並且的確經常犯錯；所以，教會內「**需要**」有異議和自我批判的聲音，而且教會不應止於包容、尊重異見，更要保護、珍惜異見，因為每個信徒都需要別人的更正，來找出自己的盲點。對於新教教會而言，這更是「徹底的宗教改革」（Radical Reformation）此自我要求的制度性條件。再退一步説，教會「需要」異見/異端，因為異見對教會可以是「有益」的，異見的挑戰有助正統將自己所信的講得更清晰明白，讓教會對於甚麼是自己**不能不信**的，甚麼是首要、甚麼是次要的，有更鋭利（sharpened）的辨識。所以，教會對異議的「包容」，不是出於廉價的消極忍讓，或者服膺於政治正確的世俗多元主義，而是出於對弟兄之愛。我們不應忘記，哪怕是**教會內**，某些在個別（非核心）信仰議題上持「異端」(heretical)立場的基督徒，我們也仍然應**先以**「主內」待之。通常一般基督徒所講的「**異端**」，實際是有別於基督宗教的「**異教**」(cults)；嚴格上，神學意義的「異端基督徒」，卻必然首先也是基督徒。所以，我們不應輕率將教內的「異端基督徒」和教外的「異教徒」混為一談，若屬後者，他們在神學上的錯誤就不由得教會來審判了，而前者所犯的錯，我們也有責任要擔當。教會仍要尊重異見，而非趕盡殺絕，但卻從不放棄與之對質交鋒，更不會任由其放任自流；換言之，就如上帝對待愚頑、小信、心硬的教會一樣，永不對之失去**耐性**。

因此，教會就同性戀議題應持何種「立場」，牽涉的不但是經學和神學的探討，更觸及倫理、牧養、會治的羣體生活，以及信仰的公開見證、社會議題的分析、在地的實踐等。不幸地，這些必須的對話、商議、聆聽、祈禱、等候，在過去一浪接一浪的反性傾向歧視立法的運動中，都付諸闕如。反而，教會內出現敵我矛盾的張力、撕裂日深，無力以基督徒的方法處理基督徒之間的內部矛盾。同樣的現象，在關於「和平佔中」的爭論，已可見端倪，正反雙方分別指責對方是「親共」、「魔鬼」。但在教會應否支持民主發展，以及以何手段爭取民主的討論當中，對陣雙方偶爾尚且承認，有不少對於政治形勢的研判等，是容許有異見的空間；也有更多的教會，以「不懂政治」、「政教分離」等為由，或真心地學習聆聽，或刻意地迴避了整個討論。

不過，當論到同性戀課題，特別是關於就性傾向歧視立法，教會對政治發言的謹慎謙卑和自我約制，就一掃而空，忽然一錘定音。但其實，醞釀中的性傾向歧視法牽涉極其複雜的法律草擬和公共政策等問題，根本也超越不少教牧和信徒領袖的知識範圍，他們沒有足夠的資格和專業知識去評論。更何況，政府尚未拍板展開立法程序，連法律初稿的條文細節也欠奉，任何對將來可能出現(或不會出現）的所謂「逆向歧視」的憂慮也只是空穴來風的庸人自擾。那些關於性傾向歧視立法的傳聞和推斷，有多少只是一些「家庭價值」倡議者搬弄聲稱來自外國的案例，有意無意製造的集體恐慌？

三、甚麼才是基督教的「家庭價值」?

如本書前文所言，聖經的教導其實已經很清晰：成家立室、生兒育女，**並非**基督徒能享有美好人生的充分、或必要條件；相反，基督信仰重新定義了何謂「美好」（good）。保羅對福音的領受使他相信，對基督的門徒而言，婚姻和獨身（singleness）都是**同樣**合宜（legitimate）、正常（normal）的生活方式，甚至獨身要比嫁娶**更好**（林前七 32～35）。而主耶穌每當論到家庭（包括他自己的家人）更流露出某些論者所謂「反家庭」（anti-familial）的論調；不過，這樣解讀相關的經文，仍嫌太單一和簡化。無疑主耶穌的言行「顛覆」了傳統的社會價值，但祂無意「推翻」家庭制度，亦無意「救贖」家庭制度，更遑論會像現今的基督徒一樣，將家庭視為社會所本的基石去「維護」它；不過，祂卻將家庭及其價值徹底相對化，以「易構」（reframing）的方式重新框定。以維護「家庭價值」來抗衡「同志運動」的信徒，或許犯了信仰無知的弊病，正在於他們沒有像聖經所教導一樣，將婚姻和家庭放置在一個更大的神學視野和框架**底下**，被更高的目的和「善」規範約束、被再評價（transvaluated），卻抽離於作主門徒的身分召命和羣體踐行，離地懸空、個人化、抽象地談家庭的「價值」和「願景」，於是他們的論述完全欠缺福音的內涵和氣質。

主耶穌呼召門徒，要求他們要甘願拋棄家庭，祂自己亦以身作則，離開父母兄弟周遊傳道。然而，在當時的社會，離棄年邁父母，使其失卻照顧依靠，就已經是有歪倫常的罪過，這種舉措足以破壞社會的紋理（fabric），動搖文明的根基，惹人非議反感（scandalous）。主耶穌的言行正透露出，對世俗傳統將家庭尊為社會命脈那種理所當然的絕對真理性，採取逆反主流文化（counter-cultural）的輕蔑姿態。祂在言詞間，不惜將對家庭的忠誠，以及背十架跟隨主的要求，截然對立起來：愛親人勝於愛主的，不配作基督的門徒（太十34～39）。對家庭的效忠，以及對基督的效忠是不能並存的；但祂絕對不是教導我們，不需要愛未信主的家人，更加不是要我們與家人決裂。不過，哪怕在基督徒家庭裏面，當各自在家庭崗位上的責任和義務，與彼此作門徒的要求相違背的時候，後者必須凌駕（override）前者；於是，在基督徒家庭裏面，也可能因為彼此對作門徒的不同領受和實踐而起衝突。甚至，主耶穌明示，祂來，不是叫地上太平，乃是叫人動刀兵（太十34），而衝突分裂首先就會在家庭裏面出現。意思當然不是說，基督的門徒會主動帶頭發動鬥爭；相反，正正是當我們以基督所活現、所應許的和平，去否定世界所宣揚的那一套建基於暴力、虛假的「太平」的時候，罪惡的權勢就會反撲，產生爭端和暴力。馬太這段經文向讀者說明：基督的道成肉身，是生死攸關，甚至會引起干戈的一件有終末意義的大事。作為門徒，我們的生活方式就應該同未信前不再一樣，要告別一般人的日常生活，拋棄事業、財富、理想、榮譽，也不再追求家庭的安穩、保障、幸福，而是學效我們的主一樣，甘願在世承受苦難、面對刀劍，才配得門徒的名分。背起自己的十架就是追隨基督至死，殉道不是「例外」、非常的命運，而是作主門徒最高的體現。這也是主耶穌所預示，終末前的景況（可十三9～13）。

主耶穌重新定位屬肉身的俗世家庭，將其從屬於作門徒的要求之下，同時也界定對於基督徒而言，何謂「真正的」、屬天的「家庭」（太十二46～50；可三31～35）。主耶穌針對祂自己家人的說話，可以有不同的解讀，未必是簡單負面地低貶在世的親屬關係，而是正面地挑戰門徒（即後來的教會）：你們能夠將世人眼中非親非故的陌生人，不靠血緣維繫的「虛構」屬靈親屬（fictive kinship），看成為比屬世的親人更真實、更親厚，在主內的一家人嗎？你們對主內弟兄姊妹的愛，能夠**不下於**對親生父母子女的愛嗎？

所以，當主耶穌論到信徒應當要「恨」（*miseo*）自己的父母、妻子、兒女、弟兄、姊妹的時候（路十四 26），也不應按字面意思理解為「憎恨」、「恨惡」等心理或情緒狀態；因為，主耶穌同時補充，作門徒還要同樣「恨」自己的性命！主耶穌用意在強調，計算作門徒的代價是非同小可的，正如後來「蓋樓的比喻」和「打仗的比喻」（路十四 28～32）所講的一樣，不能先輕率承諾，最終卻半途而廢。門徒要有充分的心理預備「撇下一切」（路十四 33），包括自己的性命。自然也不排除可能要撇下父母、兄弟、兒女，甚至**妻子**（路十八 29；比較：太十九 30；可十 29）。並非說，基督徒信主之後一定要告別家人，與之斷絕來往；而是說，主耶穌既要求門徒放下屬於自己的一切去跟從祂，假如連家人和家財也不肯為主捨棄（或放在次要位置），就遑論甘願為主捨命了。路加在這裏的記載，與馬太（太十 34～39）將撇下家庭、背上十架、拋棄性命，三者並論，是如出一轍的。於是，也可以將「恨」自己性命的意思詮釋為：向著「舊我」（以及舊我所歸順的世界，及其罪惡勢力）死去（dying to oneself），拋棄所有屬世的安全感、權力慾、幸福快樂等等，不再為自己而活，以致願意為他者的緣故犧牲自己。一個重生得救的基督徒，他的身分認同和歸屬，不再取決於家族背景、出生血緣、個人履歷等「過去」，而是被他將要承繼的嶄新「未來」所定義。歸向基督、成為門徒，不是小修小補地改變舊日生活的壞習慣，而是整個人的生命方向扭轉，宣告願意與舊我一刀了斷，全然的委身基督，不心懷二志。自願向著舊我而死，既是成為門徒絕對性的必然條件，但它本身同時就已經是絕對的恩典。天國的恩典滿溢，猶如婚禮的盛宴（路十四 15～24），是「無條件」（unconditional）白白賜予的禮物，但對於承受的人不是毫無要求的：他們要成為門徒，並且堅持到底，否則一旦門徒不成門徒，就像失了味的鹽一樣一無用處（路十四 34～35）。

最能夠講清楚作門徒的代價和要求、信徒應如何看待家庭生活，以及兩者之間的關係的，或者是馬可福音。馬可筆下的耶穌親屬，被歸類為與十二門徒一樣心硬、不信，甚至攔阻祂的事工（可三 21）。在馬可敘事裏面，貼身跟隨主的十二門徒被描繪成是失敗的，缺乏作門徒應有的決心和紀律（resolve and discipline），門徒不成門徒。與之形成強烈反差的，卻是故事中眾多的陪襯小角色，他們見了耶穌、甚至只是聽了，就信；當中以瞎子巴底買的信心典範最為明顯（可十 52～十一 11）。馬可通過角色形塑的對照，凸顯了門徒被呼召去投身的耶穌使命，是與他們的社會氛圍格格不入的（not at home），並同時宣佈世人以為一切如常（business as usual）的生活方式，包括傳統家庭責任、族羣關係、社會綱常，統統都已經「沒有將來」（have no future），猶如逾越了有效日期的過期食物。

主耶穌對門徒的訓練，就是使他們能夠過顛倒成規習俗、見證來臨中天國的新生活。耶穌不但與「不知羞恥」（shameless）的罪人、不潔者、妓女、外邦人為伍，祂自己的言行乖張、不務正業、不顧父家、不娶妻育兒，甚至搗亂倫常，例如對小孩的親切接待（可九 36～37；十 13～15）。當今信奉家庭價值的基督徒，從為人父母的溫情眼光，只看到耶穌愛護孩童的溫柔，以為信徒就是被責成去守護下一代，卻不識當中的顛覆意圖。有別於現代核心家庭以孩子的幸福至上（甚至兒女成為父母事奉的對象，是家中的王子公主），希羅社會的家戶是以「家父」（*paterfamilias*）作為一家之主，小孩屬於毫無地位的邊緣成員，在社會上更是不被當為真正的「人」來看待的閾間存有（liminal existence）。因此，主耶穌要求門徒要成為「小孩」，方能進入天國，就是將一切最卑賤、最微末、最無地位的「小子」抬高，將社會上位高權重、自以為優越、高人一等的低貶，而門徒就是被呼召成為前者。

主耶穌彷彿蔑視厭棄一切世俗的規範，但祂本人並非厭世、禁慾，也沒有教導門徒遠離塵俗。主耶穌只是除去了常人價值觀的天經地義的光環，操練門徒摒棄在世的特權待遇（privileges），以及摒棄要換取這些利益和榮耀所必須服膺的社會要求（demands）；然後，再以一種另類的生活踐行、新的起居習慣進入世界，在那裏與其他人（包括自己的家人）一同生活。耶穌沒有推翻家庭制度，更沒有規定作主門徒就要遁入空門，過離世隱居的修道生活，隔絕一切與家人的來往。祂對家庭制度是不理不睬（disregard），既不推翻、亦不改革，但同時又安然地穿梭於不同的家庭處境（domestic settings），祂的在世使命要不停**出入**別人的家（而非公開場所），方能踐行出來；例如祂剛剛呼召了門徒離開本家，不旋踵就帶他們進了西門和安得烈的家，醫好西門的岳母（可一 29～31）。被耶穌在路上醫治好的、又認祂為主的人，都被吩咐「回家去吧」（可二 11，五 19，八 26），他們被打發去向家人傳揚福音。對於主耶穌而言，祂宣講的天國業已來臨；所以，對於馬可而言，問題已經不是天國「何時」將會實現，而是在「何處」、以及「如何」將天國見證出來。世界的末了已經在當下開始。

因此，以主耶穌的生平言行為規範的基督教「家庭價值」，總要緊扣在作主門徒和終末視野這兩個神學和倫理學框架之下，方能被正確理解，否則頓成不可理喻（unintelligible）。例如，撒都該人以猶太人兄終弟及的婚姻制度來刁難耶穌，意圖否定肉身復活的可能，耶穌簡單回應：「當復活的時候，人也不娶也不嫁，乃像天上的使者一樣」（太二十二30）。這段經文的題旨乃是終末的永恆生命，而非此世的婚姻嫁娶，但卻正好代表到基督徒看待家庭制度所應有的角度。耶穌不但指出，肉身復活是可能的（而非只是靈魂甦醒），而且在新天新地裏面的生命，不單純是地上生活和福樂的**延續**，有別於一般信徒以為「永生」就只是死後「上天堂」與家人團聚，甚至盼望能夠與死去的寵物來生再續前緣。聖經真正教導的終末論是宇宙性的，不只關乎個人的得救，而是整個被造世界的萬有復和，在天若地、在地若天，天地同歸於一（弗一10；啟二十一2）；至於復活的身體則是不能朽壞的（林前十五35～54），既沒有死亡，就再沒有生育的需要，所以也不會有性行為，因此也不會有婚姻和家庭關係。在新天新地裏，亦不再受在世的親屬關係和恩怨纏累，所有人都一樣是上帝的兒女。從耶穌與撒都該人的對答，我們看到，祂首先著眼終末，對於現世的嫁娶安排（及其引申的倫理和社會難題）不置可否，遑論為任何家庭制度背書。

所以，從基督信仰而言，婚姻和家庭沒有終極意義或價值，我們的終末神學和作門徒的倫理，都否定了家庭生活的必要性和自然性。任何社會的民事婚姻制度，就更絕非上帝的「創造秩序」（order of creation），也非「救贖秩序」（order of redemption），勉強只是人在墮落之後的「護佑秩序」（order of preservation）一部分，不會千秋萬代地延續下去。現在世界各地最普遍奉行，以自由戀愛為基礎、規範性一夫一妻的家庭制度，並非古已有之、行之有效的「傳統」，而不過是近百多年來才成為主流；而且正如維護家庭的信徒所羅列的證據，這個制度業已證明「失敗」，頻臨解體。「婚姻建基於真心相愛」此信念，既令世人前仆後繼去追尋家庭幸福，但也可說是離婚個案（甚至再婚個案）的最大「贊助商」。鮮為人知的事實是，香港每年的結婚個案之中，差不多有三分一，是其中一方、或是雙方是再婚的；連婚姻曾經失敗的人，也不對婚姻失去信心，甚至投以信任一票，從社會學角度，其實反映出婚姻制度仍然「健康」。若說上帝「設立」婚姻是為了免人陷入性罪，婚姻是「治療」慾火攻心的良藥（林前七9），則人類社會（包括基督教會）漫長的歷史裏面充斥的性犯罪就是「臨牀證據」，足以揭發這道藥方是查無實效的「安慰劑」。即使婚姻是「護佑秩序」，但它同其他所有人為的制度一樣都一同墮落，婚姻和家庭無神聖不可侵犯的地位，不能將我們從罪中拯救，反而它本身需要被拯救。

婚姻和家庭制度糾纏在人類墮落的光景下，總會被罪扭曲、滲透而「入魔」（becoming demonic），尤其當它自成其是（for its own sake），不受其他道德權威或信仰價值制約的時候。更令人費解的是，基督徒對（特別是父權社會的）家庭制度裏面因著性別角色分工、長幼尊卑所產生的權力和暴力關係，彷彿視而不見，甚至歌功頌德。將「家庭價值」提升到「道德化」層面之後，家庭的「完整性」變成自足自存的價值，「個人總要為家庭犧牲」被美化，可以成為壓制個別成員福祉的藉口。「家庭」作為一個利益共同體不受限制膨脹，就會由自利、變成自私、內向、排他。「愛爸媽、愛我家」是否意味我們沒有愛別的家庭的義務，自家的利益經常凌駕於鄰舍的好處？只懂得敬虔地為自己擁有的幸福向上帝感恩，而忘記為別人的不幸而祈禱？除了「**我的**爸媽」以外，負責照顧孩子起居的外傭，又是否值得家中兒女父母當為「家人」一樣去愛？所謂珍惜家庭團聚時間，為甚麼總是回家共敍天倫，而不可以是一家人去關懷服事其他有家無家的陌生人？

根據基督信仰的「家庭價值」，家庭是為教會的服事而生，而非教會為服事家庭而有，否則家庭就成為被偶像崇拜的「偽教會」（quasi-church），是被其他權勢（powers and principalities）所利用的管道。當中產父母信徒為了子女升學而「三遷」，隨便幾年就轉會一次，輕易捨棄原屬的團契，我們就會發現，信徒不是不重視家庭，而是重視過了頭，家庭的價值早已比教會更重要。本末倒置地將「家庭價值」抬舉成社會（甚至教會）的基石，就更遮掩了政府權力對家庭關係的介入、資本主義的消費文化對家庭生活的制宰。若信徒只談「愛家」，而不提作門徒、更不講家庭在教會裏的角色，我們的家庭價值就即時變質走樣。即使在新約聖經當中較後期的教牧書信（pastoral epistles），所謂「家戶經營的規章」（household code）裏面，雖然表面上好像維護現行社會階級制度，但是它的目的不是勸勉從屬者逆來順受、啞忍壓迫，而總是在「基督乃元首」、主耶穌才是教會的一家之主的前提下（例如：西二 19），教導互相尊重的功課。在家庭崗位上作主門徒意味要多走一里路，活出基督的品格氣質；如此，原本地位低微的家戶成員卻反客為主，從被動承受苦難，轉化成具有主體性的「和平之子」。

家庭沒有內在的善（intrinsic good），反倒需要依靠其他的「善」來成就（made good by other goods）。不是天賜理想伴侶，人就能夠自然成為「好」夫妻、組織美好家庭，更沒有人天生就懂得做「好」父母；甚至不因一對基督徒結婚生子，這個家庭就「自動」成為「基督化」、服膺於十架（cruciformed）的家庭。家庭生活的「好/善」，離不開作門徒的「好/善」，以及相關的日常生活訓練和技藝，不外乎就是：和好、忠貞、真誠、不以惡報惡、多走一步、以善勝惡（太五～七）。所謂「因誤會而結合，因了解而分開」，或西方英語世界所講因 "unreconciliable differences" 導致離婚，就是不肯在婚姻裏踐行原諒。往往，耶穌所教導的「愛仇敵」和使人和睦，（peacemaking）首先就要在家庭關係裏踐行出來，因為家庭崩潰、引致無可挽回的悲劇，就始於最親密的家人反目成仇，無法在日積月累的傷害磨擦之後，彼此認罪、寬恕、療傷、復和，寬恕對方七十個七次。家庭不是讓我們享福的安樂窩，而是作主門徒最嚴峻的實驗場，學習無盡的自我犧牲，日以繼夜都在考驗我們在「小事」

上對主忠心，一生一世，至死方休。

我們不應期望，每對信徒夫婦都經營出一個從此快快樂樂地生活的「模範家庭」才算有「好」見證——聖經裏也從來沒有出現過一個能作為基督徒生活楷模的理想家庭——反而是當基督徒無論順逆悲喜，即使對一段不美滿的婚姻、不完整的家庭，仍能堅持忠貞不二、甘願受苦，才真正體現出基督捨己之愛、三一上帝的信實，並活出人原初被造所應有的社羣性。婚盟之所以「神聖」，純粹只因為基督徒夫婦**承諾**禍福與共、忠貞相愛，是標誌出上帝對世人的愛，讓不是來自人間的愛活現在人間。所以，只有當基督徒的婚姻**指向**上帝——不是向人炫耀我們夫妻何等恩愛，而是顯明上帝先愛我們（約壹四 7～21）——在這個意義上，它才是「恩典媒介」（means of grace）或者「聖禮」（sacrament）；意思不是上帝藉婚姻賜福給一對愛侶，又或者暗示家庭有何救贖功效（救恩不能在家庭成員之間遺傳承繼），而是上帝通過基督徒家庭作為向世界、向**其他人**施行恩典的載體。

雖然新約聖經常以婚姻比喻教會與基督的關係（例如：弗五 28～30），但並不代表婚姻因此而被「聖化」，或者以教會作為婚姻制度的承保者（underwriter）。（更值得留意的是：耶穌自己通常以「婚宴」、而**不是**以「婚姻」比喻天國，因為接待陌生人比愛家人更體現出天國的倫理。）比喻之作為比喻，是為了以婚姻的所是所由，指向上帝與人復和的關係，婚姻的關係亦因而被神人的關係規範：**正如**忠貞之於婚盟誓約是不可或缺，教會對救主基督的忠誠**更復如是**；**又正如**教會是被呼召作基督貞潔的新婦，基督對教會的信實，**豈不是更加**不可間斷，不會因教會某時某地的背叛不忠而被輕易廢去？

總結而言，忠於基督信仰的「家庭價值」，不會將婚姻和家庭絕對化，反而它們是為更高的目的而存在。婚姻是「召命」

（vocation），而非天賦的禮物；家庭不是為「愛」、或為實現個人幸福而存在。家庭的功能不是為基督徒在公共生活的壓力以外，預留的「私人」空間、生命避風港，否則它就不過是一種精神上的鴉片，令本來叫人忍無可忍（intolerable）的俗世生活，變得姑且尚可容忍。基督徒的「家庭價值」是完全違反常識的：「我們相愛，不是因為我們已婚，而是因為我們是屬基督的」。我們的婚姻**並不**建基於情投意合的浪漫愛情，反而家庭生活就是一種自我奉獻的服事（sacrificial service）。所以，基督徒的婚姻不是兩個人的「私事」，他們的恩約（covenant）是在上帝和教會面前所立的，要向所屬的羣體問責。同時地，他們需要在教會這個門徒羣體裏面，接受規訓、守望、支援，向其他門徒學習成為夫妻、父母、兒女；沒有這樣一個屬基督的羣體的照護，家庭生活就不能持續（sustainable）、岌岌可危。基督徒家庭的所是所由**就是**作門徒，**沒有別的**。任何信徒脫離作主門徒的要求去論述家庭價值，甚至將教會視之為家庭而存在、為其服務，都出賣了教會被呼召的身分。

四、家庭倫理亂局之中的教會

如果基督徒不首先認識婚姻和家庭的所是所由，教會就沒有「條件」去處理「同性戀是否罪？」、「同性戀是罪的話，如何對待同性戀者？」等倫理課題。這裏說的**不是**「先決條件」（prerequisite），不是說異性戀基督徒要在性倫理、家庭生活上完美無瑕，才有道德「資格」批評同性戀。而是說，當教會就獨身、婚姻、婚外情、離婚、再婚等教會倫理議題，其觀點與踐行尚且亂作一團（disarray），就沒有一個站得住腳或者恰當的立場（not in the position），也缺乏神學倫理的信仰資源和道德詞語，作羣體的商議、聆聽、辨識，能讓教會在牧養同性戀信徒和同性戀非信徒上忠於所信。

不少真誠地以「愛家」為名去「反同」的信徒也意識到，「一夫一妻、一男一女、一生一世」這條標語，並非單純標榜一個無傷大雅的「正面」價值，它更將某種願景理想化、標準化，構成對教會內的離婚者、單親者的貶抑、排斥、責備，或最少令其尷尬不安。「愛家」與「反同」必須切實地分開「兩條腿走路」：**除非**教會對失婚信徒和單親家庭**加倍**的關懷、體諒、支持，**否則**我們的「愛家」就傷害無辜、我們的「反同」就虛偽自義。可是，教會真的有做到嗎？**可以**做到嗎？問題**不是**教會有沒有具體地牧養婚姻失敗、家庭破碎的信徒，而是教會有沒有「條件」去做，甚至有沒有「條件」去討論「離婚是否罪？」、「若某些情況下的離婚是罪的話，應如何對待離婚的會友？」等關乎整個教會的羣體生活的倫理問題。

事實上，香港教會對離婚問題的態度曖昧不明，正是我們已經陷於道德混亂（moral confusion）的徵狀，若非無法可依，就是有法不依。有些宗派沒有明文規限離婚，也沒有預先制訂恰當紀律程序，堂會或以「愛心包容」為由採取放任縱容態度，或索性自欺欺人地視而不見；有些宗派在會章雖列明懲處罰則，卻又輕描淡寫，從不落實執行，亦不肯考慮修訂會章，變相使綱紀蕩然無存。這不是說，教會應該對離婚信徒一律嚴懲；相反，在牧養層面，正好示範了律法主義在處理基督徒倫理的具體個案時，是完全不管用的。但也不是說，教會對離婚等性倫理議題，應該「無規無矩」（anything goes）。教會的規訓（discipline）不是為了維持紀律而懲罰（disciplinarian），而是為了挽回跌倒的弟兄姊妹，更是為了建立教會作為一個被基督規訓的身體（disciplined body），是一個同時被寬恕並施行寬恕的羣體（forgiven and forgiving community）。可是，堂會在處理離婚個案自感軟弱無力，也缺乏理據，因為教會已經喪失了基督信仰的「家庭價值」，不再能夠向會眾説明，為甚麼婚姻不是兩個人真心相愛、離開父母、追求幸福的「私人」事情，而是涉及教會整個羣體——教會既是婚姻的見證人，就有其義務和責任；同理，夫婦作為會友，也一樣對教會有其義務和責任。而且，教會內的離婚個案更加影響整體的屬靈健康和見證。每當有弟兄姊妹婚姻失敗，都會對教會的團契帶來震撼傷害，出現流言蜚語、猜忌審判，其他主內，甚至牧者長執卻成了家庭以外無從置喙的「局外人」，也沒有能力判別這對婚姻失敗的弟兄和姊妹，誰是誰非，誰應受同情、誰應受責備；後者又應受何懲罰，如何引導其回轉；前者雖是受害人，但又有沒有犯了離婚之「罪」？甚麼情況下的離婚，才**不算**犯罪？離婚是「罪」的意思到底又是甚麼？教會「反對」/「不接納」/「不允許」離婚，又應該產生怎樣的羣體踐行？離婚作為一種「罪」，是覆水難收、無法挽回的既成之錯，教會到底應該如何牧養這些一生一世活在「罪」中的主內？就此，教會又有甚麼來自基督的認信可以傳授給眾會友？

的確，主耶穌就離婚（和再婚）的教導，聖經的記載也莫衷一是，沒有提供單一的標準或規條：

（一）在馬可（十 2～12）的版本，主耶穌的教導是：離婚是毫無商量餘地的事，因為「上帝配合的，人不可分開」；因此也不產生是否容許再婚的問題。丈夫休妻另娶，就是**對**妻子犯姦淫（commits adultery against her），這有別於當時父權社會制度，犯姦淫是指妻子通姦，使丈夫的「產權」受損；更特別的是，馬可強調，提出離婚的主動權是有相互性的：妻子也可以離棄丈夫另嫁，不過就會犯姦淫。

（二）馬太（十九 3～12）在馬可的版本之中，加插了一句：「若不是為淫亂的緣故」，謂之「馬太但書」（Matthean exception）；換言之，妻子若犯淫亂，丈夫就「可以」離婚。問題是：「淫亂」（*porneia*）何所指？是否泛指一切性失德，或簡單如不討丈夫喜悅

（申二十四 1）？如何有別於「姦淫」（*moicheia*）？歷代的釋經家對此有爭論，**假如**「淫亂」專指**未婚前**有失貞節——也就是馬太福音一章 19 節的情節所涉及的情況——婚後的則屬「姦淫」，便與當代大部分信徒的理解大相逕庭了。無論如何，馬太的焦點只放在男方：**除非**妻子犯「淫亂」，**否則**丈夫休妻另娶，他自己就犯姦淫（commits adultery）了；有人娶那被休的婦人，也是犯姦淫。

（三）馬太（五 31～32）另外一個版本的記載，採用的字眼和內容都稍有不同。此處的「淫亂」更貼近申命記二十四章 1 節所指的「失德」（indecency）。而焦點放在：若不是為淫亂的緣故，丈夫休妻，就是**叫**妻子作淫婦（causes her to commit adultery）；其他人若娶這被休的婦人，也同樣是犯姦淫。按表面的邏輯，即使妻子無理被休，也不可再婚了。

（四）路加（十六 18）的版本，字面接近馬太（五 31～32），卻沒有「若不是為淫亂的緣故」的但書；因此，從內容而言，更接近馬可（十 2～12）的精神：男子既不可休妻，也不可娶被別人所休之妻。

（五）保羅（林前七 10～16）就此的談論，比福音書更詳盡。最特別的是，他直接訴諸主耶穌的權威，因為主吩咐說：「妻子不可離開丈夫，若是離開了，不可再嫁，或是仍同丈夫和好。丈夫也不可離棄妻子。」（林前七 10 下～11）保羅沒有加上「馬太但書」，也沒有將再婚列為姦淫，雖然明顯地他也不會鼓勵再婚。他接續卻行使所謂「保羅特權」（Pauline privilege），雖然主耶穌沒有吩咐，但保羅憑自己說：倘若不信的丈夫／妻子求去，信徒配偶就應由對方離去。

從上可見，主耶穌的教導大體是清晰的：「上帝所配合的，人不可分開」。因此，「馬太但書」有可能是增補這個傳統加上去的，為的是照顧一些難以避免的悲愴處境；但這些少數的特例**不會**變成常規，不應傷害前提的大原則和精神。假使如此，則代表福音書作者並不相信主耶穌的訓示是不能修改的。至於保羅，他清楚分辨哪些是主的教導，哪些是他自己出於當耶穌在世之時，尚未出現的新牧養處境（一對夫婦當中因一人歸信而加入教會所產生的家庭和教會問題），以牧者的身分所作的教導。但保羅所講的不是即興的權宜，而是服從於更終極的關注，「因為這世界的樣子將要過去了」（林前七 31），所以在末了來到之前要作合宜的事，得以殷勤服事主，並活出和睦（七 35、15）。

保羅所真正關切的，甚至根本不是在甚麼情況下離婚是「被容許」的道德問題，而是門徒在世的生活是被呼召去見證出與蒙恩得救身分相稱的「更高的義」（higher righteousness），與上帝的個性匹配的門徒德性；相比家庭關係，基督徒有更高的效忠對象。保羅、甚至馬太，以至主耶穌自己，都不是以道德決疑（casuistry）的方法思考離婚的問題，他們都沒有從世俗義務、法律責任、後果（例如對下一代的影響）、或者感受（是否從夫妻關係中獲得個人滿足）出發。

特別對於保羅，一對夫婦是否仍然「相愛」，不在他考慮範圍之內；他只著眼於門徒在家庭之中，也務要「踐行愛」，就是因基督的緣故而有的「捨己之愛」，而非自我中心的「人倫之愛」。新約聖經關於離婚的倫理教導，不是建基於、或旨在頒佈規矩與通則（rules and principles），鉅細無遺地陳列在哪些情況下離婚是「不允許」或「被允許」。對於所謂「不允許」的離婚，耶穌、保羅、馬太都**沒有**講明制裁（sanction）、善後或補救措施。保羅鼓勵信徒在夫妻關係要勉力踐行復和，就算信徒妻子被不信的丈夫休了，仍要考慮與之和好（林前七 11）。所以，對於保羅而言，判斷在甚麼情況下離婚方才「被允許」不是首要的關注（unconcerned）。就算在允許離婚的最壞情況，一方犯了姦淫，離婚也**不是**基督徒夫婦惟一正確或最好的選項；作為門徒，寬恕復和應是更合宜的目標。當然，被背叛傷害的一方即使願意寬恕對方，也不代表即時與之復和；尋求復和的責任首先仍在不忠的一方，要重新取信於對方，還要向教會認罪悔改、重新被接納。

以「該、不該」、「可、不可」、「准、不准」的道德教條角度去處理離婚（甚至所有性倫理議題），都問錯了問題——正如文章開首的時候說「你反對同性戀嗎？」是一條很壞的問題。假若，現代信徒用律法主義切入「馬太但書」，而不理會文本的細節、文化背景脈絡，或會得出荒謬的結論：丈夫可以故意犯淫亂，就獲得休妻的許可證！而實際上，馬太沒有借耶穌之口直接訓示，妻子犯淫亂、丈夫就「允許」休妻另娶，他留意到要另行處理這類特殊情況，只好暫時按下不表（flag up）；他只著眼於在此情況以外所發生的離婚的道德後果。而整本聖經都沒有解答，假如離婚在「不允許」的情況下不幸發生了，教會該怎麼辦？（甚至，難道在「允許」情況下的離婚，就沒有需要處置的犯罪、牧養和關顧問題？）因為，教會只能像平常應對有主內犯罪跌到一樣，行使她「捆綁與釋放」的權柄和責任（太十六 19、十八 15～20），可以對犯錯者施以紀律處分，也可以寬大免除其罪責。但先決條件是，教會本身要是一個有能力進行集體辨識、寬恕、復和的羣體。甚至乎，教會是應該有權力和責任去判別，到底在某具體情況下發生的離婚是勉強應被允許、或情有可原、或無奈接受等。保羅在哥林多前書七章論婚姻、獨身等，正好就示範了這種從牧養處境出發的倫理辨識如何進行；以致於教會日後也可以（甚至乎不得不）按自己的處境，思考如何落實整本聖經的教導。不過，教會不是為自己在主耶穌的教導以外另立新法，而仍然只能**逐一、個別、具體地**聆聽、考察、判別每一個真實個案，不能以行政式命令、按規章本子辦事，取代同心合一尋問聖靈的祈禱。倫理辨識必須是在教會羣體裏面，並由整個羣體來做（in and by the church），「在聖靈裏一同論理」（reasoning together in the Spirit）。

換言之，教會首先要**成為**生活（the church to live as church），教會必須已經是一個**素常**習慣踐行辨識、寬恕、復和的羣體，否則沒有「條件」去處理錯綜複雜、清官難審的離婚個案。假如，牧者傳道也無力無助，自覺沒有權威、沒有資格干預別人的「家事」，又如何牧養為離婚而掙扎的信徒？假如，一間堂會本身教會不成教會，弟兄姊妹沒有團契相交、沒有相愛、沒有信任、沒有寬恕，又怎能關懷、扶持（將會或已經）離婚的主內？

「愛家」、「反同」的信徒空談「理想」的家庭生活。但到底甚麼才是「成功」的婚姻？怎樣才可以達到「成功」的婚姻？他們是否一無所知？再者，教會面對更多不圓滿、甚至不幸地「出錯」（go wrong）的婚姻，又可以如何修補？當婚姻「失敗」，製造出離婚之「惡」，家庭生活如何繼續下去？門徒的生活又如何與此「惡」共存？我們一味唱好婚姻和家庭，但異性戀信徒夫婦的生活，到底又有甚麼值得同性戀者學效或仰慕的地方，我們卻説不出所以然；當我們自己的婚姻面臨危機、甚或一敗塗地的時候，我們與不信的人無異，同樣不知所措，欠缺應對生命悲劇的抗逆韌力。我們自以為，已經有聖經的真憑實據去證明同性戀是「罪」，所以譴責同性戀就是忠信的表現；至於，婚外情、離婚、再婚等家庭倫理議題，正因聖經未有畫一的説法、或同樣嚴厲的判詞，所以可以慢慢斟酌，暫時擱置，尚有很大的商量餘地。其實，**我們只是利用「同性戀是罪」的道德確定性，去掩飾／彌補**（cover up）**自己對待「異性戀的罪」的道德真空**。我們講不出，當異性戀的婚姻同樣都會犯罪的時候，該當何罪；但就義正詞嚴地，對「同性戀的罪」列出所有我們深信不疑的赦罪條件，以及對不肯認罪改過的人的制裁。可是，**當我們處理教會內不一而足的「異性戀諸罪」都一塌糊塗的時候，我們對**

待「同性戀此一罪」充滿道德自信心的態度和手法就益顯武斷和偏頗。教會就婚外情和其他性犯罪等的性倫理議題，徒有冠冕堂皇的道德立場，但對實在的牧養、紀律問題避而不談、諱莫如深，甚至對犯罪者採取「不要審判人」、「隻眼開、隻眼閉」的縱容態度。教會一般處理「不被允許」的離婚個案的時候，亦不見得貫徹一致、忠於所信；有時以愛心包容的「人道理由」，繞過公正程序，就將犯罪者輕輕放過；或對犯罪者施以所謂為紀律處分，只是變相逼使其離開教會，卻無悔罪、寬恕、復和；有時更矯枉過正，連受害者也一同被懲處、被排擠；而在婚姻破裂中的「無辜者」（**假使我們真能辨認得出她們**），也總是背負恥辱和污名，終身被「一夫一妻、一男一女、一生一世」這個更高的標準嘲弄，她們活在其他弟兄姊妹異樣的眼光底下，最多被擁抱、被安慰過，之後就被遺忘、被邊緣化。但無論或鬆、或嚴，一個素來也從沒踐行過「捆綁與釋放」這種羣體辨識的教會，根本**無法知道**自己對待離婚個案（無論是否「被允許」）的手法，到底是否做對了，還是做錯了；哪裏做對了，哪裏做錯了。這就是今天活在家庭倫理亂象，卻自以為是香港教會的普遍景況。只要我們肯面對殘酷的現實，為信徒的婚姻生活狀況把脈（例如比較一下信徒與非信徒的離婚率），並真誠地檢視教會到底在實踐一套怎樣的性倫理（而不是標語掛出來的那一套），就會明白為甚麼筆者相信，教會若沒有「條件」去處理「異性戀的罪」，也同樣不會具備「條件」去商議怎樣對待「同性戀的罪」的倫理問題。

在此再一次印證，假若「愛家」、「反同」的信徒只捉緊對「同性戀是罪」的道德確定性，就無從承認自己對於「異性戀的罪」，很多時仍是以不知為知。他們或者誤讀了保羅在羅馬書一章的寫作意圖。保羅**不是**要就性倫理立法，甚至無意挑剔（single out）同性戀作為譴責的對象，只是以此佐證全人類的愚拙、悖逆了他們的創造主，同性戀是世人活在罪中的其中一個表徵。對於保羅而言，

同性戀的確是罪——而且有別於舊約，保羅將女同性戀行為跟男同性戀相提並論，也定為罪——但不見得是上帝特別憎惡、招惹極刑，或無可饒恕的罪，反而其性質無異於各樣的不義、邪惡、貪婪、惡毒、嫉妒、爭競、詭詐等等（羅一 29～31；比較箴六 16～19）；諸如此類，都是上帝**任憑**人活在罪中的惡果。同性戀跟背後說人壞話、無知、不憐憫人等罪一樣，都當被上帝判死（羅一 32）。也不是說「**罪無分大小**」，而是「**罪人**無分貴賤」，「**我的罪**」**不會比「你的罪」輕**。保羅刻意應用猶太人慣常低貶外邦人的道德措辭，或使一些（當其時的、或現代的）讀者將自己放在上帝的審判席上，對各種罪人發義怒，呼籲他們回轉、警告，否則面臨上帝的憤怒。但保羅隨之話鋒一轉：「**你**這論斷人的，無論**你**是誰，也無可推諉。**你**在甚麼事上論斷人，就在甚麼事上定自己的罪；因**你**這論斷人的，自己所行卻和別人一樣」（羅二 1）。跟種族主義類似，「同性戀的罪」會將某**種類**的人，預先定性為永遠比自己「更可惡」、更低等、與上帝的恩典絕緣的罪人，因為異性戀者**永遠不會**犯這宗罪。於是每當異性戀信徒只看到同性戀者明明可見的罪，而看不到自己內心和行為上諸種未曾改過遷善的罪，他們就即時被置於保羅譴責之下，都要接受上帝的審判。

五、辨識「反同」運動的倫理和神學性質

本文**並非**挑戰「同性戀是罪」此信念，筆者本人也確信，聖經的教導是反對「同性性行為」的，只是要提出兩條被長期忽略的倫理問題：（一）假使我們都相信「同性戀是罪」，基督徒應該如何對待（教外和教內的）同性戀者；**以及**，（二）如何對待不認同「同性戀是罪」的其他信徒？類似的問題沒有機會被提上教會的正式議程，因為提問的人首先就會被視為可疑。再者，在教會裏面，堅信

「同性戀是罪」、但不完全認同教會主流「反同」運動的信徒，他們為數雖不少，但生存空間卻愈來愈被收窄，或被逼沉默、或自願抽離。因為，教會歷次「反同」運動採用的手法，包括聯署登報、懸掛橫額、遊行集會，都是從上而下發動的，客觀上有逼人表態歸邊的作用，稍有異議或保留的信徒和傳道同工（尤其是資歷較淺的），都要面對從眾的壓力，否則就會被置於燈光下，要為自己的立場辯解。這類羣眾運動本質上已無異於世俗社會的政治手段，不過是以人多勢眾、逼政府就範為目的；但我們暫且撇開不談，基督徒應否公開「示威」，還是只能效法耶穌基督甘心受難的「示弱」。教會的「反同」運動首先傷害的可能就是教會本身，違反了信仰的自願原則（voluntarism）。

教會的「反同」運動在產生對社會任何（好或壞的）影響之前，已經有機會毒害了基督的身體。它將信徒之間就一籃子與同性戀相關議題的取態，截然對立起來（polarized），並簡化成：要不是站在我這邊，就是站在我對立面的。於是，那些相信「同性戀是罪」、但對「反同」運動持保留態度的溫和聲音被窒息了。可以想像，當教會沉默一羣對「反同」運動的原則、目標、手法等的不滿意見繼續被壓抑，敢怒而不敢言的對抗情緒只會進一步撕裂教會。

當然，分化教會**絕非**參與「反同」運動的教牧和信徒的用意。他們最少可以分成三類，動機、意圖不一，因此宜仔細辨識、避免一概而論：

第一類，真誠地覺得從聖經領受到的教導，是基督徒應該「反對」同性戀。他們對同性戀者毫無敵意，甚至當中有一些長期從事關顧牧養同性戀者，因此尤為可敬，因為他們以身作則，實踐如何愛罪人。他們也不希望在信徒之間、或在社會之中播下仇恨的種子，只想真誠地將信仰實踐出來，但對自己被人誤解「沒有愛心」，難免總是耿耿於懷。他們或者有反省過，能否有其他更合乎基督徒見證的方法去宣講自己所信、言說真理，但教會主流只提供一個選擇給他們，於是或只能不情不願地繼續投入。這類信徒值得與之繼續對話，同尋另類的「反對」方式或其他可能，讓他們明白，即使我們的目標正義，也不能不擇手段。

第二類，是未經思考就盲從的平信徒（也包括傳道同工），他們只是聽信領導者的號召，就「被動員」去忽然關注，但對於具體的同性戀議題、甚至聖經的相關教導，近乎毫不知情（uninformed），只是道聽塗説，將運動的宣傳信息照單全收，麻木地跟從「愛同志」的口號，但從來沒有接觸過同性戀者，也不預備花時間去了解他們的生活和生命。他們的天真無知、膚淺的愛心、對他者／異己的恐懼，被人利用來造勢、為站台人吶喊助威。這類信徒需要接受更深刻的信仰教導，以及學習慎思明辨。

第三類，是一心一意去煽動一場「文化戰爭」或者「屬靈戰爭」的領導者。他們整個心思意念都充斥戰爭用語（militaristic categories）的攻防對壘，與教內、教外的敵人勢不兩立，彷彿整個社會（最少教會）的生死存亡都繫於他們的成或敗。他們號召信徒去對抗敵人，結果將「會友」組織成「羣眾」，而不是首先去使人作門徒。有意或無意間，他們就在經營一股屬於自己的政治勢力，甚至累積起自己的政治本錢（社會上或教會內的）。當牧者的要務不再是專注教導上帝的話語、造就教會、牧養會友、關顧鄰舍，而是利用講壇來宣揚他們個人的政治／道德理想，成就其個人的功業政績，他們被數以百計的羣眾追隨擁簇的時候，就面對權力和暴力的最大試探和引誘。當他們的「政綱」只有單一議程：為防範同志運動入侵教會，採取的卻是「轉守為攻」的策略，主動出擊、先發制人，他們製造「人民公敵」來凝聚團結教會、意圖「一統江湖」，就容易借機打擊教內的異己。他們誤以為只要在「反同」一仗勝利就等同成功抵抗了世俗化，但對於教會生活其他不同的領域早已被世俗同化，卻不自知、或假裝不知。

對於這類教牧和領袖，我們應該嚴正地指出他們在神學上的錯處，懇求他們反省回轉。他們將「反同」抬高成教會首要（甚或惟一）的社會使命，變相替教會提供不在場證據（*alibi*），為她在其他公共議題上的缺席製造藉口。他們的社會倫理將教會的使命框定為「守正辟邪」，卻沒有懺悔教會自己也身處罪惡勢力的網羅之中，教會仍然需要先被上帝救贖，而不是教會去拯救社會；教會本身既不是正義的，更不能因為我們的敵人邪惡，就自以為正義。

就社會倫理而言，香港教會內無論左、中、右，包括新興的「本土派」，都如出一轍。他們犯了一個基本的神學錯誤，就是看不到：因著耶穌的復活，世界的罪惡、死亡的力量，已經被打敗，基督**已然**得勝，教會宣講的就是「被宰羔羊乃勝利者」的好信息；因此，上帝**不需要**教會去代祂/為祂爭取勝利，彷彿世界的命運取決於教會。雖然被基督打敗的邪惡勢力暫時仍然負嵎頑抗，但其實正邪大戰早已結束，教會所做的除了宣告復活的基督才是世界的主宰，**最多**只是抵制這些敵對勢力反撲蔓延，卻要等到主再來才會一次過將牠們徹底掃蕩。

六、為贏一仗，輸了見證

由於不同人有自己不同的身分職分，參與「反同」有不同投入程度，以及在當中擔當不同的角色，我們**不應**一視同仁、全盤否定；但對「反同」運動本身，卻需要從倫理和牧養角度檢視它，而非單看它的成敗。事實上，很難想像它如何可以「成功」，因為這是一場沒有明確戰略目標的消耗戰；換言之，它沒有說明在甚麼條件下雙方才算分出勝負，當教會全體被帶進這個與所謂「普世同性戀運動」為敵的戰場上，並不知道在甚麼情況下可以宣佈勝利、和平，可以休戰、或退出。難道我們的長期鬥爭要到消滅了（或最少鎮壓）社會上和教會內所有贊成同性戀的人，才會告終？更不幸的是，即使在反對性傾向歧視立法一役上，讓教會暫時慘勝一仗，卻恐怕會輸掉了見證——而將來還有數之不盡的「仗」要打。

當教會以「愛家」包裝一場政治動員運動，借「保護下一代」之名，行「反同」之實，就容易失卻真誠與見證，也違背作為上帝子民的獨特身分。

第一，同性戀者的存在，或者任何保障同性戀者個人享有更公平權利的法例政策（而平權**不一定等於**同性婚姻合法化），怎樣「危害」到成長於異性戀家庭的基督徒下一代？如果，基督徒堅守「同性戀是罪」，而自己作為異性戀者又不會被引誘去犯此罪，教會有甚麼地方會被衝擊，所以需要保護？除非，「保護下一代」真正的潛台詞是：「請你們同性戀者（以及「贊成」同性戀的人）遠離我的子女，不要跟我的子女做朋友，更不要模糊他們的價值觀、教壞他們！」換了在其他一般的處境下，假如我們公然說：「請你們（某類膚色、口音、職業，或者宗教的人）遠離我的子女，不要跟我的子女做朋友，更不要模糊他們的價值觀、教壞他們！」就已經構成歧視和排斥了。如果「愛家」就是保護家庭制度免受破壞，究竟運動暗示誰是罪魁禍首的破壞者？

第二，愛家，只要回家愛家人就夠，用不著站台用擴音器對外大事宣揚；尤其是這種公開表態，不伴隨踐行，就會讓人覺得自義和偽善。一如教會若真的愛同志，切實去關愛他們就夠，用不著隔空來公開示愛；到底教會有否真的愛同志，看看同志返教會、聽福音是否感覺受到被歡迎就夠。「反同」往往都是針對社會的造勢運動，而非造就教會、使會眾獲得教導，否則我們橫額標語就應該向教會裏面掛，而不是向街外掛，我們的聚會也不必在公眾地方，甚至政府總部外的廣場舉行。教會整場「反同」運動，一直都是以世俗的方法來對付世俗社會，而不是以上帝對待世界的方法來對待世界；它用的是聯署、遊行、示威、遊説、施壓，而不是基督徒羣體的屬靈方法，如讀經、教導、敬拜、祈禱、對話。我們忘記了，在屬靈爭戰上，三一上帝已經為教會裝備好了，但所謂的「武器」，全部是防禦性質的，惟一可以用來攻擊邪惡勢力的寶劍，就是上帝的道，就是宣講上帝的福音(弗六 11～18)。教會領袖特別要提防，不應習染政客的語言偽術，將「遊行」美其名為「巡遊」、「嘉年華」。更糟糕的是，「集會」稱之為「祈禱音樂會」卻不以三一上帝作為頌讚的對象和主角，若教會用屬靈的形式去舉行沒有信仰涵義的聚會活動，就更顯出其不倫不類。

不過，一旦教會的「反同」運動放棄披戴基督教的外衣，直接訴諸普世價值、公共理性，或世俗政權所賦予的權利和自由，就立即暴露了它的本性。組織者預早指定的官方口號、統一回應口徑、常見問題標準答案，這些學自世俗政商界的公關手腕，是非人化、無血肉的傳意溝通方式，既不尊重參與者，亦不信任傳媒，教會不宜效法。運動的危機，是將基督徒羣體營造成一個維護自己既得特殊利益的集團(vested and special interest group)。結果，不幸地社會大眾對基督教會產生錯誤的印象：她一直為了免於所謂「逆向歧視」而抗爭，不過是希望保留可以肆無忌憚地(with impunity)去差別對待同性戀者的藉口。無疑，大部分參與「反同」的信徒皆非出於自利或自保，但當他們以為自己只不過忠於所信，去伸張自己的道德理想、政治訴求，就將教會變成倚仗聲勢來達成目標的壓力團體，而不是一個通過生命見證的溫柔力量來「説服」別人，或是通過服事來邀請人加入的和平國度。我們在公共所見證的基督信仰，若只是平面單一化的就性倫理去爭辯，就不再吸引人去認識耶穌是誰。

第三，以核心家庭為本的現代家庭價值，根本**不是**基督教的價值，「愛家」所高舉的是世俗價值。基督徒誤將世俗社會的主流價值，當為信仰的核心價值來頌揚、擁護、崇拜，且誓與之共存亡，就喪失了教會有別於世界的身分認同，甚至福音的根本/基本。如果「一夫一妻、一男一女、一生一世」就代表基督徒的「家庭價值」，而此口號又不隱含「反同」潛台詞的話，相信大底沒有太多香港人會反對。但同時，令人摸不著頭腦的是，到底基督徒高舉這些空洞的價值，其具體訴求是甚麼？香港的婚姻制度已經是強制性「一夫一妻、一男一女」的，難道我們是反對制度所容許的離婚和再婚？

如果基督徒的願景只不過是：「所有孩子可以在父母的悉心照料下快樂成長；所有夫婦可以在穩定的婚姻關係下互相扶持；所有家庭可以在健康的社會風氣下得以穩固」。誰能非議？這不過就是世人也不屑去反駁的陳腔濫調，只是「呼應」（echo）社會上大部分人已經深信不疑、心神嚮往，但同基督徒一樣沒有能力去實踐出來的一些「理想」。這些口號若真的不涉「反同」，就凸顯出基督徒所珍而重之的「家庭價值」，我們夢想中的「幸福」生活，根本無異於社會上其他不信的人。基督徒同世人一樣，追求「一生一世」、天長地久、白頭偕老的天作之合，憧憬婚姻是通往幸福之門，美滿的家庭生活就是人生的所是所由（*telos*）和歸宿。當基督徒對家庭的祝願是：「我們城市中每個家庭都能夠快樂地生活，並能建立和守護家庭內每一位成員健康成長」，這不過是童話故事的結局。難道基督徒跟世人一樣愚昧？不曉得，原來將活生生的家庭，化約成正向而抽象的家庭「**價值**」，**正正是害死家庭制度的元兇**！正因為所有人都對婚姻和家庭投注了的幻想，一旦虛假的盼望被殘酷的現實否證，這種以追求「幸福」為目標的「家庭價值」，就會令人在面對不圓滿、不符理想、不帶來個人滿足的婚姻的時候，失去繼續堅持下去的信心和理由。「家庭價值」將某種夢想中的家庭關係類型正常化、規範化，更加令人無法面對一旦婚姻失敗、家庭破碎的種種後果，因為離婚代表個人的徹底失敗，從此與幸福無緣，人生畫上句號，連下一代也被標籤成在「不完整」家庭裏長大的「受害者」，他們未來的幸福也被剝奪了。**「家庭價值」表面上宣揚天堂才有的幸福，實際上加深了人間的不幸**。

假如婚姻和家庭就是實現幸福的場境和途經，家庭的價值（只）是為家庭成員帶來幸福，不幸福的家庭就再沒有價值，對這種世俗的家庭價值，基督徒非但沒有警覺批判的能力，反而向其投誠效忠、大事宣揚，就更益發顯露出，一場運動若然是沒有以基督信仰作為核心和規範的基督徒事工，其目標就傾向追逐社會認同、與世俗合流，多於見證信仰應有的「獨特性」（distinctiveness）。數以百計的信徒為了人人都有幸福家庭「走上街頭」，活動卻沒有造福到社會上任何其他人，只是集體向一個虛無的對象一同呼喊「我很愛我爸媽！」如此在公共場所鼓勵人追求完美（counsel of perfection），宣揚理想，卻不理會現實的鴻溝，惟一的作用就是**表露自己的「敬虔」；所謂「立願」、「祝福」，說穿了就是「祈福」，既求自己心安理得，亦求家宅平安大吉**。試問誰不想夫妻甜蜜、父慈子孝、兄友弟恭、婆媳和順？可惜事與願違，人世間的家庭生活與理想相比都落得差強人意（falling short），滿有缺陷和遺憾。因為連**上帝都從無應許**，每個誠心實意的基督徒都能夠享受幸福美滿的婚姻和家庭生活！這類宗教盛會，會否只是一場反性傾向歧視立法的熱身「前哨戰」，擺出「後援」陣容虛張聲勢以虎嚇敵人？

若果，基督徒不求甚解就去膜拜世俗的「家庭價值」，誤將之當成基督教價值核心來替其背書，是為**信仰無知**；當眾展露敬虔、裝扮善良、自命比人純潔、博取掌聲讚賞，就是主耶穌譴責的**假冒為善**（太六 2、5）。偏偏有些信徒事後還炫耀自己的無知，辯稱：「真誠地以行動作見證的信徒，不應被其他信徒抨擊」，言下之意是：「真誠可貴，無知有理；河水不犯井水，我不批評你，你也不要論斷我」。可是，假如一個信徒真正地、「真誠地」見證信仰，他不但不會抗拒別人的批評，甚至會歡迎其他主內的守望督責。同理，當一個信徒「真誠地」見證信仰，即使他所信所行未能全部忠於所信，卻仍然值得其他信徒尊重，但別人仍然有責任真誠地向他指出其錯處。所以，當我們批評其他信徒「信仰無知」、甚至有「假冒為善」的毛病，我們**沒有**自動將自己豁免(self-exemption)。我們也並非以「恥與其為伍」的態度責備、追究、聲討，而是因為珍重對方是主內肢體，(先私下、然後才公開)呼喚他們回轉歸正；他們走歪了路，我們也有責任，也有虧欠，要互相擔當(加六 1～2)。我們的批評若有不盡不實之處，也請他們反駁，並以聖經和信仰的教導説服我們。

七、結語：給香港教會的三點建議

所以，筆者重申，無意推翻大部分信徒對「同性戀是罪」的信念，但對於教會是否有足夠的信仰、靈性、倫理資源去商討該**怎樣**對待同性戀者(有未信的、也有主內)，我不表樂觀，甚至大有憂慮。太多教牧、領袖、信徒不求甚解，就將「愛家」與「反同」混為一談，因此搞不清自己支持甚麼、反對甚麼，想要甚麼、需要甚麼。

因此，對於為數不少，相信「同性戀是罪」又熱心「反同」的主內弟兄姊妹；另外，同樣為數不少，相信「同性戀是罪」但不認同現在教會「反同」手法的主內，以及少數不相信「同性戀是罪」的主內，筆者有以下的忠告或獻議：

(一)我們要重新聚焦基督徒倫理的議題。不是問：「同性戀是否罪？」而是問：「假使同性戀是罪，應否『反對』? 怎樣『反對』? 『反對』之餘，又如何關愛、牧養教會內外的同性戀者？」事實上，無論同性戀是否罪，也不會解答到一個更嚴峻和迫切的基督徒倫理問題：教會應如何支援同性戀信徒(跟異性戀信徒一樣)過聖潔的性生活、維持忠貞的愛侶關係？（最起碼，我們要幫助他們，免得因為他們的性取向不被認同，無法維持穩定長久的伴侶關係，而犯更多其他的罪。）作為基督的門徒，同性戀者和異性戀者是無分別的，我們都同樣有上帝的形象，一樣在天父眼中看為極其珍貴，也一樣是基督甘願為其犧牲的罪人，且要在教會這個罪人羣體裏面一同**學習如何做罪人**，而不是以為自己信主後就不會再犯罪、比別人聖潔。

「贊成」同性戀的信徒，應停止攻擊因忠於聖經教導而相信「同性戀是罪」的信徒，隨便指責他們「沒有愛心」；事實上，後者要學習如何去關愛同性戀者這批「罪人」有**更艱難的擔子**。另外，為同性戀「洗脱罪名」，也不是惟一的出路。相反，假如「支持」同性戀的信徒也相信，因為**罪人不容於教會**，所以要解放/救贖同性戀者，就一定先要證明到「同性戀不是罪」，他們的教會論和救恩論，又何異於那些要將同性戀者驅逐出教會的信徒？

至於「反對」同性戀的信徒，請他們不要再口裏説「愛同志」。「愛」既太抽象，亦太沉重了，兼且太言過其實。我們先學懂跟同性戀者「交朋友」（being friends）就已經很好。這也是主耶穌親身示範，對待罪人的方法；況且，不要忘記「罪人」不一定是「壞人」！

（二）即使信徒因著對聖經就同性戀的教導有不同的詮釋，未能就「同性戀是否罪？」達成共識，也盼望他們極力保持合一。否則，我們將會步西方教會的後塵，面臨分裂。相比於寥寥數段反對同性戀的經文，聖經更豐富和具體地指示了，教會作為門徒羣體「更具決定性、要求更高的踐行」（more determining and more demanding practices），是關於如何以三一上帝的性格來規範教會的品性。不同立場的信徒，務要在此共同的信仰基礎上，彼此更正、守望、督責、勸勉，實踐寬恕與復和，締造和平（make peace）。只有當意見相左的信徒能切實彼此相愛，世人（包括未信的同性戀者）才見到上帝是愛；相反，假如教會內也出現弟兄相殘、打擊異己的行徑，我們所傳的福音就完全喪失感召力。

不認同「同性戀是罪」的信徒，如非迫不得已，請不要為同性戀者，以及「贊成」同性戀的信徒另立教會，甚或以自己為惟一純正的基督信仰。這種「教派主義」（sectarianism）心態的危險是令自己自絕於兩千年的大公傳統。

同理，「反同」的信徒亦請停止「獵巫」，或者將所有不認同他們運動的人，標籤為立場可疑。「支持」同性戀者的信徒不是「入侵」基督徒家庭的敵人，離婚這股大流行病才是。

（三）建議香港教會對一切大規模、有組織、從上而下的「反同」**運動**（campaigns），在未來可見的幾年實施「**暫緩禁令**」（moratorium）；改**以堂會為本**的深化教育和共同辨識，來讓信徒對議題有更具體和立體的掌握。正如前文嘗試論證，在教會未曾**開始**切實學習成為一個辨識和寬恕的羣體**之前**，不存在「成熟條件」讓我們去判別和處理：「同性戀是否罪？」、「如何牧養同性戀者？」、「相信同性戀不是罪，是否異端？」、「如何對待異端？」等基本的倫理和牧養問題。

「你反對同性戀嗎？」這類問題，除了在團契親密相交的真誠分享以外，在教會內也不宜再問；當遇到的時候亦不宜作答。懇求教會尊重信徒（包括傳道同工、也包括神學院老師），每個人皆有保持緘默、不表態、不歸邊的權利。

懇請宗派領袖和堂會牧者不要再隨便「**領導**」會友加入一些目標曖昧、內容空洞、毫無信仰根基，並缺乏羣體共同辨識基礎的「反同」運動。牧者請歸回「**教導**」聖經和牧養的職責本分，將教會建立成一個能夠分辨真理、見證真理的羣體，努力不懈從事復和的工作（work of reconciliation），而非在弟兄之中散播紛爭，信徒就不致於以理殺人，眼中只有是非黑白，而無憐憫、自省。神學院老師，除了教學寫作，更應走進堂會，將研究心得、信仰領受，與一般信徒分享。信徒亦請不要盲目響應「號召」，未了解社會發展的來龍去脈、活動的政治性質，就貿然參與任何翼峯組織策動的羣眾活動。除了性倫理之外，還有太多需要我們關心、認識、學習、反省的公共和社會議題，但信徒若對同性戀問題有真正的負擔，請以耐性和時間慢慢去認識活生生的同性戀者如何生活，而不是「忽然關心」，以為遊一次行、付款聯一次署，就算克盡了維護信仰的責任。若基督徒真心地但求了解人而不求被了解，我們就要學習先聆聽別人的故事，而非急於申明自己的立場。

是為盼。

註釋

1. 惟獨有兩個例外。本文的侯式神學基礎來自：Chi W. Huen, "Religious Right or Religiously Wrong?: What Good is (Hetero)sexuality?," *In God's Image*, 29/3 (2010): 10 ～ 19。正當筆者修訂本文之際，韋爾斯博士（Samuel Wells）提示我參閱他一篇講稿：Samuel Wells, "Wholly Holy: What Does the Identity of Being LGBT Add to the Identity of Being Christians?," lecture given at St Martin-in-the-Fields, 30 January 2013；為求保持本文原貌，故只能盡量在引言中吸納他的洞見。

9.

信浸者的倫理、神學、見證——論基督教選委十席*

本文原先於二〇一五年十月十三日在《時代論壇》網站「時代講場」發表，是回應陳韋安博士在其專欄一連五週對「港式保派」的冷嘲熱諷，隨即在網上世界引起一陣騷動。頗多評論認為文風過於辛辣、得勢不饒人，甚至淪為意氣之爭。[1] 然而，筆者相信，耐性地、嚴謹地針對對手的文本，逐字逐句仔細推敲、認真反駁，才是一種尊重，更是學者之間面對批評、對辯交鋒的應有之義。

反觀，一些旁觀者埋怨「嗌交，好嘈，令人煩厭」，這種迴避爭議、以和為貴的心態，正是教會內經常埋葬差異、恐懼分歧、打壓異己、加深矛盾的元兇。也有一些善

---

* 本文原以〈信浸者的倫理、神學、見證：就選委十席，敬覆陳韋安博士〉為題，於《時代論壇》網站「時代講場」發佈，作者原為鄧紹光、劉振鵬及禤智偉。後來筆者將之加以改寫、節錄，以〈不叫我們遇見試探，救我們脱離兇惡：九問韋安兄〉為題，分兩期刊於《時代論壇》第 1469 及 1470 期，2015 年 10 月 25 日及 11 月 1 日。現本文將先後長短兩個版本綜合為一，盼望留下一個較完整的歷史紀錄。為了不過分扭曲原文，筆者有限度地在註釋補充了兩點附筆，令事情的前因後果更立體。

意的忠告，提議雙方應該「私了」、大事化小，不應將分歧白熱化、公開化；這更錯誤地將本文主要討論的，關乎全港教會的一個公共議題，化約為私人恩怨。

另外，本文內容其實並非只針對選委議題，而在於澄清「信浸者的視象」(baptist vision)的信仰內容，因此即使事過境遷，仍有一定的閱讀價值。

筆者有幸在基督教聯合書展於二〇一五年十月二十三日舉辦的「抗爭的靈性」對談會，與陳韋安博士面對面切磋，「求異存同」，嘗試將彼此的分歧和差異説得更清楚。當時，筆者也公開交代了，為體現主內友好、不傷和氣，陳博士最後幾篇專欄出版前均讓筆者有機會先睹為快，本文在網上發表前也先請他過目，雙方在寫作過程中一直保持溝通，而並非像旁觀者以為的隔空罵戰。可惜，雖則我們也曾盡力維繫互信，事後反省仍有思慮不夠周詳之處，尤其無意中對彼此的學生造成某種情感的傷害，實足為誡。特此再次感謝韋安兄的包容和風度。

本文是筆者與鄧紹光教授、劉振鵬牧師就選舉委員會基督教界議席所合作撰寫三部曲的最終章(見下文註3、註4)。文末增補的後記交代了基督教界選委推舉方法的最新發展。

多年來，筆者在不同時期和社會處境，屢次曾就選舉委員會中基督教現佔的十席(簡稱「選委十席」)之存廢提出討論，可是皆未獲教內的關注。經過二〇一四年長達七十九天的「雨傘運動」、在政改拉倒後，教內外的主流氣氛對特首選舉安排原地踏步，卻反而更加甘之如飴，一千二百人選委會的存在現實比之前更鞏固，絲毫沒有被動搖。因此，欣見陳韋安博士前後五篇鴻文，[2] 衷心感謝，並歡迎他為「選委十席」此議題注入了新的火花。韋安兄的文筆莊諧並重，激辯中不失幽默，是筆者欣賞的；特別是他非像一些論者般，單純從政治得失的務實計算出發，而是以神學確信來想像教會的在世使命。

只可惜，韋安兄似乎在執筆前未及細讀筆者和同事們幾篇相關的文章：〈基督徒應否參與小圈子選舉？：神學反省與教會實踐（上）、（下）〉、[3]〈無權者的長期抗命：後佔中與香港教會〉、[4]〈基督徒倫理與政治妥協：試以政改為例〉等，[5] 以致在他的論述中有張冠李戴和捕風捉影之嫌。但無論如何，他的詰問恩賜了一個美好的對話機會，讓筆者可以將之前提出的論點再整合、更新，期望能夠將自己的看法向香港眾教會說得更明白。

一、如此我信

韋安兄其中一個商榷處是以「港式侯派」這個空洞能指（empty signifier）作為虛構的批判對象，[6] 未能嚴肅地對待對手的文本、觀點和論證等，實在令人遺憾。

「港式侯派」這個標籤源自社交網絡的留言，[7] 使用者大概最少分兩大類。有些人，根本完全不懂，也不打算認真閱讀侯活士，又想低成本地議論一番，為安全起見而先戴頭盔，但他們根本講不出，「港式侯派」如何「港式」、有幾「侯派」? 另一些人，自命更了解正宗侯式思想，反過來批評「港式侯派」曲解了侯氏，但他們從來沒有發表過任何學術文章去闡述他們對侯氏的詮釋，更不曾認真引用和深入參考過侯氏的著作。正如邵樟平老師在〈當港式奶茶遇上侯活士〉指出，[8] 這類信口開河的評論，對侯氏本人甚為不公。馮煒文老前輩在〈港式馮派〉，[9] 更加謙厚地列出了一份供閱讀的書目，代我們「港式侯派」敦請批評者自己先做好功課。

韋安兄粗疏籠統地，將爭取放棄選委十席，與「港式侯派」的神學立場畫上等號，更加是對二〇一四年十月，發起〈基督教界對梁振英先生言論的回應〉網上聯署的一百五十二位神學院老師、教牧和信徒極大的不敬。[10] 這些同樣主張教會應該主動放棄選委十席的同道，絕大部分與「港式侯派」扯不上任何關係，有些甚至一直就是「港式侯派」的對手或諍友。韋安兄將「棄席」講成是一小撮「港式侯派」的神學偏好、私人議程，既是太抬舉我們，也太輕視這一百五十二人的廣泛性和多元性。韋安兄大概更加沒有留意到，聯署發起人還包括負責提名教內選委的基督教協進會時任主席袁天佑牧師、現任總幹事蒲錦昌牧師，以及當年主張以「教內普選」形式推舉基督教選委的盧龍光牧師等。「自願棄席」是有跨宗派支持，超越其他神學和政治分歧的共同願景，不是幾個所謂「港式侯派」，異想天開的個人玩意，聯署發起人也不是受了「港式侯派」的蠱惑教唆而盲從附和。

所以，就算韋安兄駁倒他心目中的「港式侯派」，也不代表能夠推翻聯署所主張的立場。聯署的理據並非任何「港式侯派」的神學信條，而是簡單易明的普世價值：「民主精神在於肯定每個公民擁有普及而平等的選舉權，而非均衡參與」。聲明呼籲：「宗教界應主動提出放棄選委會或提委會中的宗教界議席，積極爭取人人平等的政治權利，以實踐宗教對人性尊嚴的信念」。所以，教會甘願棄席，就是以身作則，表達我們反對特權、向不義説不。

「港式侯派」這個標籤製造另一極大的誤會，就是令人誤以為，筆者是侯活士的**追隨者**。因此，必須嚴正澄清，侯氏所信、所思、所言、所行，對筆者並不具有任何權威性。筆者尊敬這位主內弟兄，因為他是追隨基督窄路上的**先行者**；按侯活士自己的講法，他是我們的「聖徒」，意思是：從他的生平學説，我們學習到如何成為一個更好的門徒。除了侯活士以外，筆者還有眾多別的**同路人**，大家都同飲一源，就是徹底的宗教改革（radical Reformation）。因此，筆者會採用浸信宗神學家麥乾頓（James Wm. McClendon, Jr）所提出小寫 b 的 baptist，自稱為「信浸者」。

麥乾頓所說的信浸者，不是一班自我發明、自命比別的基督徒更忠信的小羣教派，不是以恢復原始教會生活為標榜的原教旨主義者。信浸者繫於二千年的教會傳統，麥乾頓以「信浸者視象」道出這種擁有徹底大公性（radical catholicity）的確信：「這就是那，那時就是現在」（This is that; then is now），目下的教會**就是**當日的使徒教會，也同時是終末的時候面對審判，在新天新地與主同在的教會。[11] 換言之，主耶穌對使徒的吩咐，也是對所有基督徒說的，沒有此一時、彼一時的差別；所有基督徒都同樣被呼召在舊世界活出新世代，教會這個具有終末向度的羣體是可行的，因為基督從死裏復活，新世代已經開始來臨，而且教會有聖靈的幫助。信浸者不會像基督徒務實主義者（Christian Realists）一樣，受困於理想與現實、原則與處境，永恆的拉扯張力、互相抵消。「信浸者視象」不單是一條詮釋聖經的格言——聖經實在論（Biblical Realism）——更是基督徒這個被文本致顲（addressed by the text）的羣體，實行出（performing）福音故事的「生命之道」。信浸者不會輕易地妥協、俯就現實，將聖經的教導擱置，甚至反過來說，主耶穌的吩咐（例如，愛仇敵）不切實際，或者不合時宜。耶穌的言行品性，對信浸者的生活有規範的權威，「不可行」、「無用」、「唔 work」等，不過只是違背基督的藉口而已。[12]

「信浸者視象」同時就是倫理、神學和見證：「教會若要真正成為教會，該如何活？」、「教會必須教導甚麼，方能成為教會？」、「教會怎樣在世界中獲取其位置，方能成為教會？」。本文將以麥乾頓《系統神學》（*Systematic Theology*）三部曲這個框架，來回應韋安兄，以釐清我們彼此之間在這三個層面的分歧。

二、倫理：原則、權宜、辨識

韋安兄對「港式侯派」的倫理批判，完全是莫須有的罪名。同坊間的刻板形象一樣，韋安兄以為「港式侯派」是避世的、抽離的。然而，一班不理世事的基督徒，會在意基督教在選委會內，到底有票、還是無票嗎？

「教會的政治倫理不是要改變政治狀況——教會不指望/不需要/不可能憑一己之力促成上帝國的來臨。」韋安兄用這句説話來總括「港式侯派」的倫理立場，似是而非、半真卻假。後半句，筆者確信是無可爭議的：**建立**天國的惟獨是三一上帝，教會的角色只是**見證**來臨中的天國；但前半句卻有「屈機」之嫌，教會不以改變政治作為忠信的根據，不等於教會被禁止去參與或改變政治。韋安兄如此解讀「反君士坦丁主義」的基本立場：「教會不直接作出政治行動，因為任何政治行動都犯了『君士坦丁主義』的錯誤——就是不必要地將基督教價值擴大至社會層面」，也就等同指控「港式侯派」，以**不**求改變、**不**干涉政治作為行為規範，並且以對政治漠不關心而自豪。他似乎認為，「港式侯派」的理據是：「教會作為跟隨基督的少數羣體，她不指望/不需要/不可能取得世界的認同」，因為既然教會改變不了世界，倒不如甚麼也不做更好。不過，假使我們真的相信，教會無論做甚麼、或不做甚麼，也改變不了世界，我們對選委十席的態度，應該是隨之任之，無可、無不可（indifferent），而非努力爭取廢除。

韋安兄將主張棄席的論據，化約成「為了免除教會與不義制度同流合污的罪名」，甚至上綱上線到一條倫理原則：凡是不公義的，教會都應該退出。這完全是無稽之談！只要他願意動用歸謬法（*reductio ad adsurdum*），他這條無中生有的原則，就不攻自破。一刀切全面退出（不公義的）社會是一個不可能的選項，因為教會無處可退，無法凌空地、不具肉體在社會以外棲身；因為教會無可選擇地處身社會、與社會打交道，每個信徒都是社會的一分子，既影響社會，也受社會影響。所以，真正的問題從來是：教會**如何**以忠於基督的身分參與社會，而非**應否**參與社會；於是，選擇性、處境性地缺席、棄權、杯葛、不合作、抗議等，這些也是眾多參與方式之中的可能性。況且，反對教會繼續佔據選委十席，不是出於要求教會獨善其身、或自命教會比世俗清高；而是基督教界那十席本身的產生辦法已經是不公義的，亦即教會自己其身不正，有失見證。

韋安兄對「港式侯派」的批評，絲毫沒有處理過選委會及「教內選舉」本身的不公不義。他只是停留在「參與」/「退出」這兩個抽象選項的高度，而從來沒有進入具體處境和實際細節。若說「離地」、「派膠」，莫過於此！韋安兄的倫理論證軟弱無力，且庸人自擾。最初，他擺出等量齊觀（equiprobable）的開放姿態：「棄席是一個正義的做法，但積極參與選席也同樣是個正義的做法」。這是言不由衷的，因為他又同時指責「港式侯派」犯了嚴重和低級的終末論錯誤，甚至有諾斯底異端的嫌疑；所以，他真正的意圖是徹底否定棄席的合法性和正當性。他口說「對港式侯派其實是欣賞和尊重的」；但是，若能選擇的話，他畢竟「寧願喝一杯港式奶茶」——由於筆者也喜歡港式奶茶，而從無經歷選擇困難，揣摸他的意思大概是「慳返啖氣暖肚」，因為他解釋：「最少，喝完奶茶後，我有力氣繼續在已被基督戰勝的黑暗下對抗黑暗」。

韋安兄大費周章，最後的結論，卻竟然只是虛弱的一句：「棄席不是教會抗爭的惟一出路」。誰說，棄席是教會**惟一的**選項？倫理辨識旨在就具體選項個別地（case by case）分辨較好、較壞（better or worse），而非一成永成地，將某類抽象的選項視為合法或最好。筆者自始只是提出：此時此地，自願放棄選委十席，**相比**

若無其事、一切照舊地保留，更忠於教會作為上帝子民的身分，是更美好的見證；假若爭取棄席的努力最終徒勞，到時還有甚麼其他次好的選項，我們洗耳恭聽、且樂見其成。不過，韋安兄則認為，保留十席比放棄**更正義**，但他偏偏沒有交代過，保留議席**如何**正義、實踐出**甚麼**正義，因為一切關於選委會和教內選舉的操作細節均欠奉。他的論證只是不斷環繞在一個無實踐內容的焦點上：「參與」**永遠**是合法的選項，而堅持保留十席就等於「參與」。保留選委十席之後，到底韋安兄自己想如何「參與」——他會參選、或支持別人參選嗎？他會動員會眾在教內選舉投票嗎？假若他所屬的堂會，不願意設立票站，他會抗議嗎？——教會「參與」選委會又想做甚麼，以及「參與」會帶來甚麼後果，讀者就不得而知。

韋安兄真正的立場是：「參與」才是教會**惟一**的選項，因為公義的，自然沒有理由不參與；不義的，教會就更加不應該退出；所以才會有「退出是惟一的選項」這個假想敵。韋安兄這種論調，跟人大常委范徐麗泰如出一轍。當評論到早前港大學生衝擊校委會一事，范太曾苦口婆心地勸誡大學生，如果對制度不滿意，不如走入建制，例如投考公務員。愈腐敗的制度，愈要「參與」、投身其中！所以，對韋安兄而言，保留十席就是當仁不讓的應有之義，此乃簡單的原則性問題，不必經過任何具體的倫理辨識。

韋安兄不但嚴重扭曲了「港式侯派」的倫理立場，筆者懷疑，他自己對於何謂「倫理辨識」也看得過於簡單：[13] 他非此即彼地將倫理問題切割成「原則性」或「權宜性」的，以為只要證明到棄席不是原則性的問題，就只能夠是權宜性的問題。可是，這只會令信仰原則變得極其單薄，例如他問：參與選委是否上帝憎惡的惡事？（難道只要上帝不憎惡的，基督徒就甚麼都能作？）他沒有考慮到尚有其他不同的原則，例如對於浸信宗而言，「政教分離」就是一條很核心的信仰原則，而選委十席的存在，意味新教教會在香港特區佔有一個長久恆設的憲政功能，扮演負責推選行政長官的法定角色，間接參與構成當屆政府，基督教界幾近政權的當然部分（constituent）。[14] 當教會對這重建制身分若無其事，甚至視為理所當然，就出現「港式侯派」所批評的君士坦丁主義思維。

韋安兄出於善意嘗試為討論留下空間，將選委十席的存廢安置在權宜性問題的範疇內；但對於放棄和保留十席之間，義與利的權衡和取捨，這個牽涉所謂「權宜」的問題，他的著墨少之又少。他只重複訴諸另一更高層次的抽象原則：「參與」永遠是合法的，退出不是惟一的選項。例如，他籠統地説：「教會不認同黑暗，並不表示教會不可以在黑暗的制度中力圖改變黑暗」。當然筆者同意教會**可以**這樣做，但不認為**一定**需要、或能夠這樣做，而必須首先知道教會如何在這個黑暗的制度中，用甚麼方法去改變它，才能得出實質的倫理判斷。

信浸者的倫理觀不會認為，只要是律法沒有禁止的，就只屬「權宜」，等於進入了信仰和倫理的價值真空，不受原則約束，只剩妥協和計算。信仰原則在任何的場合都是有效的，掌管信徒生活的全部，而不會因為形格勢禁而暫時失效。不過，原則也不是至高無上的；相反地，原則仍然是抽象的綱領，它們只能夠在具體處境之中，才被賦予實質內容，並且要被羣體、在聖靈裏考察驗證；換言之，原則是在實踐和辨識裏被充實、確立和修正的。韋安兄鍾情的「**原則上**，『參與』永遠是合法選項」，就是一條徹底空泛、不具血肉、沒有倫理規範的原則；因為，它無法幫助我們判別，「參與」相對於其他選項的好壞，在甚麼情況下應該**如何**「參與」。當然，信浸者的倫理觀也會考慮效果，不能只講原則和意圖，而不理手段、不顧後果，不能像韋安兄自稱「懷著正義的目的」就夠。基督徒的倫理辨識不能不數算得失，可是「功」/「善」不能抵「過」/「惡」；而且，**手段比目的在倫理上更優先**，[15] **因為忠信**（faithfulness）**又**

比果效（effectiveness）優先。

筆者只恐怕，韋安兄所講的「權宜」，說穿了，就是替「為惡以成善」製造一次過和原則性的藉口，變成所謂「兩害取其輕」的妥協。「正義的實踐**往往**發生在不義的場景中——為了實踐正義，正義身處於不義之中，並嘗試作出改變」，筆者對此毫無異議，只要「往往」，不會變成「必定」。而且，在不義的場景，我們必須自己踐行公義，亦即有別於其他人的不義；否則，若教會淪落到在不義的場景，用不義的手法去爭取公義，就絕不能苟同！非暴力的精神其實就在於：當正義的目標，不能以正義的手段達成，我們是否願意割捨、懸吊我們所謂「正義」的目的；還是以為只要懷抱正確的目標，就可以不擇手段？信浸者視象是我們倫理辨識的根據：我們要求教會踐行的目的和手段，與福音故事的上帝作為，有敍事上和倫理上的一致性（narrative and ethical unity）；因為我們確信，善的目的，只能以善的手段達成；只要堅持善的手段，即使不能完全達到善的目的，也終不致徒勞。基督徒試圖以惡制惡，就已經為惡所勝；所以，我們只應以善勝惡（羅十二 21）。

毫無疑問，韋安兄和筆者一樣，明白選委會是赤裸地不公不義的「茅波」，相信他會一樣批評一千二百人的組成辦法不可理喻，是「黑暗的制度」。可是，為甚麼在我們眼中別的功能組別的特權是不義，但我們自己廁身其中，享有同樣的特權、用同一的方法參與的時候，我們的議席就理所當然地，變成是為了實踐公義而存留（且要隨選委會千秋萬代地延續下去）？教會跟其他這些利益團體，到底有甚麼分別？韋安兄幻想，我們應當「懷著正義的目的，嘗試在有問題的遊戲規則中爭取最大的正義或至少減輕不義」，便透露出他無意改變、挑戰選委會既定的「遊戲規則」，而甘願服從這個「黑暗制度」，為求「爭取最大的正義或至少減輕不義」。其實所謂「最大程度的公義」，跟提高「民主成分」的假普選方案一樣，都是為不義的制度塗脂抹粉，卻終究無法兑現的空頭支票，因為不公平的遊戲規則設計，就是為了保證遊戲結果不會公平。

要在不義的制度裏行公義，就需要我們有時敢於説「不」、不與俗同，因此「退出」也可以是一種經過倫理判斷的「參與」形式。而不可能像韋安兄一樣，先入為主地認為，「參與」一定比「不參與」好而不辨好壞（better or worse）。

三、神學：上帝觀、教會論、終末論

韋安兄在倫理範圍與「港式侯派」的分歧，亦始於神學認信上的差別和誤會，特別是關於上帝的在世作為、教會和世界的關係。

韋安兄以為我們相信：「教會作為跟隨基督的少數羣體，她不指望/不需要/不可能取得世界的認同」。他説話中隱含一種聖俗二分的假設，此乃不必要的誤解。因為信浸者所講的「世界」是神學概念，很多時首先是專指被造世界中一切悖逆不信的力量，**並非等同社會學上的「社會」**。麥乾頓形容，神學就是一場「搏鬥」或「鬥爭」（struggle），因為教會的立足點**不是**世界的立足點，**而同時地**教會與世界**之間**的分界線，又貫穿每個基督徒的內心；[16]「世界」隨同信徒的「老我」進入教會，所以，教會不比社會超然聖潔。

當韋安兄説：「世界不需要教會。教會也不需要做甚麼來導致世界有美好的終局——這些都是上帝的工作」，他的口吻顯示他才是真正的教派主義者（sectarian），彷佛教會對世界應該撒手不管。信浸者會如此糾正他：世界以為自己不需要教會，正如世界誤以為自己不需要上帝；但其實世界需要教會，才能認識自己是世界。教會活出天國的樣式，以另類的方式組織共同生活，就是向世界示範出，上帝本來對被造世界的心意和呼召。[17] 所以，「教會成為教會」，就是「讓世界成為世界」。教會不會改造世界、不會強逼世界成為教會，因為三一上帝也容讓世界有不信的自由。教會以有別於世界的方式生活，不是為了標奇立異、為分別而分別；不是要遺棄世界，而是為了世界的好處。教會相對世界的「他者性」（otherness），不是不相往來的二元對立。麥乾頓以為，「見證」（witness）就是教會**改變**「世界」的手段：由於福音的故事無可避免會與世上其他自稱真實的故事相抵觸（run up against），教會只能忠實真誠地活出（living truthfully）福音的故事，來吸引、邀請別人進入我們的生活世界；又或，我們主動進入別人的生活世界，用他們能夠明白的方法，向他們以非強制的方式「推薦」（commend）我們的故事。[18] 教會當然盼望爭取世界的認同，但除非世界歸信基督，世界不再是世界，教會才能獲取認同。

同時地，韋安兄的論述很容易掉入諾斯底主義的囹圄：「許多時候，為了真實地照亮黑暗，你只能置身於黑暗之中！」換言之，教會就是光，所以，教會應該進入黑暗、「參與」不義的制度。然而他既同意：「由於教會不是扮演救世主的角色，因此，我們說，教會的行動是『見證』——因為教會的行動永遠處於基督早已發出的真光之下，所以教會的行動是真光的見證」，就不可能同時說「基督徒**本身**就是世上的鹽和光」；因為教會本身實在並不擁有光，只有當教會成為教會，才能反映和見證基督的真光。教會任何的行動不能不證自明地，就配稱為「見證」，而必先經過辨識。信浸者從不假設，教會一定是光明，社會就是黑暗，教會「參與」社會，就一定是光明克勝黑暗。教會的光，不是從自己的本性而來，而只能從與耶穌的關係獲取。為此，教會惟有恆常持續地朝向和跟隨基督，在聖靈裏連於基督、效法基督，迎向上帝國終末的完成，被上帝的臨在（特別在崇拜裏）治理、管教、被重序。

信浸者認為，我們不能脫離三一上帝的經世工作，來了解教會的本性和使命。教會首要的任務是見證天國，是否/能否改變社會，是次要或者衍生的（derivative）、從屬的（subordinate），但次要**不等於**毫不重要！我們只是提醒教會不能捨本逐末，當教會自己失序，卻意圖重構社會。我們不要混淆以上帝為中心、上帝做主角的故事（theo-drama）裏面，不同形式性質的行動者身分（agency）：上帝才是人類歷史當中真正的行動者（Agent），而教會只不過是代理人（agent），[19] 轉化世界的是上帝自己，而非教會；教會本身尚待被上帝轉化，然後上帝才藉著不完全的教會（以及聖靈在教會以外的工作）去轉化世界（the church transformed along with the world）。筆者同意，「上帝往往在不義的制度之中彰顯正義，而不是潔身自愛式的抽離不義」，甚至不義的掌權者也可以是上帝的「用人」（agent）（羅十三 4），他們或行善、或作惡，卻不知不覺間成就了上帝的計劃；[20] 上帝甚至可以利用壞人所作的惡事，帶出美好的結果。不過，這絕不等同，我們要「參與」、支持、擁護這些不義的制度及其所幹的壞事，或者妄圖為惡以成善。

所以，「港式侯派」沒有犯韋安兄所指控狹窄的終末論錯誤，或者失卻盼望。我們**並非不**指望世界的改變，也沒有向現實投降；我們相信世界會改變，不等如相信世界**要由**教會來改變；更不相信，教會自己不先改變，可以為世界帶來耐久的（enduring）、真正的改變。我們的指望是那位先於我們行動的三一上帝，不是教會。正因為常存盼望，我們不汲汲於追求眼前即時的、符合我們心意的改變；正因為確信上帝當下掌權，我們無意主宰歷史，且承認無力左右大局、扭轉乾坤。

韋安兄與信浸者和我們之間最基本的神學分歧在於，他認為：「正因基督已經戰勝黑暗，我們**更需要**與黑暗搏鬥」；而我們則相信：「正因基督已經戰勝黑暗，我們**不必**與黑暗搏鬥、為基督爭勝」。基督的受難和復活已經勝過一切的罪惡權勢，雖然被基督打敗的邪惡勢力負嵎頑抗，但其實戰爭**早已**結束，教會所做的最多只是協助將這些敵對勢力掃蕩清除（mopping up）。[21] 上帝國的圓滿終成，不取決於教會的成或敗；事實上，**因為上帝贏，所以教會可以輸**。教會不必生活得比上帝更認真、更煞有介事（more earnest than God），因為教會沒有被責成確保歷史不出錯、不誤入歧途（come out right）；教會可以輸得起（afford to fail）和自由地犯無心之失（free to make honest mistakes），不必因為害怕失敗犯錯，就甚麼都不做。[22] 信浸者的視象不是叫我們變得清靜無為、無動於衷，而是讓我們更有耐性、不盲動冒進，知所狂狷、但求忠信。

懇請韋安兄不要誤會信浸者是完全放棄與黑暗「搏鬥」。我們只想指出，這場「搏鬥」不是光明的教會與黑暗的世俗之間，此消彼長的對壘。我們不認為，每當教會那裏不在場，那裏的惡勢力就猖狂得意、肆無忌憚；彷彿教會不出手，世界就崩潰淪陷。這種教會論，太自我中心，也太容易落入諾斯底主義。正如麥乾頓所講，「搏鬥」的對象不是外面的世界，而首先是在教會裏面、在每個信徒的靈魂深處。當韋安兄在網上回應他自己就同性戀議題被攻擊的時候，也曾引述過巴特（Karl Barth）的一段話：「『基督軍隊』（*militia Christi*）不是對抗別人，而是更重要的對抗着自己——基督徒被別人攻擊，自己甘願承受各種形式的痛苦。為別人添上痛苦，與別人戰鬥，這些都不是基督徒的任務」，這跟信浸者的立場是不謀而合的：教會不必假上帝之名，與世俗社會打仗。然而，在特首選舉制度一事上，韋安兄堅持以保留選委十席來與黑暗搏鬥，到底誰是他的敵人？他打算用甚麼武器？怎樣消滅黑暗？

四、見證：政治行動、日常生活、教會使命

「教會需要改變現狀」，韋安兄似乎有意用這句口號道明他跟「港式侯派」就教會在世使命的基本分歧，但顯然此話不能按字面

解，因為它要不是言辭空廢，就是無理取鬧。教會不能為變而求變，不能認為任何對現狀的改變都一定是變好的；又假設我們真的懂得分辨怎樣變，才是變好，教會仍要自省：我們有能力運用善良美好的手段帶來好的改變嗎？改變的代價和不可預期的惡果，甚至犧牲，誰來承受？

最令筆者百思不解的是，**韋安兄堅持教會應該保留十席，他豈不就是主張維持現狀不變嗎？！**韋安兄像不少批評者一樣，認定自願放棄選委十席等於「甚麼也不做」；但假如我們真的「甚麼也不做」的話，結果就是現有十席原封不動，而不會自動消失。那些贊成維持十席的人，他們才是選擇了「甚麼也不做」；我們爭取棄席，正因為拒絕繼續「被代表」，而去勉力改變現狀。偏偏「港式侯派」就經常被扣帽子，責難我們「甚麼也不做」、維護現狀、坐以待斃、聽天由命，是非曲直可以如此顛倒，實在令人咋舌！

以政改為例，假如變一定比不變好，我們就應該支持「袋住先」而非「原地踏步」。更重要的是，反對「袋住先」，**不等於**就要支持「原地踏步」，否則就落入當權者二擇其一的陷阱，以預設的選項來規限教會政治取態的可能性。事實上，原初贊成「袋住先」的人，當然應該繼續反對「原地踏步」，因為在政府推銷政改的宣傳短片中，已經將「在電視機裏面」發生的特首選舉講到一文不值，小圈子的弊病表露無遺，香港人不該對假戲真做繼續忍氣吞聲。反對「袋住一千二百人提委會先」的話，就更應該反對一丘之貉的一千二百人選委會！雖然「原地踏步」表面上是「不可撼動」的事實，我們仍然有「反對」和不合作的餘地，不必認命。故此，那些曾經在雨傘運動期間信誓旦旦「不要假民主」的人，他們既已説「不」，就需要勇氣將此立場兑現成行動，否則到頭來對「原地踏步」的「不民主」他們又照樣行禮如儀地積極參與，就變成——容許筆者模仿韋安兄的語氣——「純發聲」、「純表態」。

韋安兄的文章，最使人詫異的另一點，就是他對基督徒「見證」的理解，竟然如此陳規化（stereotyped）和消極負面，致使他輕蔑地將「港式侯派」的立場定性為「純見證」。他認為，棄席就等同「不參與」，而這種舉動，「大概只告訴這世界兩個『沒啥用』和『係人都知』的信息（見證）：（一）『哼！這實在是一場茅波！』（二）『教會不認同打茅波！』」他反建議：「在一場茅波中嘗試尋求改變」才是惟一積極的做法。對此，有以下**四點**倫理、神學和處境分析的澄清和反駁。

（一）筆者實在不知「純見證」為何物，只知我們的一呼一吸都改變世界。幸與不幸，教會作為世界的一部分，教會改變自己，就已經改變了世界的一部分，只在於分辨改變的好與壞。信浸者不以「有用」與否來衡量見證的真偽；我們首先問教會的見證是否忠誠，是否與基督門徒的身分相稱，卻從不以「無用之用」誇耀自滿。忠信比果效**優先**，是信浸者一條最基本的倫理原則：縱然有一條「改變」世界的捷徑，但採用的手段卻有違信仰、犧牲誠信，基督徒應該怎樣揀？更重要的是，忠信和果效不是對立的，因為**忠信有用**（faithfulness works）！韋爾斯（Samuel Wells）於二〇一五年初來港主講香港浸信會神學院白箴言士講座，他提到，假使有兩條路：（一）是投身眼前有望成功，但它的成功不會有永久的豐功偉業；（二）是世人視為愚拙，有生之年看似無望，但最終必得勝利的基督道路。他寧願選擇後者。信浸者確信，忠於上帝故事的教會行動才配稱「見證」，才是長遠地有真正果效的；因為，我們不以世人的眼光來判斷果效，而是用上帝國度終末的視野。徹底宗教改革的精神，使我們甘心樂意接受聖靈的火考驗教會的信心工程，訴諸一種終末式的驗證（eschatological verification），而不會在基督以外，尋找確證我們見證真偽的判準。

否則，敬拜也可被視「沒啥用」的浪費時間。因為在我們進入禮拜堂之前和離開之後，社會絲毫沒有改變，依舊的不義、暴力、充滿苦難，信徒在教會四面牆裏面頌讚感恩、虔守主餐，沒有為我城帶來任何「益處」。然而，敬拜卻是最有力、最持久的方式，見證基督是主。甚至，平凡地、日常地、忠實地養兒育女，也是一種見證，見證我們的信心，上主在這個叛逆的、充滿危機的世界仍然掌權。[23] 基督徒見證的最高典範（paradigm）就是殉道，或者韋安兄口中「沒啥用」、消極的、改變不了世界的白白犧牲、「純見證」。

韋安兄誤以為「港式侯派」只著眼追求終極，就對次終極（penultimate）的目標和任務置諸不理；歸根究柢，是因為我們彼此間對甚麼才是「更終極」存在不同的研判。韋安兄認為政策和制度的改變，比關懷鄰舍更真實、更徹底、更優先：「任何一個基督徒，只要願意實踐愛鄰舍的命令，再加上一個不離地的腦袋，就會發現自己不能不作更徹底、長遠的幫助。任何一個不離地、真實、具體、切身的關懷，必會發現他的關懷必然最終指向社會政制層面」；可是，信浸者對政策和制度，的確沒有他這份信心。我們不是不追求政策和制度的改變，只是認為，教會的倡議要言行合一，不能叫別人付出，而自己一毛不拔。例如，教會反對墮胎，首先要做的，不是站在道德高地爭取立法禁止，而是教會和信徒夫婦要帶頭收養被遺棄的孤兒。又例如，基督徒僱主不能聯署聲明要求最低工資三十三元，立法後自己卻厚著面皮仍舊只付法定的二十八元。我們認為，教會的慈惠應比政府的福利，更仁義、更優先，因為福利永遠不能取代愛心；[24] 否則，當教會迷信，照顧貧病老弱、甚至「消滅」貧窮是政府的長遠責任，教會就只管向政府施加壓力，而袖手旁觀。

信浸者也追求政策和制度的改變，只是我們自認沒有過人的管治智慧，知道怎樣改革才對社會最有利而無害；只是我們知道，通過政治過程達致的所謂「公義」、「公益」，往往不過是平衡不同既得利益的權鬥；只是我們相信，教會向別人示範如何組織美好、公義、仁愛的共同生活，就是最忠信、最有效說服社會改變的方法。因為人心的改造和靈魂的轉向才是徹底、長遠、持久的；沒有一班公義的子民，就不可能有公義的制度或者政策。我們不會迷信可以設計出天衣無縫的制度，交由沒有德性的人管理，也可以建立德性的社會。

（二）韋安兄認為，「特首選舉是一場茅波」和「教會不認同打茅波」是兩件「係人都知」的事實，所以嗤之以鼻。可是，他輕忽特首選舉到底（以及教內選舉）「有幾茅」；況且，「教會不認同打茅波」根本**尚未**成為事實，教內除了韋安兄這類主張教會應該「積極參與」這場茅波的主內，另外更有不少人出於不同的動機和盤算，對此十席非常熱中，而且理直氣壯、毫不覺「茅」。

當韋安兄提出，「教會可以嘗試盡力打好這場茅波」，並以此延續雨傘運動求變的精神，筆者覺得匪夷所思。原來的「佔領中環」，以及後來由學生所主導的雨傘運動之所以出現，就是因為一些幾十年來爭取民主的港人（包括不少信徒），對於泛民通過在立法會議席上「寸土必爭」來累積與中共談判的籌碼，以至對於傳統的遊行、示威、集會，然後「散水」，都已經不耐煩、甚或絕望。如果有人說，民主運動的下一步是停止抗爭、回歸體制和議會之內，而非深入社區、在建制外強化公民社會，他就是背棄雨傘運動的精神，走回頭路，或者承認它策略上的徹底失敗和錯誤——當然，雨傘運動是可以失敗的，因為沒有任何社會運動是必勝的，或是許勝不許敗的。

特首小圈子選舉之「茅」是眾所周知的，這是牢牢地被北京在台前幕後操縱的一台戲。韋安兄寄望「教會可以嘗試盡力打好這場茅波」，但對於教會連自己舉辦的教內選舉也是一場「茅波」，他似乎是一無所知或不聞不問。由最初的「教內普選」，到正名後的「教內選舉」，其選舉安排的漏洞百出、兒戲失禮，一直為人詬病：有大量「合資格選民」不知道有票可投；有人想投票，卻無票可投；又有不少人有票，而不去投。在完全欠缺程序公義的情況下，所謂「選舉」既沒有最基本的規範（例如，選舉開支不必上報，宣傳品不受約束等），其結果更加不具代表性、認受性和有效性。事實上，按筆者所接觸的堂會層面，很多平信徒根本不知道基督教界在選委會有議席，遑論講得出我們是被哪十個人代表去參與選舉特首！

當初，贊成教會參與選委會的教內領袖，以為可以用「教內普選」的方式，成為其他功能組別（特別是其他宗教界別）的民主垂範——在香港市民未得享政治平等之前，先讓基督徒平等起來——但經過十多年的實驗和摸索，最終教內選舉淪為政治笑柄、民主的反面教材，本來的良好意願證明是徹底失敗的。基督教選委十席的產生辦法「不能被完善」和無藥可救，它已經無法「搞好」，最少有三個理由：

其一，協進會根本沒有人手、能力、資源、專業知識，缺乏監督力、約制力、公信力，來搞好一場受規範、「全港信徒一人一票」的大規模選舉。如此說，**不是**責備協進會，而是連它的領導和同工都承認無能為力，這項政治任務是強人所難。例如，面對有些堂會「擺明車馬」只為自己參選的會友宣傳和拉票，協進會就沒有權力制止或施加懲罰。其他嚴重性不一的「不合常規」情況（irregularities），比比皆是；協進會在選舉後公佈的投訴違規個案，只屬冰山一角。懇請韋安兄，可以親身去打探和了解一下內情，而不是空口講白話，像其他人一樣毫無實質建議和委身支持，只懂責成協進會「搞好」教內選舉。這是對協進會非常不公道、不公平的。例如，韋安兄可以請教在上屆擔任教內選舉督導委員會，在現場監察過選舉的胡志偉牧師，何以他會意興闌珊，如今改為支持放棄議席。筆者相信，沒有人能批評胡牧師是個「甚麼也不做」就輕言放棄和離地的牧者。

其二，到底「搞好」教內選舉是甚麼意思？「好」是按世俗政治的標準，還是根據教會的本質、性格和身分？例如，有人為達致教內「全民普選」，建議制訂全港信徒名冊，核實「選民」資格。此議除牽涉技術可行性之外，更關乎一個基礎性的教會論問題：一個人的信徒身分，由誰定？誰來界定一所堂會或一個宗派是否屬於基督教？是否屬基督的？為政治需要而界定的信徒身分，是否將宗教變成為政治服務的工具？另外，生活在一個可以任意打壓宗教的大國政權下，香港教會常備一份全港信徒名冊，是否明智？又例如，假使協進會有足夠的公權力和資源，辦「好」一場正規的全港性教內普選，競選行為出現的拉票、籌款、站台、動員、造勢，以至互相攻訐、分黨分派，你是反建制的、我是親建制的，你屬梁營、我屬唐營，這些與教會生活、主內團契，和信徒氣質匹配嗎？又例如，有堂會為呼籲會友在教內選舉投票，竟然將此講成是「公民義務」，不曉得基督徒比平常老百姓多了一票，這一票不是理所當然的天賦人權，而是不該竊佔的特權！又例如，二〇一五年六月協進會和香港基督徒學會，竟然公開呼籲堂會在崇拜鼓勵會眾在未來兩級議會選舉行使公民權利。[25] 試問，在崇拜上教導信徒「有權，就要用盡」，在堂會內擺放選民登記表格，成何體統？崇拜還是崇拜，教會還是教會嗎？（敢問，教會又可否提供 iBond 申請表，崇拜後協助會友填寫？）教會跟社區中心或民政事務處，有甚麼區別？在「參與永遠是對的」此原則下，惟恐落後吃虧、丟失政治話語權的焦慮中，許多這些教會論的倫理問題，統統都被置諸腦後了。教會為甚麼要為民主發展服務（或假借政治參與之名），而犧牲自己的正直和整全（integrity），甚至醜態百出？

其三，既然教內選舉的推舉方法吃力不討好、百孔千瘡，有人提出應該探討其他替代方案。例如，上屆二〇一一年協進會曾一度考慮效法其他宗教界別，以十宗派各自推舉一名代表的方法，取代一人一票，卻因建議過早曝光，被狠批民主倒退，形同政治分贓，因而胎死腹中。此外，也有意見認為，應效法天主教會被動配合的方式，來者不拒，抽籤定斷。不過，這些方法都換湯不換藥，因為它們改變不了，基督教選委議席先天性就不具代表性和認受性的致命缺陷，也改變不了議席是當權者恩賜的特權這種不正當的本質。當初以教內普選推舉選委，無疑是經過大小宗派的磋商和同意，協進會才會承辦這項政治任務，這是教會的「共業」，不能諉過於人；但教內也曾有不少強烈的反對意見，甚至導致過機構的分裂。所以，由始至終，都不能夠說，選委議席是香港教會同心合意、在主裏面合一，心安理得去領受的「禮物」。多年來，宗派和堂會已經出現各種愈來愈明顯，有聲無聲、有形無形、有意無意的「杯葛」或冷處理，可見香港教會之中，有更多人厭倦如此不明不白地「被代表」。二〇一一年教內選舉的總投票數字大概一萬八千，當選的基督教選委最高得票亦區區不足八千票，最低的更只有三千一百多票，相比於全港大約二十萬已受浸/洗信徒的數目，這場選舉是少數人的玩意和熱情，難言公平、公正、公開。甚至有些當選的選委，講明不受宗派的問責和不願被「選民」監察，拒絕教內媒體的訪問，也不肯交代競選經費來源。教內選舉讓世人清楚看見，**這是小圈子選舉之中的小圈子、假民主裏面的假民主、特權中的特權**。那些有意識地選擇「不參與」的堂會、教牧、信徒，或者就是潔身自愛、不想牽涉這趟政治渾水，韋安兄忍心批評他們因不想「同流合污」而明哲保身嗎？無論選委十席以任何形式產生，倘若大多數平信徒仍然被蒙在鼓裏、並不知情（uninformed），教內又繼續出現抵制、抵抗情緒，請問韋安兄：主張保留議席的主內還應該一意孤行、犧牲合一嗎？

（三）所以，就韋安兄口中的「在一場茅波中嘗試尋求改變」，實在令人不明所以。到底這個空泛的意願，有甚麼具體的實踐內容？既然明知特首選舉是場「茅波」，還可以怎樣「打好」它？就此，筆者和韋安兄有一直辯論。他後來以香港大學校委會就副校長任命表決為例，私下向筆者提出，基督教選委可以向那八名獨排眾議、投贊成票的少數校委學習。類比選委十席，筆者勉強能想像到最少**三個**實踐的可能性：

其一，那些爭取真普選，原則上反對特首小圈子選舉的基督教選委，可以在電視直播的選舉過程中，起身離場抗議，有票不投。不過，按韋安兄的準則，這是「沒啥用」、甚麼也改變不了的消極行為。況且，「有票，真係唔投？」試問有多少基督教選委千辛萬苦奪取議席之後，會自願棄權？

其二，韋安兄似乎有意利用選委十席，助泛民在特首選舉中入閘，「最少，它可以減少茅波肆無忌憚的侵蝕，也能在這場茅波中幫助增強泛民對抗的力量」。可是，泛民會因缺乏教會那幾票，就入不到閘嗎？韋安兄是否想得太理所當然，選委十席都是泛民囊中物嗎？再者，所謂「對抗」也只是「沒啥用」和改變不了大局的陪跑，徒然為最後「勝出選舉」的候選人增添正當性和合法性。而不少人反對「袋住先」的理由，就是不願意為假普選的特首戴上光環，讓其挾民意授權，比現在更肆無忌憚。

其三，韋安兄言語間，又透露了另一真正的意向：「話說回來，『誰當特首的問題』的確會影響這個社會的現象，的確可以避免某些一些不合理/不公義的事情發生，教會參與選委正是往這方向前進」。到頭來，原來這才是韋安兄懷抱的「正義」目標：教會保留十席，就可以名正言順做好選委的本分，代表香港人挑選最適合（或最不壞）的人選當特首。所謂「不吃白不吃」、或將錯就錯，既然教會在選委會佔有當然議席，一開始就「在場」，何必貿然「離場」？他口說，要改變現狀，卻服膺於既定事實，而不問教會當初接納這些議席的是非對錯，沒有勇氣去撥亂反正。

為何韋安兄一直嚷著要革新制度，結果卻只著眼於人選？請不要忘記，現任特首就是狼豬之爭、「兩害取其輕」，被六百八十九名選委擁戴上場的。我們甘心參與一場又一場沒有懸念的特首「選舉」，還以為在爛蘋果之間去揀，自己就是老闆——這不叫「自欺欺人」，又是甚麼？甚至有教內人士明目張膽提出，教會要「積極參與」特首選舉，選委應該充分利用手上一票，與社會願景較相近的特首候選人討價還價，要求對方上台執政後，將來在某些政策和立法上向教會的立場傾斜；此議「物盡其用」，將我們的特權兑換成有政治影響力的籌碼，卻令教會淪為一種維護界別價值觀的既得利益集團。當然，教會的十席，對特首侯選人有多少利用和收買的價值，又作別論；不過，據知，北京連這十席也不放過，基督教選委、甚至協進會，皆是西環統戰的對象。但筆者絕對無意指控所有基督教選委，都有假公濟私、謀求延後政治酬庸之嫌；只是從信浸者的德性倫理出發，告誡教會切勿自墮權力引誘的試探！

我們祈求教會合一、悔改、歸正、遷善，自願放棄十席，就是讓上帝救我們脱離兇惡、不叫我們遇見試探。我們不應諉過於協進會，更不必針對現任的十名選委，或歷屆的參選者，因為選委議席是香港教會全體的「共業」、政治包袱、道德負資產。**我們這些一直反對十席的人，也一樣需要懺悔**，因為我們無法阻止教會收受特權，也未有盡力説服其他主內事情當中應有的信仰堅持。

韋安兄一直執著於在一場「茅波」中不離場，卻變成為參與而參與、為在場而在場。然而，揭發罪惡、使人知罪，不必置身其中；其身不正，就更加沒有資格指斥別人不義。基督徒博客端木鎧在〈在離場與離去之間：談教會棄席的問題〉，[26] 已經引用不同的理論觀點指出，當我們在罪惡發生的現場無能為力，就應該離場。君子不立危牆之下，這是德性倫理的基本取態，並非懦弱退縮或不負責任。因為我們不能總是假設自己是最恰當的人選和具備所需的一切能力，去制止罪惡發生；而當我們最後變成一個無助的觀眾，也可能成為幫兇。**明知是一場「茅波」，教會卻委屈其中，到底最後是見證了上帝，還是成了以小圈子誕生特首的「見證人」?** 教會既輸掉清白、賠上見證，又陷於試探、瀕臨跌倒，還要自我感覺良好，認為我的「方向」很正義呢！孟子曰：「盡其道而死者，正命也；桎梏死者，非正命也」，何苦？

韋安兄試圖「打好一場茅波」，但如此一來，他「參與」的方式，跟其他指鹿為馬、理直氣壯、毫不覺茅的人是一模一樣的。就是因為教會仍有像韋安兄這類觀點，莫說社會上的人無從得知「教會不認同打茅波」這個「事實」，就連一般信徒也分辨不到，香港教會究竟是支持、還是反對「茅波」。我們只是從電視機上看到，十個「代表」我們的選委畢恭畢敬，真心實意以為自己被委以重任，負責代香港人選出特首。

韋安兄的論點，也忽略了教會生活和牧養向度。一面教導會友：「這是一場茅波，教會不認同」；另一面又鼓勵他們：「不過，你們盡情投入和認真參與吧，教會支持你們！」我們真的可以這樣做嗎？就像建制派奉勸香港人「袋住先」，就已經等同默認了這是假普選，怎能令人信服？我們關注的，不單是教牧向會眾所傳遞的信息的一致性，更加是教會的社會見證，在倫理上和敍事上的正直和整全。一般信徒只見到教會又設票站、又派人出選、牧者又鼓勵會眾投票，教內選舉就必然沒有違反信仰和倫理；基督教選委的產生又有法律依據，既然是合法的，就一定合情、合理。到底，教會何曾教導過信徒，整場特首選舉（包括我們的教內選舉）都是「茅波」?

從運動精神的向度來看，筆者在神學院的同事、籃球健將鄺振華牧師表明，如果明知一場球賽是「茅波」，球證吹黑哨也照樣落場，是等同侮辱自己；我們的運動心理學家陳展鳴博士也說，身為教練，他不會容許運動員以「輸少當贏」的心態參賽。[27] 所以，知道甚麼時候不應該出賽，才是尊重公平的體育精神！韋安兄將特首選舉比喻為球賽，勸我們服從遊戲規則，用死馬當活馬醫的犬儒態度「參與」小圈子，就顯見他仍然掌握不到這場波「有幾茅」，中共對選舉結果要求的安全系數「有幾高」。一千二百人不分忠奸賢愚，都不過是舉手機器，一場鬧劇的台前道具，何必還煞有介事，自命選賢任能？面對泰山壓頂的權勢，無論教會「在場」與否，特首仍然是由北京欽點，社會仍然「被茅躉王侵蝕」。教會「離場」，社會就會更壞，是否自視過高？

（四）韋安兄不必要地將「日常生活」和「政治行動」對立起來，並反過來指責「港式侯派」以前者取代或排除、甚至禁止後者。這是另一天大的冤枉！筆者對此也有**三點**反駁：

其一，棄席難道不是「政治行動」嗎？正如前文解釋，「甚麼也不做」是不會令選委十席消失的；爭取教會自願放棄，卻是一場逆流而上的「運動」（campaign）。只不過，我們同時盼望，我們採取的手段和理據是與基督門徒的身分相稱，而不是像世俗社會一樣，透過鬥人多、鬥大聲，和鬥勇武來制服他人。在爭取的過程中，正反雙方都要學習反覆聆聽，引用信仰理據說服對方，檢驗和印證，再繼續辯論；甚至教會有責任向公眾解釋，為甚麼我們「有票，也不要」；這是一項龐大且非常「吵鬧」的政治工程。

假使，協進會真的選擇不與政府合作，公然違抗《行政長官選舉條例》所授予推舉選委的法定責任，即使不須負上刑責，但也要承擔政治責任；又如果，最終基督教十席出缺，甚至可能引發不大不小的憲政危機，選舉結果可以被司法覆核。所以，棄席一旦成事，非但是「政治行動」，而且是非常矚目的公開見證。下屆特首在任期內，媒體每次提到他的當選經過，都要交代他是由一千一百九十人投票產生的；社會上的人，都會一次又一次被提醒，基督教會為何缺席。離開選委會，不等於離開政治；這是一個最活生生的實例，有時「退出」，反而可以是最「投入」（engaging）的舉動。[28] 教會不從眾（non-conforming）才是她最搶眼和最不能被世界忽略的一刻；反而，繼續做一千二百人當中的十副舉手機器，才是寂寂無聞。

其二，甚麼才是「政治」？惟有躋身執政者的殿堂、手握權力，或講求實力的「現實政治」（*realpolitik*）才叫「政治」，平民百姓的日常生活就不是？也許，韋安兄誤以為「日常生活政治」就是一切照舊、回復本來的正常生活（business as usual），是將教會的踐行「侷限」於「私人」領域，對政經大事不聞不問、撒手不理的意思。

韋安兄可能有所不知，由於當代代議式民主逐漸失效，政治平等虛有其表，民主競爭有名無實，西方民主理論對「日常生活政治」（everyday politics）此概念的探討方興未艾，甚至被期許為復興基進民主的靈丹妙藥。[29] 日常生活政治，不是與政治制度對立的，而是民主政治的肉身和靈魂。

信浸者提出的「日常生活政治」——或「微末之事的政治」（politics of small things）[30] ——則更加是一場無權者的另類抗爭，涵蓋信徒的日常生活，以及教會內的會治（權責的分配安排、排解紛歧的方式等）。教會有自己的「政治」議程，不必被世俗的政治議程牽著鼻子走；作為迎向終末的天國子民，我們是生活在與世界不同的時間表之中。韋安兄多此一舉地問：「為何政治行動不可以是生活呢？」答案自然是：因為，一次過的政治行動/運動是「微觀、狹義、片段式」的，無以為繼，不能成為「日常」，更加不應成為生命的全部，除非閣下是職業政客，或者全時間的社運人士等。韋安兄的生命態度，其實跟信浸者的沒有差別，「熱忱地活在這世界中並努力嘗試作出改變——這怎可能不是生活（生命）呢？」他講得很好，「教會在日常生活上彰顯上帝國度的倫理價值，恆常地活出正直、良善、憐憫，與人和好，講真説話，這就是教會的政治實踐」。我們也可以反問，這種「國度倫理」(Kingdom ethics)，[31] 怎可能不是生活(生命)呢？這些生命的氣質品格，怎可能不比「政治行動」或者「改變世界」具有倫理上的優先性？缺乏這些門徒德性的「政治行動」，可以見證基督嗎？沒有日常教會生活的倫理操練，就輕言參與政治、改變社會，會有甚麼下場？不能夠「被翻譯」成羣體性、重複或恆常的生活實踐(practice)的所謂「發聲」，非但空洞，甚至偽善。所以，信浸者從來沒有「禁止」政治行動，也不排除它也可以是生命見證；但不能泛指教會在地上任何的行動皆是見證，而必須存乎於我們的行動到底有沒有基督的樣式，教會的踐行有否以肖似耶穌基督的生命作為基調、旋律和節奏。

其三，信浸者絕對同意，「耶穌基督吩咐教會在地上實踐愛人如己的命令，並沒有一個限定的實踐範圍」；而且，「所謂『改變世界』，不是要以一己之力改變世界的本相與結局，而是作出在黑暗中帶來一點美善」。然而，這「一點美善」往往就發生在人與人和面對面的日常交往，有時不過就是「一杯涼水」；而我們就是看不到，保留選委十席，可以帶來甚麼「美善」？政治制度的所謂「公義」是抽象的、看不見的、匿名的和遠距離的，更是不斷延遲的「理想」或「目標」；人際關係的美善才是具體的、看得見的、有血肉的和親近的。作主門徒的日常生活見證，不需要經過言語的翻譯和説服，未信的人也可以意會，而不必言傳。

韋安兄以耶穌基督作為榜樣，這正是信浸者的倫理依據，而「耶穌的政治」剛好示範出一種顛覆常識的另類政治：「一杯涼水」才是治本，制度和政策只是治標！耶穌基督沒有試圖改革政治制度，但他和門徒日常所實現的天國生活，卻動搖了政權的根基，以致惹來殺身之禍。主耶穌只命令我們彼此相愛、愛鄰如己，及於陌生人和敵人，卻沒有吩咐教會以改變社會作為**首要**任務——**不是說**，主耶穌沒有吩咐的，教會就不能作；而是，假若，以影響政策和參與政治來「改變社會」是教會的所是所由，她就不應該以現在這種模式來組織，敬拜也不應該成為教會生活的核心。信浸者不迷信有長治久安、一勞永逸的制度或政策，教會也沒有治國藍圖或經世之才，我們只求天天在小事上忠心。

而為求令韋安兄安心，筆者樂意補充，小事上的忠心，不等於禁止政治行動，基督徒可以參與政治，**只要**是以宣認基督是主和惟獨效忠耶穌這個門徒身分參與——因此就不存在所謂「兩個國度」的雙重效忠。例如，最基本的，基督徒可以從政或當官，但不能像其他政客或官員一樣，一口二舌、朝秦暮楚。我們盼望見到一個從不說謊——不會推說「人在江湖、身不由己」——的基督徒參政者！

五、民主不是我杯（奶）茶？

上文所觸及的都牽涉神學和倫理學上的深層次分歧，筆者不期望三言兩語，耍一點小聰明或嘴頭佔點便宜，就能說服或駁倒對方。筆者不厭其煩，嘗試將自己的立場鋪陳，不是為了自辯或還擊，而是為了將來更嚴肅和更全面的辯論提供基礎。所以，本文的對象也不單是韋安兄一位，而是所有不滿小圈子特首選舉，但對放棄基督教選委十席有疑慮的同道。

筆者也「支持」民主，只不過因為它相對獨裁專制「較不壞」，而不會說它「最不壞」、「最好」；[32] 無論支持民主理念的人，將它推崇為「天上有、地下無」，我們仍須檢視真實存在的民主制度（really existing democracies）在運作中成就了甚麼善，同時又產生了甚麼惡。

筆者「支持」民主的理據，也不是因為它「最符合」基督教信仰，否則我們就利用了神學來替政治加持背書。一旦將來局部實現民主，有基督徒以個人名義號召組黨、上台執政，或者有教會推舉一位她認同的，為其代言的基督徒特首候選人出戰，教會由民主「啦啦隊」，變成幕後的「班主」，甚至自己落場打波成為「球員」，我們就再無信仰資源去反對或制止，因為到時大家都以為但凡「符合信仰」的，就可以做。

筆者「支持」民主的方式是：當社會沒有民主的時候，保持盼望、不致沮喪，因為我們知道阻擋民主的當權者不會永遠稱霸，世上沒有一個政權是萬代不衰的；在社會爭取民主的時候，警戒民主運動不走暴力、不失耐性；在社會開始實現民主的時候，守望照護（watch over），監察它有否倒退變質。

經歷了雨傘運動之後，「保存選委十席，是為了爭取民主」這類論調，倍覺蒼白無力、脫離現實。在「保存十席」和「達致民主」之間，有一大片需要填補的空白；扣連兩者的行動方案（action plan）、因果機制（causal mechanism）、現實的驗證（reality check）和倫理統一性（ethical unity）在哪？假如，我們距離民主只是一步之遙，只差基督教這十席，就水到渠成，暫且保留十席，還可以有點商量的餘地。可是我們的政治氣候，是民主遙遙無期，大國強權壓境，而其魔爪甚至已經侵蝕人心，在人民之中製造恐懼、仇恨、矛盾和暴力。香港社會和香港教會面對的，不是光明與黑暗的背水一戰，而是一場長期的抗爭。

趙崇明博士在〈民主，豈是一步之遙？〉睿智地洞察出教會的危機：[33]「民意與獨裁、真言與假話、荒誕與真實，真的只是一步之遙，在現實中的政治，如果最終逃不出只為私利，或以權謀私，就算侃侃而談甚麼『真民主』，其實也是何等的虛假和荒謬！」當我們假借民主之名，不惜一切去合理化選委十席，在教會未曾替社會爭取到民主之前，我們自己可能已經腐敗。韋安兄以為所有支持教會參與選委會的人，都同心同德，跟他一樣真的想「打好這場茅波」，委實過於一廂情願了！所以，筆者再重申，**絕非**針對現任的十名選委；相反，是老大不願意上屆選舉論壇的場面重演，反對十席的主內，將不滿發洩在其他同是主內的候選人身上，對制度的反感抗議，變成對人格的侮辱。

信浸者沒有野心自居為民主運動的隨軍牧師（chaplain），奢言為羣眾提供靈性指導。我們不是天生悲觀的，只是當前的政治形勢不容樂觀，不單是因為民主遙遙無期，而是我們更擔心教會不懂得怎樣處卑賤。基督信仰的盼望是即或不然，不是明天會更好；基督徒不懂得在應該悲觀的時候學習悲觀，就容易在耗盡熱情之後，落得消沉、犬儒和宿命，因而失去盼望。我們主張以基督徒的見證作為日常生活政治，也不是退而求其次的妥協忍讓，不是因為一時間形勢比人強或時不我與，就識時務地韜光養晦，等待他朝東山再起；基督徒的生活/生命見證，就是要宣告基督**現在**已經坐著為王。面對全權統治，基督徒不假辭色、不屑一顧，在日常生活中不屈從威嚇、不接受收買，就會剝奪其主宰我們生命的權勢；極權暴政對不合作和不跪拜的教會愈加打壓，就愈揭露出牠的外強中乾，並牠對不畏死亡的良知的懼怕。

放棄選委十席，沒有甚麼大道理，只是用公開的行動向社會表明，「教會不認同打茅波！」正如，耶穌教訓門徒：「你們的話，是，就說是；不是，就說不是」（太五37）。講真話就是禱告式的行動、行動中的禱告（prayerful action, actionable prayer）；該做的，就做；不該佔有的，就敬謝不敏；擇善棄惡，忠於所託，信靠上帝掌管。見證，就是一種公開的、真誠的姿態（truthful gesture）。

韋安兄提出，泛民政黨也一樣堅決反對立法會功能組別和小圈子特首選舉，但他們沒有放棄爭取議席，所以教會也不必棄席。可是，教會不同於政黨，沒有政治包袱和需要維護的地盤。泛民政黨無論為公為私，可以在他們批評為不義的選舉制度裏面寸土必爭，別人循此途徑當選，則斥為無恥邪惡；自己做，就變成正義合理。政客這類自義的雙重標準，教會不該效法；相反，教會一日不捨棄特權，一日也沒有資格自命與市民同一陣線爭取民主。

求主垂憐香港教會，因為只有藉著三一上帝親自動工，聖靈引導我們彼此聆聽，並向我們説話，才有機會使教會同心合一，甘心樂意拋棄選委十席。有同道擔心，萬一成事，到時也會有其他教內組織出來頂替，因此對棄席猶疑，索性一動不如一靜。可是，假如一件事是壞，又何必用捨我其誰、我不入地獄誰入地獄的自我犧牲，搶著做這件壞事，還要以為自己幹起來，沒有別人那麼壞，而自詡為義呢？

教會實踐公義的方式不是佔據和運用權力，而是效法主耶穌放棄權力，更要拒絕特權。基督的教會在選委會中缺席，教會沒有損失或犧牲甚麼，也沒有背棄甚麼天職或辜負了甚麼人，只是「不坐褻慢人的座位」（詩一 1），不出席特權者的筵席，像耶穌基督一樣與無權者同在，站到其他幾百萬無權選特首的普羅大眾那一邊。

六、當天使也唱歌

韋安兄對於「港式侯派」強調教會在倫理上、價值上、知識論的優先性（primacy or priority）——基督徒不首先在教會內操練天國的生活，當我們進入社會也無從見證天國；基督徒不首先在教會內認識主耶穌，當我們在世上遇見主，也無法辨認祂；教會不首先成為教會，無法為社會帶來真正的改變——有所保留，擔心這意味著其他模式的社會參與和政治行動被排除。事實上，類似的誤解，屢見不鮮。例如，筆者就此與關浩然牧師曾經長期辯論，關牧師不但絕非「港式侯派」，更加與我們是「分歧者」。以下是筆者跟他在網上一番公開的對答，原文照錄：

> 筆者問：「我們決志信主的時候，承認無力自救；我們連自己也改變不了，怎麼信主之後，連自己都未改好，就話要去改變社會？」
>
> 關牧師答：「我相信上帝透過教會羣體去改變受造世界，我們與上帝同工，一邊被上帝改變自己，一邊也改變自己；上帝一邊改變破裂的瓦器，一邊也透過（但不只透過）破裂的瓦器去改變受造世界。我們改變自己/被改變自己的歷程不會在此世完成，這歷程也不是只升不降的，乃是起起伏伏。同樣，教會羣體與世界的摩盪，也是有來有往，你中有我、我中有你。正如我們盼望上帝最終會來完成在我們身上的工作，我們也期待上帝最終會來收拾殘局。」
>
> 筆者問：「怎改？給你天上地下的權力，你懂得怎樣改好社會嗎？」
>
> 關牧師答：「撒種，撒天國的道。由小開始，由下開始，由邊緣開始，它會慢慢長成，但有些會擠死，有些會被吞吃。道是改變社會的源頭，不是撒種的工人。」
>
> 筆者問：「過去一星期，你做過甚麼去改變社會？」
>
> 關牧師答：「講道。教導。探訪。約談。禱告。愛家人，愛女兒，愛鄰舍。廟務。日常生活。」

當聖靈通過其他主內向我們說話，一個「港式侯派」的對手，竟然將「港式侯派」的立場，講得比我們更清楚，相信天使也會歌唱和應！

韋安兄認為，「任何抗爭行動都是從『看似無法改變』的現實做起。十票微不足道，但是，這是改變的種子。」此言差矣！（一）任何改變最初都看似不可能，不等於任何不切實際的行動，都會帶來改變；這是簡單的邏輯謬誤「肯定後項」。（二）選委十席不是改變的「種子」，上帝的道才是。關牧師以「撒種的比喻」（可四 2～9）理解教會的見證，奇妙地正就是信浸者所用的比喻。[34] 信浸者不會消極被動地（reactively）不求改變世界，但求不被世界改變就算；我們確信是上帝藉著教會**不完全**的見證來改變世界，因此教會首要的任務是成為教會，存謙卑的心與上帝同行。麥乾頓稱此為「使徒的樂觀主義」（apostolic optimism）。[35]

後記

二〇一六年六月三十日，香港基督教協進會舉行特別會員大會，以大比數通過繼續保留基督教界在選舉委員會中的十席；並於九月二十日正式公佈以抽籤方法推舉選委的具體安排細節：有意參選者可循（一）個人，（二）堂會，（三）基督教機構，或（四）宗派總會這四組提名途徑，經第一輪抽籤在該組被選中加入四十人以內的參選名單，再交由政府的選舉主任以第二輪抽籤產生代表基督教界的十名選委。

毫無疑問，協進會的決定，沒有真正處理教會應否參與推選特首，間接組成下屆政府，在憲制上扮演常設角色的基本信仰（教會論的）問題。甚至，不少支持協進會這種迴避式折衷方案的教會領袖，竟然將問題界定為**與神學無關**，而視之為純粹的政治取態和策略計算。協進會恢復採用抽籤（二〇〇〇年第二屆選委會曾經實行），放棄所謂「一人一票」的教內選舉，對大眾傳媒的解説，竟然是因為過往的投票率太低；但既然承認基督教界選委從來欠缺認受性和代表性，最自然的結論應該是乾脆放棄議席。也有協進會的執委埋怨信徒對公眾諮詢反應冷淡，卻又自圓其説認為協進會已經有充分諮詢；但是面對信徒、堂會、宗派普遍對選委十席的不聞不問、置身事外、變相杯葛，最自然的反應，不是表示「可惜」，而應該解讀成：協進會從來就得不到香港眾教會的廣泛認同和明確支持，去承包政府的委任，負責推舉選委。結果，協進會以「少數服從多數」的投票方式拍板，而非通過彼此聆聽質詢、閱讀聖經、祈禱尋問，來解決一籃子的信仰（和政治）難題，也不過是一種虛偽的民主，擺脱不了它本身的決策就是小圈子的先天缺陷——五十二名出席表決的協進會成員，不能代表全港數十萬基督徒去配合政權的需要而放棄教會獨特的身分。

然而，從倫理辨識的角度，以抽籤的方式繼續維持所謂「基督教界」在選委會的十席，相對於棄席，斷乎不是一個「好」的方案，卻畢竟不失為「不太壞」的退而求其次，總「好過」假戲真做去裝飾一場小圈子當中的小圈子選舉，而且減少了議席被人為操控、徇私偏袒的作惡空間——但兩輪抽籤的方法，向堂會、機構、宗派嚴重傾斜，保證了他們的代表有最少四分之三的當選機會，始終令人詬病。最後的抽籤結果，三名宗派代表中，二人當選。

所以，筆者承認，即使採用抽籤，也不會令教會內各政治派系的角力消失；卻或者可以挽救教會免於因為拉票遊説、幕後交易、抹黑對手等競選活動，令到明爭暗鬥破壞團契的生活、教會的秩序、講壇的純正。我們必須認清政治現實，即使有朝一日「普選」特首，基督教界仍會在將來的提名委員會保留議席，除非教會主動放棄，否則這些政治特權（和甜頭）會一直被維持下去，繼續成為教內你爭我奪的對象。反對棄席的信徒認為自動棄權的政治後果將會「很壞」，但是當教會只熱中於爭取自己的政治影響力、迎合政權、妥協信仰，而不優先地追尋成為教會，那才是「最壞」的景況。

註釋

1. 若說本文有「知識論暴力」之嫌，則筆者並無異議，因為在論理辯證的過程中，認真回應批評，會將論述精密度的「門檻」提高了。先挑起爭端的批評者不能夠不去消化對手的論據，再部署充分的還擊。參禤智偉：〈「耐性作為法門」——尤達的和平知識論〉，載《和平知識論：從理性的暴力走向對話的可能》，鄧紹光編（香港：印象文字，2015），頁 94 ～ 147。
2. 陳韋安：〈教會應該棄席嗎？（一）〉、〈為何我喜歡港式奶茶多於港式侯派？（一）、（二）、（三）〉、〈教會應該棄席嗎？（二）〉，《時代論壇》第 1453 ～ 1457 期，2015 年 7 月 5 日～ 8 月 2 日。
3. 鄧紹光、劉振鵬、禤智偉：〈基督徒應否參與小圈子選舉？：神學反省與教會實踐（上）、（下）〉，《時代論壇》第 1255 期、1256 期，2011 年 9 月 18 日、26 日。
4. 鄧紹光、劉振鵬、禤智偉：〈無權者的長期抗命：後佔中與香港教會〉，《時代論壇》第 1413 期，2014 年 9 月 26 日。
5. 禤智偉：〈基督徒倫理與政治妥協：試以政改為例〉，《時代論壇》第 1449 期，2015 年 6 月 3 日。
6. 有評論認為，文章錯解了「空洞能指」這個概念。但這裏所用的，一方面既是一般通俗化了之後、廣義的意思，也就是它原來在後結構主義的簡單意思：一個符號，它的所指（signified）並不存在；另一方面，它也符合新近左翼理論的意思：一種政治宣傳機器，旨在團結、凝聚羣眾，例如動員他們去對抗一個幻想的共同敵人。
7. 這句特別因應批評而略作修改，所以有必要交代一下。有讀者事後反映，原文說：「這個標籤源自社交網絡不需負上言責、廉價的『五毛』留言」，是誹謗別人乃收錢的「五毛黨」。當然，文章絕無此意，上文下理很清楚，是說這些留言之不負責任、一文不值，廉價猶如「五毫」（five-cent）。況且，誰會願意真金白銀聘請人來批鬥港式侯派？不過，觀乎一些鍵盤戰士之間，彼此爭奪「港式侯派」標籤原創者的寶座，可見靠狙擊港式侯派來「呃 like」的，大有人在。

8. 邵樟平：〈當港式奶茶遇上侯活士〉，《時代論壇》第 1456 期，2015 年 7 月 26 日。
9. 馮煒文：〈港式馮派〉，《時代論壇》第 1457 期，2015 年 8 月 2 日。
10. 「基督教界對梁振英先生言論的回應」〔網上資料〕；取自 GoPetition 網頁（http://www.gopetition.com/petitions/%E5%9F%BA%E7%9D%A3%E6%95%99%E7%95%8C%E5%B0%8D%E6%A2%81%E6%8C%AF%E8%8B%B1%E5%85%88%E7%94%9F%E8%A8%80%E8%AB%96%E7%9A%84%E5%9B%9E%E6%87%89.html）。
11. James Wm. McClendon, Jr., *Ethics: Systematic Theology,* vol. 1 (Waco, TX: Baylor University Press, 2012), 30 ~ 32; *Doctrine: Systematic Theology,* vol. 2 (Waco, TX: Baylor University Press, 2012), 44 ~ 46.
12. 參劉振鵬：〈中心與邊陲：邀請基督徒高官為教會聚會禱告的神學反思〉，《時代論壇》第 1070 期，2008 年 3 月 2 日。
13. 參禤智偉：〈「耐性作為法門」〉，頁 94 ~ 147。
14. 參禤智偉：〈政教分離的再思〉，《時代論壇》第 1453 期，2015 年 7 月 3 日。
15. 參禤智偉：〈「佔中」與公民抗命：基督徒倫理辨識的一次示範（上）〉，《時代論壇》第 1355 期，2013 年 8 月 18 日。
16. McClendon, *Ethics*, 17.
17. 參 James Wm. McClendon, Jr., *Witness: Systematic Theology,* vol. 3 (Waco, TX: Baylor University Press, 2012), 380。
18. 參 Mark Nation, "Living in Another World As One Response to Relativism," in *Theology Without Foundations: Religious Practice and the Future of Theological Truth*, ed. Stanley Hauerwas, Nancy Murphy, and Mark Nation, (Nashville, TN: Abingdon Press, 1994), 229 ~ 244。
19. 參 McClendon, *Doctrine*, 433 ~ 434。
20. 參 McClendon, *Ethics*, 54。
21. 參 John Howard Yoder, *The Politics of Jesus: Vicit Agnus Noster*, 2nd ed. (Grand Rapids, MI: William B. Eerdmans, 1994), 239。
22. 見 Samuel Wells, *God's Companion: Reimagining Christian Ethics* (Oxford:

Blackwell, 2006)。

23. 禤智偉：〈養兒育女是教會的社會使命？侯活士對現代家庭觀念的神學批判〉，《山道期刊》第二十七期（2011 年 7 月），頁 127～144。本書第 7 章。
24. 參禤智偉：〈慈惠比福利更仁義、更優先：回應王於漸〉，載《經濟說，信仰話》，林潔珍、廖柏偉、宋恩榮編（香港：宣道出版社，2015），頁 36～43。
25. 「香港基督教協進會社會公義與民生關注委員會及香港基督徒學會呼籲信徒作選民登記」〔網上資料〕；取自香港基督徒學會網頁（http://www.hkci.org.hk/news/201506.pdf）。
26. 端木鎧：〈在離場與離去之間：談教會棄席的問題〉〔網上文章〕；取自「嘗言道」網頁（http://wordingtheword.org/%E6%94%BF%E6%B2%BB/%E5%9C%A8%E9%9B%A2%E5%A0%B4%E8%88%87%E9%9B%A2%E5%8E%BB%E4%B9%8B%E9%96%93%EF%BC%9A%E8%AB%87%E6%95%99%E6%9C%83%E6%A3%84%E5%B8%AD%E5%95%8F%E9%A1%8C/），瀏覽於 2015 年 8 月 10 日。
27. 比賽競技是為了贏，沒有這種鬥心就落場的人，麥乾頓稱之為「閑混者」（triflers）；見 McClendon, *Ethics*, 172。
28. 參 McClendon, *Witness*, 347。
29. 例如 Harry C. Boyte, *Everyday Politics: Reconnecting Citizens and Public Life* (Pennsylvania, PA: University of Pennsylvania Press, 2005)。
30. 參 Jeffrey C. Goldfrab, *The Politics of Small Things: Power of the Powerless in Dark Times* (Chicago, IL: Chicago University Press, 2006)。
31. 見 Glen H. Stassen and David P. Gushee, *Kingdom Ethics: Following Jesus in Contemporary Context* (Downers Grove, IL: InterVarsity Press, 2003)。
32. 參鄧紹光：〈本源的/徹底的信仰、本源的/徹底的民主：尤達的神學反思〉，《山道期刊》第二十六期（2010 年 12 月），頁 127～144。
33. 趙崇明：〈民主，豈是一步之遙？〉，《時代論壇》第 1434 期，2015 年 2 月 17 日。
34. McClendon, *Witness*, 59～63, 310.
35. 參 McClendon, *Witness*, 61, 367。

代跋

如何神學地搞笑？

筆者可以想像，侯活士的知交韋爾斯（Samuel Wells）會怎樣評論本書：它「不夠上帝」（not enough God），也「不夠耶穌」（not enough Jesus）。但筆者卻覺得，收錄的文章還嫌「不夠侯活士」（not enough Hauerwas）。例如，本書第 8 及 9 章的文風迥異，前者循循善誘，後者咄咄逼人，卻正好相映成趣，分別模仿出侯老在講章中表露的牧者心腸，以及在學術論文的好辯風格。雖則如此，本書的題材和體裁仍未能全面反映侯式神學的另一大特徵：他的風趣。[1] 例如，侯氏本人對「教派主義」（sectarian）這個負面標籤甚為耿耿於懷，但筆者在第 5 章反問，他的神學是否「還不夠教派主義？」，侯老卻甚感欣慰，深諳當中的反諷意味。

除了他本身詼諧的性格取向之外，對侯活士而言，幽默更加具備某種神學性質；或說，某種神學性的幽默是基督徒必須具備的德性。因此，筆者借用本文為代跋，盼望勉強能彌補文集在這方面的缺陷。[2]

侯活士晚年有一篇文章題為：“How to be theologically

funny?”。到底，侯氏想説甚麼？難道，做神學，天馬行空、幽默就夠，不必認真？**神學的**、**神學性**的風趣，跟一般的搞笑，有何不同？熟悉侯氏的讀者，自然知道不能望文生義，他必有隱藏了的驚喜留給讀者。

侯活士這篇文章收錄於他退休後出版的新書《神學的工作》（*The Work of Theology*）。此書，可算是侯氏夫子自況之作，他説，書中文章的共同主題堪可稱為：「侯活士——了解此人的一個嘗試」（Stanley Hauerwas — An Attempt to Understand Him）；[3] 其實，或者更準確的説法是：「如何正確閱讀侯活士」。侯老畢生都被一些陳規化的誤解和定型困擾，以致年過古稀，仍念念不忘，以回溯早期著述和重申一貫觀點，為自己辯解。所以他自己也不得不承認，他這本書難免有放縱地自我沉溺（self-indulgent）的味道，厚著臉皮地自説自話（unapologetically self-referential）。[4]

當然，侯氏的幽默不止於挖苦對手之極盡能事，更在於能自嘲。侯氏豪邁的笑聲，在英語神學界更是家傳戶曉。[5] 但同時地，他好辯的性格也「惡」名遠播。侯氏對於自己美國德州人這個身分甚感自豪，面對別人挑起的爭議，他不會一笑置之，從不退縮、不懼怕交鋒，頗有西部牛仔好勇鬥狠的風尚。所以，侯式幽默不是嘻皮笑臉，而是嘻笑中有怒罵、怒罵中有嘻笑；他不會先挑釁批評別人，然後當對手還擊，就耍賴皮，笑説不必認真。韋爾斯更加形容，侯氏是一個快樂而又憤怒的人，而經常最惹他惱怒（mad with）的是，在教會和神學界某些角落裏，基督往往變得毫無作用，甚至無關痛癢（who makes no difference）。[6]

侯氏的寫作、演講均甚多搞笑金句（one-liners），但他自己覺得，最能顯出其風趣本色的，乃是他的祈禱和講章。當中，他又挑選此禱文為範例：

> 「風趣幽默的主，我們是如此喜愛祢所賜的、在此世的生命。當然，我們會疲倦、會發悶、會被身邊的蠢人蠢事折磨得筋疲力盡。不過，有時那些蠢人又會做出一些事、講出一些説話，令人始料不及、忍俊不禁，但卻頗有洞見。我們討厭這種令我們哭笑不得的處境。但感謝主，祢賜給我們他者的同在，令我們無法將生命安排得井井有條。所謂秩序，根本是很悶蛋的一回事，而祢卻定意要我們看見祢國度的詼諧。我指的是，主啊，祢竟然揀選那羣猶太人！祢做事就是如此莫名其妙，祢執意要世人通過這個令人啼笑皆非的民族去認識祢。如今，祢同樣用我們這班人向世界開一個大玩笑。祢讓我們成為祢的笑柄。縱然如此，請讓我們不忘歡笑；而世界也許可以被我們的笑聲吸引，並知道祢與世界的同在不是一件悶蛋的事，甚至因而願意放棄對別人的恐懼，也就斬斷一切暴力的源頭。行事幽默的主，我們愛煞祢所賜的這種生命！阿們。」[7]

在筆者翻譯《禱告不是偽術》(*Prayers Plainly Spoken*)的過程中，對這種侯式幽默的體會最深。以上這篇禱文題為〈上帝向世界開的玩笑〉(“God's Joke on the World”)，內裏所説，「讓我們成為祢的笑柄」(make us your laughter)，可以有雙重的意思：既是説，教會是引上帝發笑的笑料；也可以是説，上帝讓我們為祂的緣故，而成為別人的笑柄。這個主題在他其餘的祈禱裏面也經常重複出現：上帝揀選教會(或者先前的以色列人)，這班不配的、可笑的人來見證祂的國度，是向世界開了一個大玩笑；但同時地，當教會這羣「三尖八角」的人(an odd people)成為世界的笑柄，上帝也變成被世人嘲弄的對象。[8]

所以，侯活士主張，嚴肅的神學也可以風趣，並且必須有基督徒特色的風趣（funny as Christian），但他不是鼓勵神學人以搞爛gag、棟篤笑，替代學問與寫作。事實上，當他要探討「做神學，如何可以風趣」（How to be theologically funny）這個嚴肅的神學問題，他不是講個笑話來當答案，而是寫一篇思辯性、有四十三條註腳的學術文章（雖然內裏也附有幾則未必惹笑的笑話作為素材和範例）。而且，無論在哲學或神學對「笑話」這個課題的長久討論，從來也不是鬧著玩的（no joking matter）。[9] 神學之所以能夠變得有趣（entertaining），往往就在於它夠嚴肅。[10]

神學人不必學識講笑話，但他們必須保持風趣，意思是：除了他們能夠自嘲，更加要能夠展現一種反映自上帝榮耀的喜樂。這種喜樂或者榮耀，所彰顯的不是浪漫化、空泛的「上帝的笑容」——何況聖經所啟示的三一上帝雖是慈愛的，卻非如一般信徒所想像的平易近人、笑容可親（kind, but not nice），而是一種所謂「嚴厲的愛」（tough love）。侯活士心目中的這種「喜樂」，之所以能夠引人發笑，必須建基於人在上帝的榮耀面前，發現上帝是上帝，而我們不是；我們不禁失笑，是由於驚覺自己的愚昧，知道我們才是上帝的笑柄（the joke is on us）。[11] 其實，當侯活士以巴特（Karl Barth）的著作，作為神學幽默的典範，讀者就應該覺悟，這不同於一般坊間的風趣幽默。

幽默是侯活士做神學（和倫理學）的「方法」，是針對君士坦丁主義（Constantinianism）的解毒劑：抗衡人妄圖去管理、計劃世界，以保證歷史不出錯，這種「擺經理款」（being managerial）的試探。[12] 當人將自己看得比上帝更重要，或者看自己比上帝看我們更重要（take ourselves more seriously than God），[13] 人就犯了拜偶像的褻瀆之罪。例如，基督徒有時會像其他人一樣，要求秩序的即時實現，事物當下的景況（the way things are），要符合他們心目中事物應有的景況（the way things were meant to be）。當發現這種慾望落空，人們或會沮喪灰心，又或會鍥而不捨、變本加厲，更加粗暴地去嘗試掌控世界；惟有當醒覺這種企圖是何等荒謬（absurd），[14] 人才會轉念，知道自己在上帝眼中是如此可笑，並啞然失笑，既嘲笑自己的痴呆，也向上帝發出尷尬的會心微笑。這種從上帝而來的幽默，侯活士或會稱之為「恩典」。[15]

侯活士引述巴特的神學著作，說明在基督信仰的終末視野下，我們可以拒絕為「當下」賦予終極的重要性。基督徒可以學習放鬆地生活（live loose），而不必煞有介事，步步為營、害怕失敗。三一上帝是幽默、或充滿驚喜的，祂的作為古怪莫測、耐人尋味：祂親自承受來自我們的暴力，以致於我們可以非暴力地生活下去。[16]

侯活士所認識的上帝，祂的詼諧，在於揀選了像以色列民，或者門諾會信徒（Mennonites），來向世人開一個大玩笑。在西方社會，猶太人的幽默感是公認的，或者正來自他們沒有選擇地，由一誕生就成為了上帝子民，因此就不得不與（民族和個人）生命中諸多無法衡量的苦難、奧祕、荒謬，討價還價（to negotiate the imponderables of life）。[17] 比照之下，門諾會信徒給人的印象就太古板正經、缺乏幽默，而他們自己就經常成為別的基督徒取笑的對象，因為他們對信仰狂熱地認真（fanatically serious）。[18] 門諾會信徒對身分認同的過分嚴肅（earnestness），或者令他們失去自嘲、甚或自我批判的能力，但這羣古怪的人（strange people）仍然吸引侯氏。因為他發現，他們組織共同生活的方式，有利於幫助門徒承認自己的愚昧。換言之，「幽默」不是一種個人的素質，而是來自羣體的德性。因為，不存在無條件性、所謂「純粹」的笑話（unconditional or pure joke），[19] 甚麼笑話好笑、甚麼笑話合宜、甚麼才不失品味，都因人而異，是取決於脈絡，建基於無法宣之於口的默契。

是以，一個人，不能單獨地成為風趣的人；一個吹噓自己有幾幽默風趣的人，就是一個無知、自以為是、可笑的人；一個埋怨對手不懂欣賞其幽默的人，更是一個可悲的人。一個神學人之所以能學懂幽默，更不是天生的性格特徵（personality quirk），[20] 而是因為上帝恩賜了教會，給我們他者的彼此同在（given us one another）。最終，沒有人能夠說，風趣是他的強項；因為，我們實在都遠遠**不夠**風趣，都往往忘記自己的限制，不曉得人不過是被造之物；我們也不懂得因著基督的得勝，去自由、安然、歡樂地享受上帝所造的一切。我們都需要別人去取笑自己，去讓自己保持頭腦清醒；同時也需要別人能與我們同笑（laugh at and with us）。與風趣幽默相反的，不是嚴肅認真，乃是自大傲慢（pride）。

註釋

1. 幽默和好辯是侯氏引以為傲的兩大寫作特色，但有時也要收斂，見 Stanley Hauerwas, *Cross-Shattered Christ: Meditations on the Seven Last Words* (Grand Rapids, MI: Brazos, 2004), 11。
2. 本文的靈感來自陳韋安博士一篇專欄文章，特此鳴謝。陳韋安：〈陳韋安，你好嗎？〉，《時代論壇》第 1466 期，2015 年 10 月 4 日。
3. Stanley Hauerwas, *The Work of Theology* (Grand Rapids, MI: Wm. B. Eerdmans, 2015), 1.
4. Hauerwas, *The Work of Theology*, viii, 2.
5. 參 Chris K. Huebner, "Make Us Your Laughter: Stanley Hauerwas's Joke on Mennonites," *Mennonite Quarterly Review* 84 (2010): 358。
6. Samuel Wells, "The Difference Christ Makes," in *The Difference Christ Makes: Celebrating the Life, Work and Friendship of Stanley Hauerwas*, ed. Charles M. Collier (Eugene, OR: Wipf and Stock, 2015), 6.
7. Hauerwas, *The Work of Theology*, 249。引自侯活士：《禱告不是偽術：返

璞歸真的祈禱》，禤智偉譯（香港：基道，2015），頁 90。

8. 另參侯活士：《禱告不是偽術》，頁 85。
9. 例如，侯活士主要引用了：Ted Cohen, *The Jokes: Philosophical Thoughts on Joking Matters* (Chicago: University of Chicago Press, 1999)。
10. Hauerwas, *The Work of Theology*, 234.
11. Hauerwas, *The Work of Theology*, 235.
12. Hauerwas, *The Work of Theology*, 233; Huebner, "Make Us Your Laughter," 362.
13. Hauerwas, *The Work of Theology*, 233; Huebner, "Make Us Your Laughter," 365.
14. 另參侯活士：《禱告不是偽術》，頁 34。
15. Huebner, "Make Us Your Laughter," 363.
16. Hauerwas, *The Work of Theology*, 244～245；另參侯活士：《禱告不是偽術》，頁 51。
17. Hauerwas, *The Work of Theology*, 239.
18. Huebner, "Make Us Your Laughter," 361.
19. Hauerwas, *The Work of Theology*, 236.
20. 參 Hauerwas, *The Work of Theology*, 248。